有意拖延的告别

卡夫卡的文学人生

于荣健 著

中国出版集团 東方出版中心

目 录

序（顾彬） …………………………………………… 001

有意拖延的告别
——读《致父亲的信》 ……………………………… 001

大海爱它海底的小石子
——读《致密伦娜情书》 …………………………… 040

为魔鬼效劳的报酬
——读《饥饿艺术家》 ……………………………… 080

身体的赌注
——读《判决》 ……………………………………… 114

身体的疼痛
——读《变形记》 …………………………………… 136

大鬼附身，小鬼效劳
——读《乡村医生》 …………………………… 174
别有用心的长城
——读《万里长城建造时》 ………………………… 192
梦幻之骑
——读《骑桶者》 ………………………………… 211
主要参考书目 ………………………………… 225
后记 ……………………………………………… 227

序

写作就是卡夫卡的存在

顾　彬

大概18岁时，我在Rheine（莱内）的高中第一次读到了卡夫卡的作品。Rheine（莱内）是当时西德西部的一个小城市，它有两千三百多年的历史。那所学校也比较古老，大概是在三百五十年前成立的。我们的老师非常严格，非常保守。不过，他们还是经常给我们介绍最新的、最进步的文人与思想。有一天，我们的德文老师要求我们跟他一起朗读和分析卡夫卡（1883—1924）写的一个短篇小说。这个作品的题目非常奇怪，它叫《骑桶者》，写法也古怪，今天说它是kafakaesque，这是英国评论家1938年编辑的新的形容词。总之，我们不懂。人怎么能骑桶呢？疑问很多，我们糊里糊涂的。

在中国诗人于荣健《有意拖延的告别——卡夫卡的文学人生》这部读书笔记里，一共有八篇文章分析卡夫卡的作品，其中就选了这篇小说。这让我非常感动，因为他带我回到了往日的时光。这样的岁月已经逝去五十多年了,中国人说,往事如烟。不但他在思考自己初读这部作品的时光,也给我提供了一个机会纪念我的学生时代。因此,他和我的记忆,如同卡夫卡感召下的一对好兄弟。我们都知道,怀念不只是情感方式的打开,更是所有写作的开始。

我们学生时代第一次读到卡夫卡,虽然什么都不清楚,但觉得作者的语言令我们神往。因此,20 世纪 60 年代初,我和我的祖母在我的故乡 Celle(策勒)度假时,我就把卡夫卡的全集都看完了。这大概是 1964 年。我看得懂吗? 看不太懂。事实上,至今在德语世界,能看懂卡夫卡的,仍属少数人,而且大部分还是知识分子。那么,为什么还要阅读呢? 是由于卡夫卡语言水平的原因。文学首先是语言,语言有它的标尺,也可能除了语言之外什么都不重要,又或者,至少其他的,不那么重要了。当时我已经开始写作了。写诗,写小说,写评论。好的语言,从那个时候起,就是我的写作目的。也许,还是我唯一的目标。

好的语言,好的德文,这就是卡夫卡。从今天来看,卡夫卡属于捷克人。从当时来看呢? 他是奥地利人吗? 算了吧,别再问。欧洲的历史太复杂。一时也解释不清。这样的情况却经常困扰着我们:当我们谈论我们自己的祖国时,我们却没有固定的国家。不过,反过来想,坏事变好事,不少语言我们学好了,有什么语言我们就用什么语言写作,尽可能学习更多的语言,才能有比较,有辨别。卡夫卡至少熟悉三种语言,犹太语、捷克语和德语,但他用他们的官方语言德语写作。很多凭借德语创造了杰出诗篇的著名诗人,不一定就是德国人。我也不是典型的德国人。我是三分之一奥地利人,三分之一中国人,因为我写中文的散文,另外三分之一是普鲁士人。再说,真正的艺术家是没有国界之分的,欧洲太多这样的情况，没有民族，甚至没有具体的故乡。最好的语言，就是作家最好的家园。

对我来说，读卡夫卡就得丢掉自我。因为他语言的吸引力太深了，一不小心就会失掉了自我。所以，到19岁时，我决定一辈子不要再读他的小说了。已经过去了这么多年，忽然有一位比我年轻得多的诗人，请我为他的这本有关卡夫卡的书作序。几年前，我在中国海洋大学教书时，他就曾提出过这个问题。当时我说，不能。我发誓永远不要再看卡夫卡的《致父亲的信》。我跟我的爸爸早就告别了。还要重复告别吗？他已经死了。死了30多年了。如今，我是四个孩子的爸爸。还必须回顾吗？不要。我们这些在“二战”中长大的孩子都没有父亲！如果有的话，我们讨厌他们。他们把我们的语言破坏了，给我们吃发霉的面包、狗都不想吞下的香肠。冬天也没有像样的御寒的衣服和鞋。因为饥饿的记忆，苦难的记忆，还有一代代人秘不可宣的那些个人成长史，我们也想跟卡夫卡一样“打倒爸爸”，却又不得不用写作记录下这一切。

我写的第一部小说集《黑色的历史，黑色的故事》(2005)，大概还是受到了卡夫卡的影响。我不敢再深究下去，究竟是不是这样。再读于荣健的新书，我就不得不回到我的过去。用汉语的说法，不堪回首又不得不这样。当然，这也是卡夫卡的书信方式。我每天写信，我每天会碰到类似他小说的主人公“K”，每天早上要签字，每一次签“K”，那也是我姓氏的第一个字母。信中我跟于荣健开玩笑说他是“小卡夫卡”，我是“老卡夫卡”。它的确是我们常常遇到的生活的“陷阱”。

无论如何，好像我还是学会了布拉格人跟别人打招呼的做法。与人碰面，他们宁愿说：“卡夫卡，卡夫卡。”其实，这是“你好”的意思。这个问候的含义很深。它潜在的意思是:"你已经异化了还是没有异化?"好像我们没有经过异化的过程,我们就不是现代人(modern wo/man)。这个问题每个人几乎都会遇到,只要他稍加思考的话。要想成为一个真正的人,他肯定有这样那样的遭遇和经历。也许不被别的东西异化,就被自己异化。它是一个疑问句吗?但语调幽默,好像人人都是这样过来的,十分肯定。

没有希望从异化的范围、从我们的condition humaine、从我们的人间状态中挣脱出来吗?有。我们的希望在语言那里,在卡夫卡的语言里。我们也听说过我们的语言就是我们存在的房子。如果要住得舒适的话,就需要优质的语言。优质的语言并不罕见,不过,它需要耐心和发现而已。这样,才能建造起自己牢固的房子,风吹雨打也可以保护自己,以免受到伤害。

中国目前有时也会出现文雅的翻译,特别是叶廷芳先生的。因此,中国的读者应该能感觉得到卡夫卡优质的原文、译者优质的母语。于荣健用叶先生的译本,并引用了不少的引文,以利于读者的阅读和思考。他从引文出发来阐释卡夫卡的作品,有据可查,很多资料,引经据典,这是研究作家作品的可靠方法。建造房子的基础很好,有石头,有砖瓦,还有木料和水泥。再加上他前后坚持了差不多十多年的精心磨炼。但他没有从卡夫卡本人的作品开始谈中国当代文学的毛病。就谈卡夫卡不谈其他,好还是不好?我猜,这位中国诗人可能以为这是我笔下的人物。也有道理。人家不会给他打板子的,相反要打我。我习惯了。来吧。

写作就是卡夫卡的存在,最重要的存在。无论在什么情况之下他写他的小说和其他文字。睡觉是次要的。出名,无所谓。有没有读者不要管。卡夫卡为文学而生,为他自己而从事创作。生活为文学而非文学为生活，他敢于牺牲自己又重新创造了自己。我们嘴上常说，过文学一样的生活，大多数人都只是说说，只有极少数人这样做了。卡夫卡是一个勇敢的人。我们做不到这一点。另外，大概只有这样，他才能解决他生活的毛病、他的抑郁症。他必须这样。抑郁、写作与病态是分不开的：从杜甫到歌德，我们都能听到这类的信息。写是诉苦吗？不光从卡夫卡那里来看好像就是这样。不过，我们的布拉格小说家宁可要一种冷静的态度。非常冷静，有时冷静得可怕。面对死亡，他还在维也纳郊外医院的床上继续修改、校对他还没发表的作品。对卡夫卡来说，写下文字，就是他生活最高级的完成。其他的都可以牺牲，包括爱情在内。

我们都知道卡夫卡在他的遗嘱中，要把他还没发表的大部分作品烧掉。幸亏他的朋友布罗德(Max Brod，1884—1968)没有听他的话，给我们留下了20世纪最优秀的文学作品。这跟老子过函谷关的故事很像，当时他没有带关牒，关令要求老子离开西域前写下他的《道德经》。他顺其自然地写下了。偶然发生的。他“莫知其所终”，但作品留下来了。如果不是这样，我们今天就看不到这部伟大的哲学著作了。如果一把火烧掉了卡夫卡的文学遗产，我们现代人要了解我们的人生就存在困难，这种困难至少含有——一种我们总在路上追求着什么，却始终无法找到的答案。这的确是一种处境，还是一面镜子，我们通过镜子才能看清自己。因此，我们要感谢卡夫卡，布罗德(Brod)，当然也包括中国诗人于荣健，他们都在帮助我们理解我们复杂的存在。

2016年12月29日于波恩

(作者为德国著名汉学家)

有意拖延的告别

——读《致父亲的信》

打 倒 爸 爸

父子关系，看似简单直白，甚至有点机械僵硬，但比较父女关系、母子关系或母女关系，它依旧隐秘、微妙和复杂。事实上，家庭中这样的四组关系，一直是心理学探究的重要命题。

卡夫卡的《致父亲的信》，为我们提供了一个父子关系的极端文本。这不是一封平铺直叙的家书，由于出自卡夫卡之手，他一口气就把它写成了心理学、教育学、社会学、政治学的样本，最后，又落脚于他的精于洞察和思辨的文学之中。从文学价值上说，它的文字是罕见和优秀的，而从人生成长的角度看，父子之间的紧张关系，又不免让人一声叹息。本文“打倒爸爸”这个小标题，借用了英国作家一部小说的名字，“打倒爸爸”，它类似于某种口号或呐喊。一方面，是爱恨交织的发狠的“打倒”，另一方面，又不得不昵称为“爸爸”——父子之间的明争暗斗，一项几乎完成不了的关乎权利和权力的任务，也是一项从他出生的那一天起就被老天注定了的天赋使命。无论从生物学还是社会学意义上说，“弑父”之战大概从小小的基因传承的那一刻，就已展开了。卡夫卡在书信开头的称谓是，“最亲爱的父亲”，它就像一个意味深长的咒语，紧紧缠裹着——只要他还是爸爸，他还是儿子；只要爸爸走向了衰老，儿子就走向了成熟；只要遗传基因中，你中有我，我中有你——它是人类集体无法僭越的宿命和禁忌，无论他是哪位坚强或懦弱的儿子。

心理意义上的儿子要“打倒爸爸”，却非肉体上的。“打倒”，来自“被打倒”的高大和威慑，而非关系对等。早在卡夫卡写作这封家书的10年之前，弗洛伊德曾这样写道，“孩子的过高评价父母，也保存在正常的成年人的梦中。”——可以说，由个人到亲情，到家庭，到传统，乃至整个文化传承上，只要有父权的存在，就有儿子叛逆和斗争行为的合理、必要。由此，我们知道，个体意义上的儿子“打倒爸爸”，完全可以推及社会学意义上的新旧更替式的“打倒爸爸”，打倒威严专制的父权，乃至皇权。它是一种修辞手法，更是一种权力斗争的方式和手段。儿子要取代父亲的角色，又不得不模仿父亲的偶像式行为，仿佛实现了超越英雄和神话的个人野心，更好地爱护母亲与家园。人类社会每推进一步，究竟有多少“弑父恋母”的悲喜剧上演？中国经典文学作品中，亦不乏这样的样本。我们可以把《水浒传》里的英雄好汉，《西游记》里的孙悟空们，看作是天性顽劣的孩童，他们以几近于胡闹的行为模式，拆解着“君君臣臣，父父子子”的社会与家庭结构，并宣布这种秩序的无效。那个“带头大哥”宋江或唐僧，则和与父权周旋、妥协的家中长子十分相像。而刘邦和项羽的煮父故事，则把这种挑战人伦、反抗皇权，发挥到了极致的耍流氓的地步。其实，他俩都想做中国人民的大爷，所以，为了“打倒爸爸”就顾不得啥父子纲常了。看来，在这一点上，中西文化传统中，都有自己的小九九。

回头再说卡夫卡，他出身在这样一个犹太家庭：作为新一代移民，父亲从乡村来到城里，做小本生意，勤俭精明，严厉强势。作为家中的长子，青少年时期的卡夫卡还是懂事的、妥协的。因为哥哥们的早夭，他不得不为父母、妹妹们作出妥协的样子，而比妹妹们承受了更多：“正是作为父亲，你对我来说是太强大了，尤其因为我的哥哥们很早就死了，而妹妹们隔了很久才来到人世，我不得不一个人承受第一次冲击，对此我的力量是太弱了。”他非常清楚自己在家中扮演的角色和位置，他一直承受着这个角色和位置带给他的一切。对于天性敏感善良的他来说，平日里私下的抱怨也会有，尤其是他与母亲、小妹奥特拉和好友布罗德之间，言谈中多多少少都曾涉及，但还在合理接受的范围之内。他是家中长子、还是社会上的绅士，他深知自己的责任和义务。但这封带点决裂性质的家书，分明则是压抑很久的孤独和愤懑的爆发。也许，他认为他有必要厘清这一切，并为之一辩。1919 年，卡夫卡 36 岁时，写下了这封让人潸然泪下的家书。

让我们先说说家庭生活：父亲潜移默化的影响，无疑是从儿子的幼年开始的。儿子对父亲的叛逆和反抗，从他少年时代自我意识的萌芽、觉醒开始。无论影响还是反抗，除了幼年时父亲对儿子如此这般的舐犊之情，在其他漫长的岁月里，父与子，他们大多会在少言寡语的沉默状态下，演绎着生命伦理的一幕幕悲喜剧，而罕见热烈、奔放和激动人心的场面的出现。哪怕一个拥抱，一次握手，一个眼神，它与前述的另外三组关系——父女关系、母子关系、母女关系，对比鲜明，反差极大。尤其父子单独相处的场景中，看上去，他们比两个陌生男人的共处，似乎还要隔膜和冷淡——它像某种因爱而生的羞惭的回避。除了年龄上的差异，大概还有观念和精神上的距离。称兄道弟，呼朋唤友，平起平坐，常见于江湖和庙堂的男人们，而少见于大多数普通场景里相处的父子，这，大概就是家庭生活的真相之一吧。当然，我们也可以从古希腊神话中，轻易找到这样的西方文化原型——克罗诺斯是古希腊的神祇之一，他是推翻了自己的父亲之后才做了新一代君王的，后来，他又被这样的预言不幸言中：将来的某一天，他也被他的某个儿子无情地推翻，而这个儿子，正是大名鼎鼎的宙斯。如果我们再推及中国古代的宫廷政治，就会发现，围绕权力的世袭承继的血腥争斗，几乎涵盖了父子关系的所有，所谓外表的正大光明，实乃屡屡突破人伦底线的龌龊肮脏，此乃后话。

日常生活中，一个老男人和一个小男人单独相处，有些压抑，有些尴尬，有些不安，空气中似乎还弥漫着辛辣的烟草味或汗腥气。除非他们手头有共同的事情可做，共同的话题可以探讨。男人大多为问题和逻辑动物，他们凭大脑思考，少有肢体语言，或许，一次点头或摇头，一个不经意间的眼神，才能把这僵直、机械和腐坏了的关系，化作了神奇的默契的刹那——父亲看到了儿子的成长，儿子看到了父亲日渐老去的背影。从最初的叛逆和反抗，由时间主宰，岁月递进，从而终于达成了理解、谅解与和解——儿子脱离了父亲的大手、怀抱和肩膀，就是他与之不断拉长的、距离化和陌生化的心理过程，他怀揣了更为广阔的天地，而急于投奔到更为激荡人心的自然或社会的怀抱，从而挣脱父爱的桎梏，完成由小我到大我、从内部到外部、从时间到空间的全身心蜕变、置换。杰出的儿子，宁肯在精神上独辟蹊径，远走他乡，浪迹天涯，而不再认同父亲曾经肯定的一切，哪怕这位儿子在未来的日子里如何孤立无援，孑然一身，依然自视甚高，不肯低头。他寻找的自我，似乎已不需要父亲的确认。

但是，需要父亲关键时刻毫不犹豫地加以肯定，并非鼎力相助的那种——事实上，日渐衰老又依靠威权树立形象的每一位父亲，对儿子的鼓励，哪怕是节制和内敛的，对绝大多数儿子来说，却是精神上的奖赏。已近中年的卡夫卡写道，“且不论以我现在的年龄，鼓舞已经对我起不了作用……当时我倒是很需要鼓励的，而且是无处不需要。”作为心理补偿，生活中紧张的父子关系，自然会在卡夫卡的小说中自觉不自觉地呈现。至少有如下几个短篇，几乎贯穿了这一隐性的主题：《一场战斗的描写》、《判决》、《失踪者》和《变形记》等。小说中父子冲突的不同情景和类型，编织和结构了其中的人物关系。父子之间的矛盾冲突，或曰由个人生活经历、敏锐的感知带来的内心创伤，正是他写作此类小说的原始动机和助推力。写作此封家书时，卡夫卡曾与一位姑娘尤丽叶热恋，并打算结婚，却因父亲嫌弃她出身低微只得告吹。也许，这种以文字进行的自我辩解和唤醒，正是卡夫卡的斗争方式之一。

信中一个颇具象征意义的细节是，这位视文学为生命的儿子，曾对父亲的冷嘲热讽，满是幽怨和悲愤。在他因病深感时日无多写下这封书信时，他对父亲当年一个不经意的行为，仍旧耿耿于怀。比如，出了一本新书，满怀喜悦的儿子希望得到父亲的鼓励，而父亲的漠然不亚于兜头浇下了一盆冷水。他写道：“你对我的书的欢迎方式已为我们所熟悉，它显然伤害了我的虚荣心、我的抱负：放在床头柜上！（每当有书送来时，你多半正在打扑克）。”儿子的新书，不如打扑克能给父亲带来乐趣，它隐含了儿子太多的心酸和无奈。为此，卡夫卡自我剖析说，那一刻，却出乎意料地，“我感到舒服，这种舒服感并非仅仅产生于突然生出的恶作剧的想法，并非仅仅产生于关于我们之间关系的观点得到了新的证实，而引起的我心中的快乐……犹如，现在你自由了……我写的是关于你的事，我在那里发泄的仅仅是在你怀里不能发泄的。这是有意拖延的与你的告别，只不过，这种告别虽然是由你逼出来的，但却是朝着由我决定的方向发展着。”这段文字十分关键——从未有过的彼此解脱的自由和释然，正是父子关系冷漠到极点的畅快写照。打击由父亲而起，儿子又有了新的证据，并作出了心理上的再一次告别。“我在那里发泄的仅仅是在你怀里不能发泄的”，则道出了写这封家书的初衷和底细。亲情并不意味着彼此的理解，相反，有时可能碍于它带来的阻隔而出于面子上的自尊和体面，从而回避了沟通和交流的必要。此乃人性的幽暗之处，同在屋檐下，都是一家人了，有必要这样较真或认死理吗？用中国人的说法则是：清官难断家务事，家庭本就不是讲理的地方——既然告别，又要有意地拖延；既然被逼，又“由我”决定了方向。它正是这封家书的情感聚焦点，处处缠绕，怨怼百结，深邃动人。

信中描述的这个细节，还进一步印证了父子之间不同价值观的冲突。因为，你无法指望一个整日为生计操劳奔忙、为儿女们能够过上主流社会富裕生活的生意人，会特别留意儿子那“没多少价值”的文字。甚或，即使留意了这样的文字，也是出于某种亲情而非真正懂得儿子创作的价值和意义。更何况，父亲原本就是一个深谙人情世故、精于算计，自我奋斗中饱尝人间酸甜苦辣咸的犹太商人，根本就不是同路人。看起来，儿子对父亲的确有些苛求了。父亲哪怕抱怨或教训儿子几句，不也是正常的？“说我由于你的劳作而得以在充满安宁、温暖、应有尽有的环境中生活。”这位出身卑微的父亲，希望儿子能够学好法律专业，出人头地，跻身上流社会，而非无所事事，游手好闲，既分担不了商店里和家庭工厂的责任，还整天操弄文学这个世间无用的东西。

强势的父亲对倔强的儿子意味着什么？几乎可以称得上是一场精神灾难。说到底，双方有无驯服对方的权力意志，首先来自围绕话语权的争夺。卡夫卡的父与子的关系，虽属极端的特例，却很好地佐证了这个问题的严重性和复杂性，他为何成了“书写狂般”的作家，除了几部小说之外，尤为擅长日记体和书信体？这种文体需要相对孤独的心境和它的自白性，恐怕绝非偶然。作为成功的商人，父亲算不上是个好父亲。但父亲自始至终认为自己做得已经很好，儿子也始终如一地认为，这样的好，对他来说其实是变本加厉的“伤害”——另一方面，卡夫卡是一位世间罕见的优秀作家，却不能算是一个对父亲言听计从的好儿子，他自始至终认为自己的那一套价值观值得坚持——于是，父子的争斗，好像开启了漫长的黑暗的旅程——这黑暗，包括彼此之间的错误判断。好父亲好儿子的标准是什么？由谁来制定和主宰这样的好坏标准？这样的标准还在导演着多少家庭教育的悲喜剧？处于强势的一方，父母在实行自己的那一套教育儿女的方法时，卡夫卡的分析相当犀利。在写作这封家书之前的1914年，他给一位友人写道，“被错误判断的父母多于被错误判断的孩子，或者至少父母被错误判断持续的时间更长久。”因为，比起儿女的不断成长和身心变化，父母的自我调整和更新能力，大多停滞不前，甚至退步明显。除非他们勇于同儿女一道学习和成长，但却并不符合教育学的基本规律。卡夫卡说出了一个为人父母的真相，尽管他们或许并不愿意承认。另一方面，孩子的价值观的形成，要比父母漫长得多，艰难得多，他们的确需要父母的陪伴和指导，同时，又要避免过多的干涉。因为，作为强势的一方，在这个过程里，父母的这种错误的判断的发生，屡见不鲜。

既然父子之间无法放下各自的尊严，平静地坐下来深谈，这样的书信的被“逼”，也就事出有因。它是逼出来的告别，且有意拖延，朝着“由我决定的方向发展着”。卡夫卡式的文字抵抗和争斗，总是这样，既文绉绉的，逻辑缜密，又如此执拗和决绝——从性别角色上讲，也许女性成长的过程中，作为先天的弱者，她们乐于接受“群居”般的同性之间互授人生经验、技艺和能力，习惯于闺蜜之间的安抚诉说，并施以相互影响、教育和成长，它是一个平坦可靠、温暖安全的路径。男性成长的过程，则不尽然，他似乎更乐于维持“独狼般”的个体状态，在独立生存中舔舐伤口，自我疗救、自我教育。“我愿不厌其烦地再重申一遍：换一种环境，我可能也会成为一个怕交际的、胆小的人，但在那种环境中，比我到达现在的境地所走过来的路，还得多走一段长长的、黑暗的道路。”在这里，卡夫卡并不否认他先前说过的，自己是“一个洛维”——遗传了母亲家族的那种知识分子式的敏感，而非父亲家族的那种劳动家庭的果敢。换一个成长环境，或许更糟糕——这样的语气，似乎暗示了他和父亲之间，又有了转圜的余地，从而达成了某种谅解。但它毕竟要多走“一段长长的、黑暗的道路”，在这段路上，儿子的行为背后，会附着了一连串的屈从，还是忤逆？显然，卡夫卡内心选择了后者，但它意味着这种忤逆、执拗和“打倒”行为，可能导致的悲剧大于喜剧。它的破坏力和毁灭性，抑或，反而变成了精神能量的释放，或未可知？

自 我 解 剖

除了后天的、环境的、社会的必不可少的因素，子女的身心人格的形成，大多来自父母的基因。心理学家的理论是，其生理心理特征，至少应有百分之六七十来自遗传。在书信的开头部分，卡夫卡毫不犹豫地否认了父亲家族遗传的影响。这里，既有他为了“打倒”父亲的行文叙事的策略使然，更多的，应是他对自我意识的形成有着清醒的认知、独到的见解和冷静的解剖。他提到自己的性格，更像他的母亲家族的舅舅们，而与父亲家族有着明显的区别。它像一幅脉络清晰的体格和人格对比图表，罗列如下：

“我，简言之，一个洛维（母亲的姓氏）推动我的不是卡夫卡家族的生活意志、经商意志、占领意志，而是洛维家族的马刺，它显得比较神秘、羞怯，促使我跑向别的方向……”，“耽于梦幻、喜欢孤独，还有一些对孤独的热衷，把他引向冒险、玄妙或怪癖、离群索居（卡夫卡有两个舅舅终身未娶）”，“你则是一个真正的卡夫卡，强壮、健康、食欲旺盛、声音洪亮、能说会道、自鸣得意、高人一等、坚韧沉着、有识人之明、相当慷慨，当然还有与这些优点相连的所有缺点与弱点，你的性情以及有时你的暴躁，使你犯这些毛病时会立即暴露出来。”追根溯源，使得卡夫卡有了人格形成的凭证。而强势的父亲带给了儿子怎样一种图景呢？他打了个比方，“有时我突发奇想，觉得在打开的世界地图上，你四脚八叉地躺着。于是我感到，只有那些你的肢体未曾盖住或尚够不到的地方才是我的生活可以插入的空地。”一种无奈的冷幽默跃然纸上，空间的挤压和占领，必然带来心理影响。强势的父亲造成的遮蔽、覆盖和压抑，几乎无处不在。它是儿子身体的戒备书，也是心理的恐慌症。也许，他过高地估计了父亲可能给他造成的影响，强化了他的弱小、怯懦和无辜的形象，从而在文字意义上实现自己维护话语权的必要。

有意思的是，对比了与父亲家族的区别，卡夫卡还顺带比较了父亲与叔叔们的区别，以凸显父亲明白无误的缺点和儿子与之紧张对峙的合理性："他们全都比你更快乐，更精神饱满，更无拘无束，更逍遥自在，而不像你那么严肃。"显然，严肃，也是父亲威权的外部装饰。卡夫卡在书信的前半部分，和盘端出了父子关系的家族基因和渊源，而把这种让他既无奈又悲伤的关系，推向了无力改变的困扰中。这个困扰，既是卡夫卡继续批评父亲粗暴的教育方式的凭证，也是他个人人格和情感方式为何充满了执拗和叛逆的自我辩解。"无论如何，我们是那么不一样，这样的不一样又使我们相互间都对对方那么危险，以致如果人们能够事先估计到我这个慢慢长大的孩子和你这个成人之间将怎么相处，就会想，你会一脚把我踩到地底下去，使我一点都不能露出地面的。"相处即困境——"踩到地底下去"，这是怎样一种貌似夸张了的父子关系？我们常常说，所谓波澜壮阔的历史大事件，比不上身边偶然的、琐碎的、个人的成长史中的心理突变，更为惊心动魄、于无声处响惊雷，道理大概如此。父亲怎么会把儿子一脚踩到地底下去呢？强势的父亲真的可以这样做？他已经这样做到了？他还没意识到他已经做到了？对这种成长困境的形容，也许并非孤本特例。卡夫卡为我们提供了一个孩子人格形成的清晰案例，为类似于他的父亲那般教子无方的教育失败，作出了掷地有声的警示。

一个敏锐多思、晚熟慢长的孩子，他是怎样看待自己的身体的？面对这样的窘境，他的体验显然也是刻骨铭心的："仅仅你的体魄那时就已经压倒了我。比如，我常想起我们在一个更衣室里脱衣服的光景。我又瘦、又弱、又细，你又壮、又高、又宽。在更衣室里我已经自惭形秽，而且不仅是对你，而是对全世界，因为你在我眼里是衡量一切的标准。"更衣室也像心理测试室，父子关系的困境由身体到内心，其衡量标准和答案，似乎也是由父亲掌管的。可以说，父亲是儿子所有弱点的一面压迫性的镜子，它照出了儿子难堪的处境。

面对父亲，他自惭形秽；面对自己，他有种种不堪。对于父亲所代表的价值取向，他无力更改。对于这种困境的承受力，也许他比一般人既脆弱又坚忍——因其敏锐，才脆弱；因其脆弱，才需要更多的忍耐；因其忍耐，才会接纳和承受；因其接纳和承受的持续性，才会变得意志坚定起来，其努力挣脱这种困境的自我救赎，要比一般人惨烈不少。这样的家书，撕皮扯肉，字字锥心，句句泣血，痛苦淋漓。冥冥之中，卡夫卡短暂的人生有着与文学的暗喻彼此影响、相互啃噬的气质。换言之，文学并非模仿了他的人生，而是人生仿造了他的文学——这大概就是卡夫卡所谓“内宇宙”的真正能量和驱动力，以及精神风暴的策源地吧？甚至，当他把父亲可能伸出的援手，当作双方交易或交换不同价值观的权宜之计时，他个人的救赎之路的迂回曲折，复杂多变，也就不可能像普通父子那般简单、平坦和顺利。各种逃离家庭远离父母的计划，只是在他临终前的一段时间得以实施，而此时的卡夫卡，远在柏林郊外，重病缠身，付不起医生的出诊费，甚至与父母的书信往来，由于邮资的原因也不得不一周或两周写上一封。1924 年 3 月 17 日，曾经誓言远走他乡的卡夫卡，不得不在好友布罗德的陪伴下，重新回到了父母的身边——疾病设下的陷阱，宣告了他的最后一次自我救赎的失败。

优秀的儿子，他要打碎人生的第一个偶像，垒起自己的精神高度时，或许也有一个这样的隐喻：他希望环绕这座“山峰”的，并非另一座并列的山峰，而是柔情似水的爱和兄弟姐妹的手足情深。

它是阴性的、细腻的、温馨的——尤其是母亲的慈爱，会像皑皑白雪般袒护、覆盖和衬托这座山峰的形象和质地。而不舍昼夜的江河湖海，就像母爱的源泉，为这山峰带去了润泽、抚慰和恩典。只有爱与赏识，才是孩子们成长的摇篮。这摇篮就是记忆，自幼年伊始就形成了这样一种自我传承和教育的机制。否则，人类繁衍生息的基本使命也就无从谈起。但这爱的记忆里，我们不得不承认，仍有强制和禁锢的成分。卡夫卡写道，“我曾是一个腼腆的孩子；但我当然也像其他孩子一样是执拗的；当然母亲也很宠我……”在不断忤逆父亲的彷徨中，孩子的内心其实也一直在寻求母亲的庇护和支持。母亲，则会站在一个老男人和一个小男人中间，处境为难而尴尬。她的态度愈是暧昧、模糊，就愈加显现了她扮演的角色的合理性。在习惯了不断出让和分摊她对两个男人的爱与责任的家庭生活中，儿子才有了站在她的身后大声质疑父亲的勇气：“我不能相信，我是特别难以操纵的；我不相信，一句亲切的话，一次默默地握手，一道善意的目光不能使我顺从人们对我的一切要求。”在这里，卡夫卡以自问自答的辩解方式，消解了这个问题生硬的那部分，从而尽量来理解父亲的苦衷。至少看上去，让这个儿子也能设身处地地设想一下种种和解的细节——话语、握手和目光，都是感化孩子的好方式。人性本善，孩子也有同情心，也不会天生冷血。孩子的成长总会伴随着他的懵懂和幼稚，慢慢才学会了对父母的理解：“而你，其实是个善良的、心肠软的人，但并不是每个孩子都有韧性和毅力的，去长时间地寻找，直到找到善意所在。”法律专业出身的这位儿子，十分擅长分别站在原告和被告的立场上，花(话)分两头，各表一枝。当然，归根到底，他为自己辩护的成分要多些。因为说到底，每个人的成长都是自我教育的结果。

在这里，卡夫卡提出的问题，应该是“共同成长”。它是为人父、为人子的题中之义。显然，这位父亲还未意识到这一点，或者说即使意识到了，也很难改变。从而把父亲的角色来了个本末倒置，父亲倒像一个我行我素、喜怒无常、既固执又要脾气的不成熟的孩子，而非儿子的人生导师，无法完成人生教育的“教学相长”：“你只会像对你自己那样对待孩子，用力量、咆哮和暴怒，而你也觉得这方法很适用，因为你想要把我造就成一个强有力的、勇敢的小伙子。”这种自相矛盾的父子角色互换，有点滑稽可笑，却千真万确地发生于不少家庭的内部。如果说一对人格平等、以朋友相称的父子，他们的言行也不太像父子的话，那么一对激动易怒、互为敌对的父子，似乎也没有多少尊严可言。在这样两类比较极端的父子类型之外，该是怎样一种和谐的相处关系，才符合天下“父父子子”的伦理秩序呢？以爱之名发生的一切，时常收获非爱之果，它的确发人深思，令人扼腕。

卡夫卡为父亲勾勒了一幅“暴君”的肖像，“还有你精神上的统治权威。你以自己的力量单枪匹马奋斗到这么高的位置，因此你对自己的见解抱有无限的信任……你坐在靠背椅上统治着世界。你的见解是正确的，其他任何见解都是发病的、偏激的、癫狂的、不正常的。你的自信之强，使得你的思想根本不必前后一贯，也照样永远是正确的……你在我心中产生了一种神秘的现象，这是所有暴君共有的现象：他们的权力不是建立在思想上，而是建立在他们的人身上。”这句，“你坐在靠背椅上统治着世界。”父亲的“独裁者”形象，生动传神。不是建立在思想上，而是建立在人自身上，则是问题的关键。从父亲自我奋斗的出身，到父亲日常的形象，再到父亲永远正确的独断，无不构成了对儿子身心束缚的统治力。而儿子的观察与思考，尤其与父亲不一致的思考，用卡夫卡提供的细节则是，“从一开始就带上了等待你即将说出的判断的负担中”，忍受这样的心理负荷的儿子，怎么可能进行持续的、独立的、完整的思考和判断？一声嘲讽的叹息，一个摇头的表示，一个手指敲桌子的动作，倒是父亲面对兴冲冲回家想要表达某些看法和思考的儿子的惯常行为。它随时可能制止儿子的想法和做法。正是这样的屡次碰壁和失望，使得儿子的“勇气、决心、信心和对这对那的愉快，都不能坚持到底，只要你表示反对，或只要能够估计到你可能会反对，一切便都告吹；而我做任何事情时几乎都能够估计到你可能会反对的。”这种挫败感，不可能不对儿子的心理和行事方式，造成恶劣影响。

“你对我吼叫的一切不啻为天谕神示，我绝不会忘记它，它成了我判断世界的最重要方法，尤其是判断你自己的最重要的方法。”儿子好不容易由那些愉快的人和事建立起来的自信，全然无效。粗暴的吼叫，或许并不全是针对此人此事，或许是辛苦的劳作、日子的艰难、世事的不平诸如此类，让这位儿子不幸成了父亲宣泄的对象，但是，孩子到底是否为父母的私有财产，可以随意对待和处置呢？答案显然是否定的。作为一个失败的父亲形象，卡夫卡此处的文字多少有些不恭不敬的嘲讽意味。日后，我们很容易在卡夫卡那少有温情的冷峻的文字之下，嗅到某种不容置喙的“力量、咆哮和暴怒”的“父亲风格”——卡夫卡的研究者大都认为，他掀起的文字风暴，的确令读者们目眩神迷。这才是宿命般的要害所在，它具有心理源头式的戏剧性反转。

你中有我，我中有你。看看卡夫卡短暂一生的轨迹，我们好像就能找到这种清晰的情感脉络：儿子似乎从未远离父亲，他的所作所为，通过文字替自己向往和靠拢着父亲的角色而不得；他的剖白心迹，其实是变相地恳求在父亲怀里找到慰藉；他的人生之路是一场“有意拖延着”的抵抗兼告别，既然无法逃离家庭的桎梏外出租房独居，那么他就要永远在家里搭伙吃饭；既然他扮演不了成功的儿子，那他索性就做永远的儿子而终身不娶，也不繁衍后代；既然他目睹了父母婚姻生活的种种矛盾困惑，那么他在婚约的履行上就会因百般谨慎千般推诿，而找出各种理由多次取消，从而把不幸和自责一并转嫁于两位无辜的未婚妻身上，使之看上去更像他那受苦受难的母亲角色；既然听从了父亲的安排攻读法律博士专业，也曾获得了不错的公司职位，那么他就可以通过逃避办公室的事务，而搏命般去从事夜班文学；甚至就连他的肺结核病的反复发作多次疗养，也像是他对强壮健硕的父亲保持敌意的有力暗示；在临去世前，他渴望从远离父母的柏林郊外回到他们的身边，享受作为儿子的最后抚慰，但他想不出更好的办法告诉父母自己身边还有一位朵拉姑娘。在给小妹奥特拉的信中，卡夫卡写道：“整个柏林是我用最后的力气才抓住的一件非常脆弱的东西，所以是很敏感的事情。你知道我该如何将我的事情用什么样的口气说出来，显然是因为父亲的缘故。……这里面没有什么坏事，只是因为布拉格，我不仅爱它，同样也怕它。”布拉格就像人格化了的父亲的象征，这怕与爱，这“有意拖延的告别”，并非人们对卡夫卡人生的无聊猜想。柏林郊外的小屋，是他几乎用尽了平生的气力，舍身前去向“魔鬼”兑换与赎买的立足之地。假如我们剔除这封家书中夸张、片面的成分，这位儿子要在父亲面前证明的，无非还是那个古老的命题，即儿子作为独立的个体，他的角色和身份的有效性与合法性——我的地盘我做主，我依然主宰着自己的命运，绝不屈从。

实际上，他“暴君”一样的父亲，从未真正实施过肉体的惩罚，却比肉体的惩罚施于儿子以更大的影响。且看以下心理剖析：“确实，你几乎从未真正打过我，但是这种吼叫，你涨红的脸，那种迅速解下裤子背带，放在椅背上备用的动作在我眼里几乎比打更可怕。就好像是要把人吊起来似的。如果他真的要被吊上绞架，他接着就死去了，从而一了百了。可是如果他不得不亲身经历上绞架的一切准备活动，直到套圈在面前晃动时才得知他被宽恕了，那么他将一辈子摆脱不了这个阴影。而且，那么多次我听到你明明白白地表明我应该挨打，但总是在最后关头由于你的仁慈而逃脱了这种命运，一种强烈的负罪意识自然越积越深。无论我从哪个方向走来，都进入欠你的罪疚之中。”——“备用”似乎比真的“打骂”还要可怕。父亲在打骂儿子前所做的一番行为上的比划和细节准备，似乎都在有意摧残、破坏着儿子的心理防线。在亲情的名义下，伪装的良善，故作的仁慈，却原来还掺杂着大量犹太哲学家汉娜·阿伦特所说的“平庸之恶”。在以教育为目的的惩罚中，它也许并非以肉体的惩罚直接胁迫被教育者，却以某种看似宽恕却并不平等的方式，来毁掉被教育者的那一点点可怜的自尊，使之成为这种失败教育的合伙人，进入“欠你的罪疚之中”，从而沦为它的牺牲品。看来，从来不乏负罪意识的犹太民族，也从来不乏这种反省能力。卡夫卡的确成功描述了这样一种心理折磨导致的负罪模式，并由此开启了拷问——当然，所谓绞架和套圈，这是卡夫卡的修辞手法，假如某一天他的父亲真的读到了这样一封家书，他也会极力否认儿子这一套足够阴暗的说辞的，其理由也无非就像中国的家长们常常说的那样，“都是为了你好”——教育的动机和效果的互相背离。

作为家中的主要成员，母亲在哪里呢？在父子的对立中，她是左右为难的平衡者的角色。面对可能的惩罚，她一会儿站在丈夫这边，一会儿站在儿子这边。卡夫卡不无同情地写道："她太爱你，太忠实于你了，以致在孩子的斗争中她未能成为一股独立的、持久的精神力量……她在有关她自己的事情上始终美妙地、温柔地、在本质上不伤害你的前提下维护着她自身最低限度的独立性，在另一方面，她一年比一年更彻底地（与其说出于理智不如说出于感情）对你关于孩子们的论断和裁决盲目地加以接受……"此段文字表明，她的爱是复杂的，她几乎愚忠于丈夫，却不能不做好母亲的庇护性角色，最终却是个人权利的出让者和牺牲者——她可以最大限度地牺牲自我，最小限度地保留自我。为此，这位儿子给予母亲深深的体恤、同情和自责："我们毫不顾忌地对她轰击，你在你这边这么干，我们在我们这边这么干。这是一种方向偏转，人们心中并不怀恶意，想着只是你同我们，我们同你的斗争，但却在母亲的头上大吼狂叫……她为了你在我们这里和为了我们在你那里，受了多少折磨啊！"两个阵营的对垒和斗争情况的描述，也许存在于很多家庭，抑或，很多家庭多多少少的确存在过，但卡夫卡的家庭更为特殊一点？

同为犹太人、一向推崇弗洛伊德学说的卡夫卡，当然会把心理学上的"俄狄浦斯恋母弑父情结"，以角色关系的微妙缠绕，加以文字上的示范。母爱，某种程度上，的确意味着心甘情愿地受难和献祭，以最少的独立性来奉献于家庭生活的集体和谐、圆满，这在卡夫卡的文字里，格外真切，"确实，母亲对我好得无以复加，可是这一切对我来说是同跟你的关系联系在一起的，这是一种不好的联系。母亲无意中扮演了狩猎哄赶者的角色……母亲便以温柔体贴、谆谆劝诫说情”。当父子之间的谅解无法达成时，“母亲只是在你面前悄悄地保护着我，私下给我些东西，允许我做什么事……”这些细节，让人很容易联想到自己的母亲，这几乎是每个人成长中最温馨的那部分。如果说父爱搭建起了遮风挡雨的屋顶，那么母爱的仁慈、庇护和宽容，就像家庭氛围中弥漫着的温馨气息，它起到了很好的调和、缓冲的作用。父亲似乎更多地负责外部事务，就像“外出打猎”的那个人，而母亲才是亲情的灰暗地带的烛照者和引路人。这是世间所有动物的天赋本能，人类社会概莫能外——即便如此，卡夫卡仍旧还是不留情面地指出了“母亲无意中扮演了狩猎中哄赶者的角色”，这，是人性的幽暗之处，来自卡夫卡对它的深邃辨析，也是他的怜悯、伤痛之处。说到底，只要与父亲有关，母亲即便有错，也属无辜。

正是基于这样的情感立场，卡夫卡这封《致父亲的信》的手稿，他原本希望通过母亲之手，委婉地向父亲转达，而最终是否到了父亲手中，却没有了下文。母亲理解儿子的心意，不希望任何不愉快再发生于父子之间，而使一切雪上加霜，不可逆转。没有足够的证据表明，卡夫卡的父亲看到过这封书信。作为父子之间中转的纽带和调停者，母亲有意为之的这次隐匿行为，就像音乐中的休止符，为下一次“变奏”留下了无尽的空白。因此，书信式的隆重归纳和告别，也就成了一次虎头蛇尾的使命未竟。人们对这样一位望子成龙的父亲的同情心，得以宽慰——它一如卡夫卡的几部长篇小说没有结尾，或不像结尾的结尾，反而有了开放性的悬念。

有时，被父亲恶意训话的资格也取消了，“这事当然不能要求儿子先生去做了”，表面上父亲是跟母亲对话，实际上冲着坐在一旁的儿子来的，语含讥讽，话中有话。有时，家里半是训诫半是游戏的场景，也颇有象征意味：“你吼叫着围着桌子跑，做出要抓住谁的样子，很明显你并不想抓住他，但最后总是像那么回事地碰到他，而母亲则最终做出救他的样子。在孩子的眼里，生命由于你的慈悲才又一次得以存在，并作为无功受赏的你给的礼物而继续下去。”它似乎已经恒定了父子关系的走向：强势的父亲、慈爱的母亲和执拗的儿子，这种三角关系既足够平衡又随时变化，不断演绎新的可能。父亲的追逐、母亲的拯救和儿子的无辜，也有了恋母弑父般的心理依据和象征意味。那小心翼翼、毫厘之间，爱恨交加的微妙体验，就是对父亲的无声控诉，“对于孩子来说，向坐在你旁边的母亲问你的情况，危险要小得多，比如问母亲：父亲好吗？这样就防止了任何答复可能会带来的震惊。”明明直接面对父亲，却不能直接问候，必须通过母亲中转才让某种紧张和危险的气氛得以缓冲，这场景匪夷所思。是否可以这样说，家庭中的慈母严父，意味着有多少慈爱的母亲就有多少强势的父亲？这母亲的慈爱里，也包含着对儿子的暗中支持或纵容，它是儿子成长过程中敢于抵抗和背叛父亲的秘密武器？这父亲的强大，是他对儿子的无处不在的权威律令的压倒性优势，像悬浮于儿子头顶的一把达摩克利斯利剑，随时都有裁决的发生？

卡夫卡的确是一位出色的心理分析师，还身兼病人角色。他在回忆和想象中，与父亲交换着各自的主张和看法，并诊断他们各自的病理、病因。在家庭这一“私人诊所”里，他捕捉着自己人格形成的蛛丝马迹，连带着解剖了父亲所代表的这个家庭和其他成员的肌体肌理的暗疾。即便自我谴责，也隐藏于对父亲的苛求和抨击里。也因此，这封家书的不可告人的隐秘性，使之终究无法直面依旧深爱着的父亲，那将是一个无法想象的难堪场景。他开列的个人成长史，无异于家庭病痛史。卡夫卡认为大概只有两个女人才有资格第一时间读到它，一个是情人密伦娜，一个是自己的母亲。密伦娜是他道德勇气的见证者和鼓励者，母亲是他生命的庇护者。她们的爱，可以让他一如既往地完成内心的辩护、控告。

呈堂讼词

作为法学博士，卡夫卡在这封家书里熟练自如地扮演了原告、被告、公诉人、辩护律师和法官等多重角色。在自拟、自导和自演的法庭上，从幼年成长、性启蒙、青春期、亲情友情、学业教育、爱与婚姻、职业、写作等诸多方面，一一列举了作为“暴君”的父亲种种“有罪”的证据，又兼自我辩护和严厉审判。但这是一场打不赢的官司，就像中国人常说的，“清官难断家务事”。打不赢的官司还要打下去，写不完的讼词还要证据确凿地完成它——只有如此执拗、倔强和决绝，才显现了这封家书的不合情理，也正是这个不合情理的逻辑性和斗争性，为我们提供了远远超出一般家书所能给出的亲情文本的范畴。

儿子扮演原告，起诉和审判父亲，其动机竟然还包括了幼年成长时这样一个栩栩如生的细节：“有一天夜里我不停地要水喝，不过不是出于渴，而可能一部分是为了要惹恼你，一部分是为了寻乐。在一些强烈的威胁不生效后，你把我从床上拽起来，抱到阳台上去，关紧了门，让我独自一人穿着衬衣在那儿站了一阵子……但我想要以此说明你的教育方法及其对我的影响的特点。”“熊孩子”的成长过程里，一桩再平常不过的小事，却让敏感得多少有点乖张的这位儿子，犯了比较严重的心理问题：“自那以后，我当然是听话了，但这事却给我造成了一种内心的伤害。”儿子继续辩白道，“以我的天性，我根本无法把我认为很自然的那次荒唐的要水的哭闹，同极其可怕的被抱出去这件事联系在一起。”读到这里，为人父母者，是否有点头皮发麻、毛骨悚然的感觉？人们是在庆幸自己没有这样一位擅写“变天账”的好斗的儿子，还是侥幸自己终究没有对儿女有过如此野蛮粗暴的行径？真相还在于，在孩子的成长中，没有哪位父母不曾有过如此这般类似的行为，也没有哪位孩子不曾记恨过这样的父母！偏偏在卡夫卡和他父亲这里，统统变成了匪夷所思又举证详实的有罪证据。这位儿子说，“一笔一笔都记在账上，但从不结算。”记了，却不结算，从而才有了这样的告白，“许多年后我还惊恐地想象这么个场面：那个巨大的人，我的父亲，审判我的最后法庭，会几乎毫无理由地向我走来，在夜里把我从床上抱到阳台上去，而我在他眼里就是这样的无足轻重。”作为“无足轻重”的报复行为，一旦时机到来，思想成熟，他好像必须尽快着手进行这样一场对父亲的审判——看起来是主体对客体的解剖，也像是替他自己进行了一场有关“自我的审判”。它绝不是单向的，而是双向的、可逆的。在这样的文字里，控辩双方，他轻易自如地转化着主体和客体，由内而外，由表及里地不断置换，从而完成他对记忆的梳理、亲情的审视和人性的省察。

卡夫卡罗织的“讼词”相当详实，从童年夜半要水喝被罚站阳台，到吃饭时各自的习惯，还有父亲的口头禅，乃至两人长相、身体的区别和差异所造成的心理压力，一一举证，不一而足。仿佛自童年伊始，他就自造了一本卷帙浩繁的有关人生教育的“记忆账本”，这账本的可怕之处，不仅在于对父亲的怨怼、责备和控告，还在于细节之上的逻辑分析——他揣摩、理解和完成了父亲与儿子、病人与心理分析师、教师与学生、暴君与奴仆、犯人与律师等多重角色的评判，从而为我们呈现了源源不断的案例样本。一般家书无法达到这样的深邃，是因为那个书写者终究无法像卡夫卡完成信中涉及的众多角色的分配和它们使命的履行——仅就卡夫卡有关友情的一段话，就足以证明父亲教育的失败给儿子造成了何等沉重的挫败感——只要谈到自己喜欢的朋友，父亲就有“狗和跳蚤”的口头禅随口而出：“谁和狗躺到一块，起来时，身上便有了跳蚤。”少年成长期弥足珍贵的交友，在父亲眼中分明是轻蔑，其口气也十分武断，不容分辩，它的直接后果不只是父子之间无话可谈，而且还影响到儿子对未来之路可能遇到的一切判断上，“在我面前，你居然果真常常是对的，谈话时当然如此——因为我俩几乎没有谈过话……我当然不能要求含辛茹苦的你为孩子的芝麻小事而兴高采烈。问题也不在这儿。问题在于你的逆反心理，你总是非得让孩子失望不可，而且，你所反对的事不断增多，你的逆反心理不断增强，最后成了习惯，即使你与我看法相同，这样，孩子所感到的失望就并非日常生活的失望，由于它牵涉你，而你是衡量万物的尺度，这种失望就使他一蹶不振了。”注意，这里使用的“逆反心理”，并非用在叛逆期的儿子身上，而是形容父亲的。凡事都要逆反的前因是，父亲有一套自己的衡量万物的尺度，意即价值观。但把自己人生的“不幸”，大都归咎于父亲的这种“衡量万物”的武断，当然失之偏颇，可是，这样的证据罗列，是否也无可辩驳呢？在商店和家里，这位父亲教导儿子不要轻信大多数人，但却从未在儿子那里得到有效的证实，儿子看到四处都是出色的人。一个成年人的悲观厌世，与一个年轻人的满怀希望，不就是无法逾越的代际鸿沟？这也正常。因为轻信导致的恶果，比起劝诫时的刺耳声，总归可以承受。但是，要求年轻人完全理解这出于爱的劝诫和教条，效果则大打折扣——除非他摔了几个跟斗之后亲身经历和体验了它。卡夫卡不只表达了这些，他要表达的是，“到头来，这种不信任变成了我对自己的不信任，变成了对其他所有人的永无止境的害怕。在这方面我无法把自己从你的影响下解放出来。”如果我们理解了犹太人的历史处境和一位出身卑微的父亲自我奋斗的经历，也就理解了这位父亲不得不如此这般望子成龙的合乎情理，而日后这位儿子的遭际，又何尝没有父亲曾经劝诫的那部分事实的发生？至于儿子是否能从父亲的束缚下身心解放出来，实乃宿命一般难测，或曰，性格就是命运。或者说，如果没有“永无止境的害怕”，促成了卡夫卡对包括家庭的、工作的、出身的、族裔的、宗教的等诸如此类问题的深入拷问，就不存在他的文字风格如刮过的风暴，它是对等的心理补偿。

儿子的成长，相当一部分来自他最初接受了何种人生教育。在他眼中，父亲言行不一，口是心非，自相矛盾，幼稚可笑，而且，并未践行好“身教重于言教”的长辈责任。比如，饭桌上的饭菜必须吃光，不准谈论饭菜的好坏，父亲却相反，经常抱怨饭菜难吃，称为猪食，是那畜生（厨娘）弄糟的。不准咬碎骨头，他却可以。不准咂咂有声地啜醋，他也可以。饭渣不能掉在地上，他则掉得最多。吃饭时不准做别的事，他却可以修指甲、削铅笔、用牙签掏耳朵——他自己并不遵守为儿女们立下的这些清规戒律——而他自己则可以“知法犯法”，恣意胡为。尽管儿子对他的这一切噤若寒蝉，他还是不满意，还觉得儿子故意跟他“反着来”。卡夫卡反思道，其实这是父亲的强大与儿子的羸弱，又要争夺话语权所造成的必然结果。父亲的教育在儿子面前，“从未失灵过，这就是：咒骂、威吓、讽刺、狞笑以及——说来也怪——诉苦。”

诉苦？扮演弱者的角色？对父亲匪夷所思的这一行为，儿子并不理解和同情，并且，其副作用也显而易见——之前累积了太多的互不信任，此时带有某种真诚成分的诉苦，愈加令他生疑了：“与你对孩子的这种态度极不协调的是，你经常当众诉苦。我承认，我小时候（后来大概好些）对此无动于衷，而且不理解，你怎么竟会期望得到同情。你在任何方面都是巨人；你怎么会在乎我们的同情甚或帮助？对此，你心底里保准会嗤之以鼻，正如你常常瞧不起我们本人。因此，我不相信你的诉苦，想看看后面隐藏着什么意图。后来我才明白，你确实为儿女吃了很多苦，然而当时——在另外的情形下，诉苦可能会打动一颗坦率、无所顾虑、乐于助人的童心——在我眼里，这必定又不过是极其明显的教训和侮辱手段而已，手段本身并不很厉害，只是它的副作用很厉害，使得孩子习惯于把应当严肃看待的事偏偏不怎么当回事儿。”父亲当众诉苦，使得一向习惯了粗暴教育的儿子，有着深深的疑惑，且效果还啼笑皆非。因为，这种示弱性的教育方式和压抑手段的副作用，会因孩子的深深疑惑而得不到多少呼应，又谈何理解与同情，乃至知恩图报呢？况且，善于诉苦的父亲，之前早就通过对儿子忆苦思甜式的耳提面命，建立了卡夫卡所说的“三个世界”（儿子的奴隶世界、父亲的威权世界、他人的幸福世界）。儿子已驯服、顺从了这样的法则，一旦这样的法则有所颠倒、倾斜，他会因战战兢兢，神经兮兮，动辄得咎的惯性而无所适从，并失去了先前的准确判断——仍然导致“忆苦思甜”式教育的失效。

一个强势的父亲的当众诉苦，无疑会滑向可耻的表演。示弱的反常，到底隐藏了何种计谋和手段呢？至少，它会导致儿女们对此的不恭不敬之心——这样的分析，既有同情儿女们的无辜，更兼怜悯父亲的处境。一个对儿女抱有殷切期望的父亲的悲剧莫过于，他付出了各种方式的“爱”，却不能转化为他所期望的儿女成长的顺遂坦途。这爱以各种面目和方式实施着，且无法否定它的初衷。也因为这爱里包含着血缘的纯正和动机的纯粹，在每每发生精神暴力的折磨时，亦无法否定它的合理合法，因为，“我永远蒙受着耻辱，或者我执行你的命令，这是耻辱，因为它们只对我起作用；或者我不服从，这也是耻辱，因为我怎么可以不服从呢？”这，耻辱的陷阱，是自设也是他设的家庭律法，这才是卡夫卡笔下细密百转、纠结重重的亲情围困所带给他的沉重枷锁——比起浮华短命的异性之爱，亲情的负面影响力显而易见，它的要害在于，它是世间最难摆脱和解脱的血缘困境。什么都可以消失，而亲情永在，它又幸福又绝望。

“你从来都是离商店和家庭越远，你就越和气、越迁就、客气、体贴人、关心人（我说的也包括表面上），这就像一个君主，一旦出了他的国家边界，就没有理由仍然摆出暴君的架子来，于是，甚至可以和善地同最低贱的人打交道了……你伟岸而又愉快地站在一些闷闷不乐的小人物中间，犹如一个巡访的国王。”家中道貌岸然的暴君面孔，忽然变了脸，变成了对陌生人莫名其妙的亲近有加。且这亲近里，还透着虚伪的成分。在本该庄重严肃的“诉讼”中，我们看到了这位独断专行的父亲漫画式的形象，它亦庄亦谐。在这戏谑、嘲讽和幽默的笔法下的潜台词——说到底，卡夫卡深爱着自己的父亲。当然，这可笑里，还平添了儿子抵抗父亲的所作所为时内心感受到的耻辱感——尤其是成年后，当他的智商成熟到了足以理解和看穿种种无法克服的人性弱点与幽暗之处，而又不得不与之耐心地周旋时。“巡访”的君主和国王，不就是安徒生童话中一丝不挂的那位？他曝光于童言无忌和光天化日之下——此乃儿子自设法庭的初衷。面对这些讼词，这位父亲几无反驳和辩解的可能——历历在目，证据确凿。每读至此，我们也会暗自思忖，这字里行间里，又有多少儿子对父亲压抑已久的复仇的快意？

父亲还影响了儿子的写作和情感方式。他的爱恨情仇的表达，似乎早已注定。“为了在你面前显示我还是有点能力的，还有一部分是出于一种报复心理，我很快就开始对我在你身上发现的一些小小的可笑之处进行观察、搜集和夸张……这些观察给了我窃窃自语和寻找乐趣的机会。”儿子在拿父亲的行为“练笔”吗？这个敏锐倔强的儿子，得不到父亲多少肯定、鼓励和赏识，直到写作这封家书时，他的作品已得到文学圈的肯定，亦小有成就，其公司职位已升至科级秘书，无论是朋友还是公司同事，对他一直都有很好的评价——原来，这一切的动机，不过是为了证明这位儿子，“还是有点能力的”。但是，父亲一直不太在意儿子取得的这些进步，父子关系不断恶化的新证据，可以信手拈来，从不缺乏：“我写作时不过是在哭诉我无法扑到你怀里哭诉的话。”顺畅的、友好的、和睦的父子关系，用不着这样的“哭诉”。一个“诉苦”的父亲和一个“哭诉”的儿子，都属异常。父亲的言行，导致了儿子情至深处的悲伤和幽怨。哭诉本身是非常态的，也非男性之间的普遍行为。或许，儿子太在乎每次跟父亲的日常接触，且把这种接触的日渐尴尬的窘境，当作了每次都是最后一次的难忘诀别。只有通过写作，通过文字，才会把这种诀别，寄存于永恒的记忆之中，而非眼下这样的情非得已，呈堂诉讼。

首先，儿子期望在写作上获得父亲的赏识，哪怕是礼貌式的寒喧，那样，或许他会写得比以往更投入更出色。其次，他要通过文字来释放他的压抑和委屈，作为男人，他无法扑到父亲怀里哭诉，他必须保持坚忍、节制和内敛，必须看上去不那么刻意，这跟父女关系、母子关系、母女关系中常见的情景，迥然不同。再次，或许，只有写作才能缓解这种父子关系带来的焦灼、悲愤。通过沉浸于写作状态中，他可以换得自信和忘我，暂时忘却文字之外的压力。或者说，既有的压力会通过写作这样的方式，得以宣泄。寻找这种自信状态，也是为了摆脱简单粗暴的父亲的掌控的较好方式。通过写作唤醒了的那个“自我”，不再被动也不再无助，它会按照自己“确定的方向进行着”。但是，卡夫卡却使用了一个独特的词“诀别”。它不是普通的告别，而是对精神束缚的一次次既坚决又漫长的摆脱。为了贴切地解释这样的“诀别”，卡夫卡又在后面的段落里，使用了三个情绪性很强的词，进一步追溯了它的成因，“那就是它在我的童年时作为‘预感’，后来作为‘希望’，再后来作为绝望笼罩着我的生活。”

一个身怀绝望的人，比起一个满怀希望的人，所抵达的情感深度要复杂得多——人类的所有情感方式中，大概没有比悲剧来得更彻底动人了。对于作者，它是人生经验；对于读者，它是悲剧的审美。一个处于劣势的、被告者的、迟到了的儿子的审美——“绝望”，使得这封家书比他的小说作品拥有更大范围的情感共鸣。文字的最高技巧就是无技巧，有意味的形式就是内容。它不单单叙事，它就是倾诉本身。相对于小说中的象征、隐喻和荒诞的技巧的广泛使用，这封家书呈现的卡夫卡的文体特征，十分突兀、犀利和不留余地。不留情面又处处哀恸不已，此乃生命之书。当儿子长大成人，回望这一切时，他仍无法摆脱那个纠缠不休的阴影。这个阴影，与他在《变形记》中描述的甲虫形象何其相似："我确实独立地离开你的身边走了一段路，尽管这有点让你联想到一条虫，尾部被一只脚踩着，前半部分挣脱出来，向一边蠕动。"

在跟写作相关联的生存、学业和职业方面，卡夫卡与父亲同样持有不同的见解。见解和观念的差异，让他惶惑不已。为此，卡夫卡写道："由于我对什么都没有把握，对我的生存每时每刻都需要一种新的证实，没有什么是我真正拥有的，是确凿无疑的、独属于我、明明确确由我来主宰的，我其实是个被剥夺了继承权的儿子，因此，我最亲近的事物——自己的身体——也没有把握了。"一个对自己的身体也没有多少把握的人，是否会是一个身心健康的人？答案是否定的。他是以极易感染流行疫病的不规律的生活导致的虚弱身体，去换取了自己的写作成绩的——用卡夫卡的说法是，"写作是为魔鬼效劳的报酬"。尤其在写作这封家书时，他已罹患肺结核病多年。它是否就是他宿命的一语成谶呢？人有病，天知否？他的全部继承权，大概只有他写下的这些作品。而且，一个如此缺乏安全感的病人，在日常生活琐事中，也照旧体现了某种近似病态的人格："吝啬是大不幸的最可靠的标志之一；我对一切都感到无把握。以致我实际拥有的仅仅是已攥在手中或含在口中或至少快要达到这种地步的东西。"他的情人密伦娜曾在书信中披露说，卡夫卡的确是一个精于算计且比较在意钱财的人，甚至有时到了迂腐的程度。这一方面大概来自颠沛流离的犹太民族的历史文化传统，以及家庭教育，另一方面，寻找安全、可靠和温暖的"洞穴"，以便把握自己能够把握的东西，哪怕很小的部分，"攥在手中或含在口中"，的确成了生活中他必须面对的选项——这"吝啬"，已经超出了它的原义，绝非钱财或物质意义上的斤斤计较那般简单。

他不得不向现实低头，向父亲所代表的价值观妥协——尽管这是策略性的，包含了千万个不情愿。“我的自我评价取决于你的程度远远大于任何别的因素，比如外在的成功……你不以为然的神情就是确凿的证据——我爬得越高，到头来必定跌得越惨。”为了避免父子的冲突，抱着无所谓的态度，卡夫卡希望毕业后能找到一份不太影响父亲的虚荣心的体面的职业。之前，他放弃了酷爱的文学而改修法律，在考试之前的复习期间，他自嘲学非所好的无奈：“我的神经绷得紧紧的，在我之前上千张嘴已咀嚼过的锯末，就是我的精神食粮。”把法律课本比作咀嚼过的锯末，生动传神。它是妥协的代价，亦为人生的滋味。换言之，当他意识到自己的能力不足以抗衡现实处境时，他还没有失去理智地选择非此即彼、不管不顾、头破血流的悲壮方式，以便实现心中的写作理想。他去了工伤事故保险公司当了小职员，每日倾听着办公室的俗务和写作双重碾压着的声音，漫过头顶。这看上去体面的工作，可以继续维持起码还算正常的父子关系。内心深处，他永不妥协的执拗和决绝，却愈发激烈地反弹着。在他的小说中，我们轻易就可嗅到那些置身于国家和制度的机器中，被异化了的生命个体的紧张、敌意和荒谬的气味。

他把学业和职业之路看得十分清晰、透彻，他说：“我没指望在这儿找到任何出路，在这方面我早已放弃了获救的希望。”我们可以设想，如果不是因肺病早逝，他的皇皇巨著，要比那些长寿作家，比如歌德、雨果、托尔斯泰们不知要深邃多少！可惜，从来不存在假设，可惜，生命没有赋予他更多的机会，他的文字也没有留给读者太多的选择——当他放弃了职业上的“获救”机会，谁说不是他文字生涯的幸运女神持续的眷顾与垂青？当他找到了摆脱父亲的方式，灵魂找到了呼告的出口，他掀起的文字风暴，谁说不激烈悲壮而足以抗衡和抵消那个与之对峙的外部世界，以及他父亲所谓的成功人生呢？当人生经验和体验进入写作，并发挥到了极致，那匪夷所思的冷峻、变形和荒诞，就是卡夫卡"内宇宙"的强大能量的见证，也是他在学业和职业的漫漫歧途上，选择了唯一"正确的岔路"——如果按照父亲的职业期望走下去，卡夫卡或许不过是一位健康、庸常的犹太商人，而非现代主义文学的源头性大师和思想巨人。但他对自己的文字成就始终谦逊有加，是否仍是出于对父亲的某种敬畏呢？"我通过写作和与此有关的事情做了些小小的独立的尝试、逃亡的尝试，获得了微乎其微的成功……"今天的布拉格城，四处可见以缅怀他的名义所设的雕像、书店和咖啡馆，当年父亲在旧城经营的那家妇儿商店，也成了他的书籍售卖地，它当然也是儿子对父亲的另一种意义上的"诀别"方式。

在卡夫卡的"讼词"中，婚姻问题占了不少的篇幅。注重自我感受，以个体的快乐幸福为衡量标准，也一直是西方人有别于东方人对婚姻和家庭持有的观念传统。两个姑娘、三次订婚三次取消婚约，卡夫卡不无自嘲地说自己"结婚未遂"。他说，婚姻是"酝酿着一场持久的、决定性的甚至最严酷的考验。实际上，结婚的打算成了最壮观、最有希望摆脱你的尝试，当然与之对应，这一打算的未遂也是壮观的。"倒不是不够严肃认真，导致了婚约的有些不甚光彩的临阵逃脱，正好相反，或许正是他对婚姻的实质过于严肃认真的思考，才导致了这样的"结婚未遂"。一个对任何事情都要进行一番缜密谋划的人，会妨碍他行动的果敢性和一致性。一个对任何东西都怀有不掺杂质的纯洁道德要求的人，每每会因为它的纯洁性的罕见，而深感挫败和失望，不得不败下阵来。他反省自己："这两个女孩没有让我失望，是我让她们失望了。"他指责父亲："震撼我的事，你肯定无动于衷，反之亦然，在你那里无咎可取的事，在我这儿可能是一种罪过，反之亦然，对于你毫无结果的事，可能是我的棺材盖。"

在卡夫卡的婚姻观念里，"结婚成家，生儿育女，在这个动荡不安的世界上抚育儿女，甚至加以引导，我坚信这是一个人所能达到的极限"。为此，他分析说，很多人似乎轻而易举地做到了上述标准，但不足以为证，以为大多数人的婚姻是幸福的，成功的。真正做到"极限"的人，为数并不多。其次，为数不多的婚姻成功者，大多并非主动为之，这些结婚成家、生儿育女的事，只是顺理成章地"发生"在了他们身上而已。在他人那里必经的人生阶段，或者说，动物的本能和生命繁衍的惯性使然，在他这里，却成为"极限"——显然，他对婚姻有着纯粹的要求、极高的标准，而不会苟同于众人，同时，又隐含着某种恐慌自卑的心理。归根结底，卡夫卡是以父母和身边人的婚姻生活为范本，来预测和参照自己的婚姻前景的，而父亲恰好就像笼罩在儿子婚姻前景的那团阴影。这个阴影，并非父母婚姻的不幸导致的，相反，正是父母婚姻以世俗成功者的景象展现在儿子面前，才导致了他对它的虚伪和琐碎惶恐不已。他想早点成家立业，以消除父亲对他所谓游手好闲的"公子哥"的看法，"那样我就与你平等了，一切旧的、新的耻辱及暴政将永远成为历史"。但父亲的专横和母亲一味的忍让，是他唯恐避之不及的，它亦是婚姻的一种"极限"。随着年龄的增长，结婚生子，自立门户的愿望愈迫切，这种忧虑也就愈加强烈了。它仍是一个悖论：如果父母婚姻不幸，那么它显而易见的坏处，会促使卡夫卡毫不犹豫地选择单身，就像他在情感联系上更靠近终身未娶的两位单身汉舅舅那样。相反，正是母亲的自我牺牲，成就了儿孙满堂的和睦家庭和至少看上去洋溢着世俗幸福的一切必备景象，而它的交换条件就是，父亲的说一不二、专横暴戾、目空一切——这样的父亲，这样的母亲，这样的婚姻，他不要也罢。

他对未婚妻菲丽斯的日渐失望，是由于两者的生活和家庭观念随着交往的深入拉开了距离。父母由布拉格亲赴柏林参与促成儿子的婚约，尤其是父亲十分肯定和鼓励这样的婚约，也是卡夫卡深以为忧的。他和父亲的立场，就像我们耳熟能详的那句著名的话，“凡是敌人拥护的，我们就要反对。凡是敌人反对的，我们就要拥护”。把父亲说成“敌人”显然不妥，把父子之间的冲突解释为“敌意”，又一次对自以为是的父亲的抗争，这样的逻辑推理应该可以成立。父亲的家庭教育的后果，终于让儿子的性格弱点，在婚约的重大考验面前暴露无遗了——“它们是你的教育的副产品，即怯懦、缺乏自信、内疚，它们在我与结婚中间，筑起了一道警戒线。”当然，除了父亲有错，他也分析了自身的弱点，说自己精神上没有准备，实际上没有结婚的能力，“这一点表现在，从我决心结婚的那一瞬间开始，我就再也无法入睡了，脑袋日夜炽热，生活已不成其为生活，我绝望地东倒西歪”。面对婚约，他面临着这样的状态，“那就是恐惧、怯懦、自卑的无所不在的压力”。在儿子看来，也许父亲在婚姻中赡养家室所要承担的一切优缺点，自己都不具备。

他举证说，在自己苦思冥想着结婚计划时，父亲竟然认为像儿子这样谨小慎微、优柔寡断、疑虑重重的人，怎么会因为喜欢一件女人的衬衣，而心血来潮要结婚呢？——父亲对儿子经过严肃认真的思考所作出的重要决定，非但不予以肯定，相反，他的语气中还充斥着讽刺意味:“她多半是穿了件特别的衬衣,布拉格的犹太女人们就会来这一套,你一见这衬衣,自然就决定娶她了。而且越快越好,一星期后,明天,今天。我弄不懂你,你是个成年人了,生活在城市里,难道就没有别的办法,只能随便找一个就马上结婚?没有别的可能性吗?你要是害怕,我就亲自陪你去。”这位父亲简单粗暴地把性和婚姻混为一谈。实际上,不只对这次严肃的婚约,父亲持有轻蔑和荒唐的看法,卡夫卡回忆说,还在他大概16岁青春期的一次与父亲的散步时,当他希望父亲能含蓄地给予自己正确的性教育指导时,父亲竟然粗暴地鼓励他去找个妓女,毫无风险地解决这种事——爱和婚姻,在这位老男人看来,不过是庸俗的、带点龌龊的性,它既不纯洁也不健康。把儿子一脚踢进这龌龊里,难道由此就可以亮明自己已婚的正确和作为过来人的高高在上的道德俯视?“你要是害怕,我就亲自陪你去。”——潜台词就是去找一个妓女来解决生理问题。卡夫卡深受羞辱,他觉得父亲对于性和婚姻的粗暴态度,只能让他以与生俱来的犹太民族古老的原罪和父亲对儿子最深的鄙视来解释了,哪里还有半点人格上的平等相待和最基本的尊重——他想成家立业,生儿育女,想变得独立自主的计划,只能是计划而已。

卡夫卡痛心疾首道:“我若想在与你所处的这种特殊的不幸关系中变得独立,就必须做一些与你尽可能无关的事:结婚虽然是最了不起的事,它会带来最体面的独立,但它同时也与你有着最紧密的联系。因此,想从这里逃出去就成了痴人说梦,几乎任何努力都会随即受到惩罚。”这些话,与其说是推罪于这一对父子的特殊关系,不如说是写给天下所有父子的——血缘关系使之成为亲人,有时还是冤家、仇人和“家庭诉讼”中的原告和被告。他们的悲剧不在于双方冲突的真理在谁手中，相反，他们的悲剧在于双方几乎都是无辜的，都遭受到了彼此的伤害。设想一下，有着很多弱点的卡夫卡的父亲收到这封家书，面对这样一个同样有着很多弱点的儿子的哭诉与控诉，会做何感想呢？不堪想象。因此，卡夫卡的取消婚约，确实是对他和父亲的双重惩罚。

“完全撇开企业主的利益，撇开你的统治欲不谈，仅仅作为商人，你已比所有在你手下学艺的人高明得多，以致他们的任何成绩都不能使你满意，同样，你也必然永远对我不满意。”围绕与店员、与母亲、与三个妹妹、与亲戚朋友、与犹太教、与疾病等种种关系上，卡夫卡与父亲的观念每每相左，背道而驰。或许，这样长期的背道而驰所累积的惶惑、内疚、悲愤、绝望等诸多负面情感，促使他最终写成的这封家书，成了有益的代偿。一个最初背弃了文学梦想，听命于父亲的说教攻读法律专业的儿子，到头来却从法律和文学的双重结合中，文采斐然地完成了一场“诉讼官司”。他亲自“审判”了父亲，也“解剖”了自己。一个试图“打倒爸爸”的人，也并不排斥自己的文字会犯下失手和失误的毛病，从而也“打倒”了自己。因为，至少他意识到了这样一点，在失败了的人生教育中，父子同为当事人，亦是受害者。“在这场诉讼中你总是声称自己是法官，但实际上，至少在绝大多数情况下（我在此不把门关死，以防出现我当然也可能造成的失误），你同我们一样，是既弱小又诚惶诚恐的一个当事人。”

永远的儿子

生活中的卡夫卡，一向以文弱、优雅和幽默示人，却在他的“诉讼”文字中呈现着坚硬、缜密和深邃的质地，岂不殊途同归地暗合了他的父亲洞明世事人情的某些做派和人格特征？他形容父亲像一个独裁者和审判者，是不容置疑的权威，是秩序，是法律，是判官。有意思的是，这位似可决定一切的独裁者兼审判者，当初逼迫儿子就读的专业恰恰就是法律。卡夫卡的大量作品和书信，屡次出现“诉讼和审判”这一严酷场景，也就绝非偶然。它像一个隐喻，不幸言中了当初父亲逼其就范的专业，正是父子之间在现实法庭上一场场“诉讼和审判”的昔日再现——原告和被告、举证和否决、辩护和审判……言之凿凿，慷慨激昂，据理力争。或许，卡夫卡早已意识到了这封《致父亲的信》，乃是对父亲的诉讼陈词，是对父亲所代表的社会环境和价值观的一次较为完整的梳理、罗织和清算。

卡夫卡也曾幻想过自己结婚后，父子之间终于作出了妥协，也进一步改善了关系，“我可能会变成一个自由、知恩图报、无辜、堂堂正正的儿子，你可能会变成一个不沉重、不暴戾、善解人意、心满意足的父亲。然而，要达到这个目标，一切往事都必须一笔勾销，也就是说，必须把我们自己抹掉。”这怎么可能呢？抹掉了父亲作为父亲、儿子作为儿子的行为性格，终究一场幻想。所以说，卡夫卡的作品气质，大多来自他的人格气质。除了流露个人感情最多的书信，他的那些幻想性小说作品也少有美好成分，倒是寓言性的气质更多些。“神经质般”的卡夫卡气质，亦非贬义词。在这个世界上，或许因为缺乏像诗人迪兰·托马斯所言的“裸露神经般的英雄气质”，勇于直面种种不美好，才导致了随处可见的污秽、龌龊和丑陋的存在。或曰，它本就一直存在着，它需要写作者像“裸露神经般的英雄气质”。作为回击它的方式，卡夫卡选择了这种手术刀的锋利——一个看似神经质的“医生”，对一个看似再正常不过的父亲般的“社会病体”，完成了一次漂亮的解剖。

当然，在儿子笔下，父亲也有温情的一面，他不会违心地有意回避，“你的脸上也会绽出一种特别美丽、十分罕见的微笑，一种沉静、满意、赞许的微笑，你向谁这样一微笑，他就会深感幸福。我不记得你曾明确地对孩提时的我这样微笑过，不过多半有过，你当时怎么会吝啬向我微笑呢，因为我那时在你心里还是无辜的，还是你的厚望。顺便说一句，这种和善的印象久而久之只加重了我的内疚，使我感到世界更加不可理解。”这微笑的温情，带给儿子的幸福感，会转瞬即逝。其微笑的罕见，给儿子带来了——因内疚而对世界更加不可理解，那么，我们应该同情这位父亲，还是理解这位儿子呢？

还是再引述一段卡夫卡对父爱的真切描述，来佐证这父子之间情感的复杂和微妙吧：“幸运的是也有例外，这大多是你默默吃苦时，以爱与善的力量克服一切对立因素，直接拥有了爱与善。这种情形很罕见，却妙不可言。特别是以前当我看见：盛夏的中午，你在店铺里吃完饭后，疲惫地打个盹儿，胳膊肘支在桌子上；星期天，你精疲力竭地赶往我们所在的避暑地；母亲身患重病时，你紧紧抓住书箱，哭得浑身打战；我上次生病时，你蹑手蹑脚地走到奥特拉的房间来看我，在门槛上站住了，伸长脖子看看躺在床上的我，怕打搅我，只挥挥手表示问候。每当这种时候，我便扑到床上，幸福地哭了起来，此刻我写到这儿时，眼泪又夺眶而出。”这样的“讼词”还能称为“讼词”？它已从法律文书的客观冷静，乃至拐弯抹角的诡辩，自然过渡到了忧伤的抒怀。父亲看着床上生病的儿子挥挥手表示问候的场景，其表达的方式，含蓄真挚，令人动容。可怜天下父母心，读完上述段落，我们能轻易地否定父亲为儿子所做的一切吗？不能。

儿子深爱着的母亲，亦有另一番形象。面对含辛茹苦的她，儿子既愧疚又酸楚：“母亲在家庭中的位置是多么痛苦，多么吃力。她为商店、为家务辛苦操劳，家里每个人每病一场她都比病人多受一倍的罪，但这些与她在我们和你之间的中间位置上所受的折磨简直不可同日而语。你对她一直是爱的、关心的，但你又像我们一样，给她的体贴少之又少。”就连这样的自我责备，也要捎带上父亲来“陪绑”，却忘记了他先前所分析的那样，“父母被错误判断持续的时间更长久”。归根结底，儿女替代父母所进行的换位观察和思考，终究只是替代而非父母本人的自身感受。或许，卡夫卡放大了自己的感受，或许，卡夫卡夸大了父亲的弱点，或许，卡夫卡隐瞒了自己成长中的许多过失——这是一般传记或家书通常采取的技术性的修辞手段。相对较少的掩饰、回避和强词夺理（有些夸张是文学属性带来的），大量痛惜的事实罗列和准确缜密的逻辑分析——家事面前不能讲理，讲也讲不通——你面对的是剪不断理还乱的情感纠缠的亲人。卡夫卡偏偏要给父亲执拗地讲清这个道理。或许，每个人都可以坦然面对陌生人，却不一定能坦然地面对亲人。因为在这个世界上，大概没有什么比遗传基因建立起来的牢狱更坚不可摧的了。也没有什么比亲情锻打的这副枷锁，更让囚徒们欲告无门无力挣脱了：“有个人被囚禁了，他不仅怀着逃跑的意图（这也许是有可能实现的），而且还要同时把这座监狱改建成一座避暑的行宫，但如果他逃跑了，他就无法改建；如果他改建，他就无法逃跑。如果我想要在我所处的与你的关系中获得独立，我就必须做某种同你毫无关系的事情。”最后一句的决裂态度，显而易见。从这个角度上理解，卡夫卡的自我辩护和对父亲的看似无情的“诉讼”，也多少有点以偏概全，是一面之词。文中所涉的某些冷嘲热讽、尖酸刻薄的语气，还有点令人生厌讨嫌的成分。在这个虚拟的法庭上，由于父亲的缺席而没有发言权、辩护权，使得这样一次审判，多少有点自编自导，自说自话，强词夺理的意思。

或许，卡夫卡的本意，并非一定要把父亲呈现于文字的公堂之上。卡夫卡生前曾让好友布罗德烧毁所有手稿，好友违背了他的遗言，才使读者有机会看到这个家庭无奈酸楚的秘密家事。1920年，卡夫卡 38 岁，距之前写作《致父亲的信》正好一年，他与情人密伦娜相识相爱。他的情书中特别提到了这封信，“明天我把致父亲的信寄到你的住处去。望你能妥善保存，也许有朝一日我会把它交给父亲的。尽可能不要让别人看到。展读时要理解其中一切律师式的手法，这是一封律师信件。绝不要因噎废食。”相信密伦娜能理解他精神上的痛苦来源——无疑，这个扮演着律师兼原告的人，在寻求旁观者相对客观的佐证和理解，这对他来说非常重要。当他忤逆了父母看好的与菲丽斯小姐的婚姻，忽悠父母去柏林参与婚约而“结婚未遂”，又在与第二个姑娘尤丽叶处于婚约期时，却爱上了有夫之妇密伦娜，他所感受到的孤立无援，他的惶恐，他的怕，让他比任何时候都需要挚爱的人的同情乃至怜悯。对此的迫切渴望，也证明了卡夫卡“诉讼”父亲时，经历了怎样的不甘不愿，又不得不为之的精神磨难。越是在他慷慨陈词时，其内心的撕扯分裂，越会把坚定和坚毅背后的虚弱，变得不堪一击——通过致父亲的信，他想劝说和矫正父亲的所作所为，并试图揭开父子关系的秘密真相。他仍然希望，“我认为通过这一些矫正，情况已经表达得非常接近事实了，使我们俩都能得到一些安慰。使我们的生与死都变得轻松起来。”

对错已无意义，某种生的解脱和死的轻松感，才是写作这封家书的最好注脚。卡夫卡不无自嘲地把当代人比作《变形记》里那样的甲虫。小说中，甲虫是一副诡异的、可怜的、受伤害的、让人怜悯的卑微形象。这封家书中，甲虫又有了新解，那就是他模拟父亲口气的自我解嘲。这位永不结婚的儿子，原来就是想做永远的儿子，以便独守父亲，斗争下去。他自况甲虫，不但好斗，而且自私自利，足够残忍，完全是寄生虫嘴脸。“我承认，我俩互相斗争着，不过斗争也分两种。一种是骑士的斗争，独立的双方在相互较量，各自为政，输得光明磊落，赢得正正当当。另一种是甲虫的斗争，甲虫不仅蜇刺，还吸血以维持生命，这是真正的职业斗士，而你（卡夫卡自指）就是这样的斗士。”

2008 年 7 月 28 日

2014 年 2 月 15 日

2015 年 9 月 30 日

2016 年 8 月 23 日

大海爱它海底的小石子

——读《致密伦娜情书》

幽　　灵

先引述两段卡夫卡在情书中写下的话：

“写信则意味着，在贪婪等待着的幽灵面前剥光自己。写下的吻到不了它们的目的地，而在中途即被幽灵们吸吮得一干二净。它们正是通过这种丰富的营养骇人听闻地繁殖着。”

“生活的乐趣不是生活本身的，而是我们对升入一种更高的生活的恐惧；生活的折磨也不是生活本身的，而是我们因那种恐惧而进行的自我折磨。”

两段话，颇具卡夫卡句式的精髓。前一段，是对写信导致的后果的畏惧。后一段，是对升入更高的生活——包括爱的荒谬感的揭示。那么，贪婪等待的幽灵是谁呢？它为什么等待？为什么还贪婪地等待？幽灵，生活在书信的主人公看不到的地方，黑暗的、未知的领域，因而被称为幽灵。这幽灵因窥视、捕捉了书信中可能出现的异性之吻，才显得格外贪婪？相爱时分，尤其作为雄性动物的男人，除了特有的护卫领地的警觉之外，似乎还有着与生俱来的性格上的疑虑和惧怕，他无法全身心地投入这样一场爱，他担心处于黑暗之中的幽灵的力量过于蛮横、强大，会吸吮这“吻”于无形之中，最终消失得“一干二净”。可以说，幽灵就是与爱进行较量的对立面，它的无形和强大，让你根本看不到它，却有着无处不在、操纵一切的宿命的味道。

卡夫卡阐述的这种幽灵的形态，给他带来了这样一种心理感受：“我觉得我们有一个共同的特点，密伦娜，我们是那么的怯懦，每封信几乎都面目全非，几乎每一封信都对上一封信或下一封信感到惊恐。很容易看出，这不是出自您的天性，甚至可能不是出自我的天性，但几乎化成了我们的天性。这种怯懦只有在绝望中、顶多在愤怒中，噢，不要忘了，还有在恐惧中才会消逝。”怯懦，会在绝望、愤怒和恐惧中消逝。比起后者的情绪强度，爱的怯懦或许不算什么。但由怯懦引发的一轮轮自我沦陷的负面情绪，到底来自何处呢？答案如下：

密伦娜 25 岁，布拉格人，已婚，与作家丈夫波拉克关系不睦。住在维也纳，为报刊写些文章和捷克文译作。

卡夫卡，两人开始通信时，38 岁，正在美兰疗养院休养，距他重病离世，还有不到四年时光。

幽灵形象，不仅暗指写给密伦娜的信，会被她的丈夫截获、偷拆。也不仅是意识到了这种通信的危险性，而逼迫他们常常使用缩写、密码和代称的书写方式，甚至以三言两语的电报方式出现。信件通常寄到邮局，密伦娜前往领取。幽灵或许还象征着世俗的、功利的、外在的主宰力量。敏锐自省的他，分明察觉到它的蛛丝马迹所编织的罗网。或曰，他还是他自己的幽灵：“由于写信想写就写，轻而易举，这就势必把可怕的灵魂紊乱带到世间来。这是同幽灵打交道的行动，不仅是同接信人的幽灵，而且也是同自己的幽灵。”此时的卡夫卡，人到中年，身患肺结核病多年，经历了与菲丽斯的两次订婚两次取消婚约，又处于跟尤丽叶·沃里切克的第三次婚约期内，虽然卡夫卡的父亲反对这门婚事，原因是尤丽叶出身低微，她的父亲是一位教堂杂役。卡夫卡倒并不在乎她的出身，而在乎婚姻的实质到底为何物。因此，一向视纯洁为真理，性格执拗严谨，还多少有点循规蹈矩的卡夫卡，对于他与密伦娜的“偷情”，无疑是一场精神折磨，而对那个可怜的姑娘尤丽叶来说，同样也是一场情感危机。这一点，卡夫卡看得十分透彻，他坦言相告第三者密伦娜，“第二门婚事还存在着，但没有任何成婚的希望，因此实际上并不存在”。“并不存在”实为辩解，真实存在才是压力。“我和她之间的关系没有发生任何变化，并且很难说会发生什么变化，仅仅——这仅仅是令人讨厌的事情，是一种类似刽子手的工作，不是我应该干的工作。”他形容的“类似刽子手”的工作，显然是指要与第二位姑娘尤丽叶解除婚约，其理由是：“你不能拽着一个人，一个为无私的境界献出一切的可爱的好姑娘一起坠向更深处，不能再往下坠了，任何方面都没有出路可寻，包括向深处坠落。”为此，他分析道，“这三次订婚史有个共同之处：一切都是我的罪过，毫无疑问是我的罪过，我给两个姑娘带来了不幸……我在她身上不能持续找到快乐和安宁，不能坚定起来，不能具备结婚的心理条件……当然她只需受罪，而我则又打击又受罪。”他坦言自己既是加害者又是受害者，言语中不无愧疚和负罪感——那幽灵的力量的确无处不在，以致他不得不承认自己有罪。另一方面，密伦娜不但已婚，而且又非犹太人，从犹太人的婚姻传统来看，这样的爱的前景不被看好，且带有某种不祥的预兆也就顺理成章了——又是幽灵般的力量作祟，使之纠缠深深，无法摆脱。

但有时，幽灵般的捉摸不定，却有足够的诱惑力。

通信始自1920年年初，密伦娜作为他的早期作品《司炉》的捷克语翻译者，两人开始了联系。卡夫卡优美的句式俯拾即是，他赞美道，“您来回调整句子的顺序，您这真诚的感情显示出的可能性和美妙的、天然的合理性，使我在捷克语中发现了一个新的天地。德语和捷克语竟是如此亲近吗？”双方似在探讨双语的翻译问题，而其潜台词的暗示性，不言自明。卡夫卡像一位优雅的骑士那样擅长抒情的诗句，“我想读您用捷克语写的东西，是因为它是您的母语，在那里，密伦娜才是完美无缺的（您的翻译已经证实了这点）；而在这里，即在您写的德语里，则只有来自维也纳或者为维也纳准备的那一部分密伦娜。因此，用捷克语写吧，我请求您。”在这里，双语就像卡夫卡和密伦娜的替身，替代他们创造妙笔生花的灵感，还有炽热的饶舌般的嗓音。翻译岂止是翻译？它不只用语言，还是生命激情的转世再生。同在布拉格这座城市长大的两个人，以德语写作见长的卡夫卡，同样精通捷克语。以捷克语见长的密伦娜，同样熟稔德语。于是，双语的彼此映照、互为衬托，就像配合娴熟、舞步轻盈的双人舞带来的生命华彩。

密伦娜到底有何魅力吸引到卡夫卡？或者说，卡夫卡缺乏的，正是密伦娜具有的？由此才能相伴相随，灵肉契合？卡夫卡清醒地剖析道：“你应该明白，密伦娜，我的年龄、我的暮气，特别是我的恐惧；你应当明白，你的青春，你的朝气，你的勇气；我的恐惧与日俱增，它意味着在世俗面前的退避，而世俗的压力却因此而增强；你的勇气却意味着一种进逼，因此压力也随着减轻，勇气益发增长。”通过两者的对比，卡夫卡点出的她的“勇气”，与自己的恐惧和怯懦，反差强烈。“我能坐在这样的书信面前，感到无穷的幸福。这是朝火烧火燎的脑袋淋下的雨。”至此，我忽然想到了唐诗中那首著名的爱情歌谣，容我全文引述：“君生我未生，我生君已老。君恨我生迟，我恨君生早。君生我未生，我生君已老。恨不生同时，日日与君好。我生君未生，君生我已老。我离君天涯，君隔我海角。我生君未生，君生我已老。化蝶去寻花，夜夜栖芳草。”

由此的反差和互补，才构成了彼此的亲近和黏连——早在少女叛逆期，成长于布拉格的密伦娜就开始了一段不为教授的父亲祝福的婚姻。她是一位个性张扬、热情似火、敢作敢为的人，她可以挥霍金钱、感情和生命——她的布拉格女友们形容她像极了美丽的舞蹈家邓肯，她试过吗啡，上大学之前堕过胎，打扮前卫，言行乖张，因为欲嫁大她 10 岁的犹太作家波拉克，与父亲激烈冲突，导致她在法定的成人年龄之前，不得不被父亲一度送到了精神病院待了九个月。但婚后丈夫另有新欢，婚姻面临解体。她看上去像一个早期的女权主义者那样离经叛道，我行我素，又颇具才华和思想。她看到的卡夫卡，“有一对宁静又直视内心的眼睛”和“真诚的、男性的脸庞”。

此时，肺部浸润处结核病蔓延的卡夫卡，对这一“吻”的前景，一直不抱什么信心。在密伦娜的主动追求下，他收到她的信件，甚至几天后才敢拆开阅读：“约两周来，我在日甚一日的失眠之中忍受着折磨”，“收到了您可爱、可亲的电报，这是对付夜晚这个死敌的安慰剂”。按一般常理，相爱的人总以为爱的初始力量不可阻挡，相信它可以超越、战胜一切。他的“吻”散发着迷醉的气息，一路前行，畅行无阻地抵达爱人的心怀——“现在假如你在这里（这不光指身体的接近）我便会深深地吸口气，一头扎进你的怀里。这就叫生病，对吗?”而在我们引述的开篇的第一段话里，在幽灵面前，他的“吻”缺乏光彩，并不具备无往不胜的神性。因为他看到的她，热情似火，几乎会烧着身边的人，而他，心怀无法融化的坚冰：“看见您生活在烧得太热的火炉中，这对一个其理解力限制在凡人范围内而不受上述影响的人来说，生活在其中，那是可怕的。”剩下的，大概只是爱的怯懦爱的惶恐爱的绝望了——但谁说卡夫卡爱得不够真挚呢？体味了爱的特殊、另类和艰难，才够悲壮？“您想想看，密伦娜，我是怎么走到您的身边来的，我已经走过了怎样的三十八年的人生旅程啊(因为我是犹太人，这旅程实际上更要漫长得多)。如果说我是在一个拐弯处偶然看见您的话(我从来没有指望过会见到您，到了现在这般年纪更不会有这指望)，那么，密伦娜，我不能叫出声来，我心中已没有叫喊声了；我也不会说千百句傻话，我心中也没有这些东西(当然在其他时候我干过的傻事够多的了)。我会跪下来，也许这样我才会得知，您的双脚就在我眼前，那么近，我会去抚摸它们的……年轻、漂亮，您的眼睛把这世界的苦难反射到地上……我不能同时倾听内心可怕的声音和您的声音，但我能听见那个声音并信赖您，您，除此之外在这个世界上我谁都不能信赖了。”这段文字，在年龄、代际、经历、秉性等诸多方面，阐释了两人天然的差异以及这种差异造成的距离。尽管如此，他还是放下了骄傲，跪下了他的双膝，臣服于她。那双脚就在他的眼前，他的抚摸，是何等的渴望？他的膜拜，是怎样的痛惜？

通信之前，卡夫卡与密伦娜曾在布拉格有过一面之缘。那次朋友圈的聚会，卡夫卡还记忆犹新：“您从咖啡馆桌子之间离去的情景，您的身形，您的衣服，这些我至今还历历在目。”就像所有热恋中人那样，一向冷静内敛的卡夫卡，文风大变，变得清晰优美，又甜又腻,“我靠吸吮你的目光而活着”。后来,经历短暂的四天相会,卡夫卡在日记里写下如下的感受:“从我对她的离别未感到悲伤,未感到有真正的悲伤,到我为她的离别感到无限的哀伤,这个过程是一条漫长的道路。”四天就像一把尺子,它衡量和放大了一切。明察秋毫如卡夫卡,自然细腻温柔。从有分寸的、恳切的“夫人”、“您”、“老师”的语气开始,到热恋中的“你”、“亲爱的”、“小宝贝”、“小妈妈”,到分手时的“亲爱的密伦娜夫人”,仅举称呼转变一例,也意味着它的确是一条漫长之路,其中经历了多少循环往复、腾挪转折、柳暗花明的心路历程呢?

很快,卡夫卡把日记给密伦娜看了,他并不隐瞒自己的过去。他的那封著名的《致父亲的信》,此前,连他的父亲也无缘得见,却交给密伦娜保存——“您,除此之外在这个世界上我谁都不能信赖了”,随后的一段日子,他又写道,“假如你想知道我以前的日子,我可以把我在大约半年前写给父亲、但至今未寄给他的一封长信寄给你。”这么短暂的相遇,如此快速地信赖这个人,爱的魔力显而易见。更何况这出自一位原本就怀疑一切的人,的确十分罕见。密伦娜曾形容卡夫卡是“没有一处可以逃避,没有遮盖……他就像一个裸体走在穿衣服的人群中的人”。在恋人面前,通过日记、情书来“剥光”自己,两人心意相通,神交已久,不再伪装,坦诚以待,以此取暖、欣赏和激励,这是爱的赠予——而他每每担忧和惧怕的“幽灵”,说到底,在很大程度上,是他对双方承担的社会角色和身份的自我再造和自我复制,并导致自我谴责的一再升级。越是他以为的美好时刻,越是他惧怕的迫近。他曾反思、质疑过写信这种方式的后果,并由此判断那些自身无法克服的人性弱点,使得这一切具有了不可预知的灰暗色调:“幽灵在写信的那只手下成长,在信件的连续性中，即在一封信证实着另一封信，并可将另一封信作为自己这一封的见证的连续性中成长。人们怎么会偏偏产生这样的想法：人与人可以通过信件相互交流！人们可以想起一个远方的人，人们可以抓住一个近处的人，其他一切都超出人的力量。”

卡夫卡坦言此前取消的两个姑娘的三次婚约，这种不名誉不光彩的行为，一开始就显现了它“幽灵”般的气质。他和密伦娜偏离了世俗伦理道德所释放的激情，因其炫目得无法直视的光彩，而让两颗灵魂的碰撞、共鸣，有了绝唱般的诗性和神性。因而在以洞察人生况味见长的卡夫卡看来，这爱的短命禀赋，似乎一开始就已注定。就像最初被密伦娜的勇气和果敢吸引，他终究战胜不了自己的怯懦：“决定性的是我随着信件的增多而不断加重的晕眩无力，想要从信堆里爬出来的绝望的挣扎，在你的面前和我的面前都感到无能为力，哪怕你写一千封信，我说一千个愿望也否认不了这一点。”它是卡夫卡能够料想到的，身处幽灵们贪婪等待的周遭环境的基本判断，也是他意识到了生命个体渺小无力的声声叹息。而且，在他看来，迄今为止的铁路、汽车和飞机的发明，包括电报电话，原本是为了达到人们之间的自然交往，心灵安宁，但却走向了它发明初衷的对立面，“这是些在人类毁灭过程中产生的发明……幽灵们不会饿死，而我们将会灭亡”。写信就如徒劳的努力、绝望的挣扎，早在通信之初似已埋设完成了的“定时炸弹”，只不过还未碰到合适的爆燃点而已。因为他既说服不了别人（指密伦娜和她的丈夫），也战胜不了自己的负罪感：“你不去那里（维也纳）还有上百条其他内在的原因（这些的确存在着），此外还有一条外在的原因：就是去后将不可能与密伦娜的丈夫说话，甚至连看都不敢看他一眼。同样你也将丧失跟密伦娜说话或直面看她的勇气，即使她的丈夫不在。”不去维也纳，这在做人的原则和道义上都能讲得通，对他来说，任何伪装了的坦然自若、彬彬有礼，都是无法忍受的耻辱。

通过这种三角关系反照自身，他从他处看到了自身的局限，也从自身看到了他对他人的不良影响：“我这个人在任何现实方面——结婚、工作、勇气、牺牲、纯洁、自由、自立、真实——在你们两人中我陷得如此之深，以致要我对此发表任何看法都令我恶心。我什么时候胆敢表示给予积极的帮助呢？即使我有这个胆量，我又怎么能付诸实施呢？问题提得够多的了，它们本来在下界睡得正香，为什么要把它们召唤到地面上来呢？它们是灰暗的、悲凉的，它们的作用也是如此。”他不愿沦陷其中无法自拔，或假装纯粹公正，因为这种三角关系原本对其中的每一个人都很难保证公平公正——而爱的最原始的题中之意，还应该包含平等二字。

以爱为武器的抵抗，也许无效，但不会就此消解它的确发生过、存在过。此时的密伦娜，美丽动人，魅力十足，他比喻道，“总是M(密伦娜)或者不是M，但都是一种原则，是黑暗中的一道亮光。”这是没有原则的原则，没有希望的希望。世间男女上演的一幕幕光明正大、顺理成章之爱的喜剧性，似乎并不如有悖常规、超凡脱俗之爱的悲剧性，在审美意义上更能吸引和征服后来者。尤其是异性之爱的多角关系，导致幽灵之物的齐齐爆发，一再显灵，乃至崩盘。即便排除了种种障碍，就当事方而言，也难以避免猜忌误解、嫉妒怨怼、反目成仇等诸如此类人性之恶的发生。用卡夫卡的说法，这些原本在下界睡得正香的丑陋之物，被唤醒到了地面上。其间，何况还有被隐身了的受害者——与他婚约中的尤丽叶、密伦娜的丈夫的存在。面临多重压力，卡夫卡不得不承认自己既束手无策，又并非完全无辜。他清醒地意识到，站在密伦娜丈夫的立场上的任何言行，都将十分"恶心"。而这，正是他把密伦娜视作"黑暗中的一道亮光"的理由之一。他必须维护和保护好这条"原则"，哪怕看上去他是多么的缩手缩脚、裹足不前。

明知不可为而为之，好像饮鸩止渴，把象征禁忌的"幽灵"之物，酿成了一杯可以"吸吮"的毒酒。借用一句俗话就是，"问世间情为何物，直教人生死相许？"或曰，一个使用了"克拉默尔"假名，在维也纳贝诺街的专用邮政信箱给自己的情人寄信的人，早已提前预支了他的未来？他隐匿了自己的名字、身份和角色，他是他自己的幽灵之物，而且无法左右其行走的节奏、方式和结果："密伦娜，你不能准确理解问题在哪里，或者部分问题在哪里。我自己也不理解，我只是在爆发的火山下颤抖，折磨得自己快要发疯，可是上面发生了什么，远方行将如何，我都不知道。只知道近处所要的是：安静、黑暗、藏匿。这我知道，而且必须遵从，舍此别无他途。"一个处于热恋之中被激情折磨得快要发疯的人，为何要遵守这种"安静、黑暗和藏匿"，就像幽灵的原本形态？的确如此，幽灵，既来自外界，又源于自身。且后者的不易察觉的欺骗性，使之具有了鬼魂附体的某些特征。一个信任他人甚于相信自己的人，终究会把这种不幸独揽于怀——卡夫卡在书信中不断出示的善良真诚的品质，他被折磨得快要发疯，却并不归咎于他人，而常常进行自我怀疑、自我拷问："我一生的一切不幸，都来自信件或者来自写信的可能性。"他把这种不幸，归于自己的天性使然，而非恋爱的技术性错误，以致违背了"安静、黑暗、藏匿"的原则，那么，哪一个卡夫卡更接近于真实的、本质的卡夫卡？

其实，聪慧过人的密伦娜，何尝不曾理解他？他们毕竟惺惺相惜、心有灵犀。1924年，卡夫卡逝世，密伦娜写下的悼词，非常准确地评价了他，并为他和他的同类辩护道："他太有先见之明，太有智慧，他没法活着，他太衰弱，没法同高尚的、美好的人的衰弱做斗争。这些人并不因害怕误解、无情和精神的谎言而回避斗争，虽然他们预先就知道他们无能为力。这些人失败了，他们会使胜利者丢人现眼。"

密伦娜有如此独到的慧眼，也不枉他们曾经深爱一场。

深 呼 吸

爱，可以归为感官生活，也可以提升到更高的精神活动。

一个敏锐的人观察和体验到的异性之爱，会在文字中得到进一步的印证："生活的乐趣不是生活本身的，而是我们对升入更高的生活的恐惧。"升入更高生活的手段和方式有很多种，每个人的生命过程，几乎都是在这种升入更高生活的向往和追寻之中完成的。作为情感的激烈方式——异性之爱，当然会让彼此升入更高的生活。但更高的生活，并不意味着更好的存在，相反，它也许会因无所适从而彷徨、恐慌甚至跌落。

如果承认爱的主要部分，也包括爱的忧伤、爱的病痛、爱的折磨的话，那么卡夫卡提出的问题，似乎也可以这样推理：爱的乐趣，比起爱所带来的绝望和挣扎，几乎无足轻重。尤其有悖常理的异性之爱，使之心力交瘁。"一个被他自己身上的魔鬼折磨着的人，无意识地向身边的人报复着。"这样的报复，即，把绝望和挣扎当成了乐趣？而这种近乎病态的热烈执着，或许才是人性的复杂和深邃？爱，或许真是不可救药的几近昏厥的发烧、发疯的"热病”:“我足下没有自己的土地。我对此很害怕,却不甚了了,我完全不知道在离我的地面有多高的地方在晃悠。”这种失去自我、不能立足的悬空感,身心上升之后的轻盈状态,是迷狂还是迷失?不但有“晃悠”的状态,还有书信里倾心交谈的瞬间感觉:“当然只是一个瞬间的,一个幸福和痛苦得发抖的瞬间的真实。”卡夫卡以对位的句式,进一步阐述道:“生活的折磨也不是生活本身的,而是我们因那种恐惧而进行的自我折磨。”由此出发,去体味恋爱中人的自我折磨和彼此折磨,你就会发现,所谓相爱的人的正常情状,正是通过这种不正常的折磨——几近虐恋,施虐与被虐,来进一步确认对方和自我的存在。通过双重折磨,来完成进一步的角色期待和重塑。通过“自虐或他虐”,来完成进一步的自我牺牲或献身献祭。从而,进行一次次爱与死的轮回——乐观的说法是新生,即自我蜕变、更新;悲观的说法是,一场有关死亡的诗意的营造。

在甜蜜、缠绵和真挚的情书里,卡夫卡为何一再老调重弹他的恐惧,并把这种恐惧当作一般常识中难以理解的乐趣呢?既然是乐趣,为什么一年半之后,这种书写情书的乐趣却难以维系,不得不戛然而止了?实际上,围绕卡夫卡时时提到的恐惧,是解开这场无疾而终的爱之真相的一把密钥,也是导致这场痛彻心扉的爱情绝唱的毁灭性力量。恐惧,是对不可预知的命运的深度心理病症,也是无所适从的情绪测试标准。土耳其作家帕慕克有一个观点,与卡夫卡的世界观非常接近,他认为作家的迫切任务,就是书写人的无所不在的基本恐惧,生也好死也好,敌意也好仇视也好,崇高渺小乃至无价值无意义也好,这些威胁人的生命、生存的恐惧,只要存在着,写作者就有必要加以阐释和揭示。如果联想到卡夫卡的犹太人身份,以及密伦娜的婚姻曾遭到她父亲的激烈反对——

因为她的丈夫也是犹太人，那么，这种恐惧跟内心的耻辱感，自然而然就会紧密地联系在了一起。也是这种耻辱感，把爱的激情和危机搅拌在了一起。激情和危机，相伴相生。卡夫卡连用了三个为什么来描述自己的犹太人身份和处境，“犹太人不安全的地位——人与人之间的不安全——站在这一切之上就可以把事情解释得容易理解了：为什么只有握在手中、咬在牙齿间的东西，他们才认为是自己所有的。此外，为什么只有触手可及的财产才使他们感到拥有生活的权利；为什么他们的东西一旦失去便再也找不回来，这些东西却在欢欣地永远告别他们，漂流而去。从根本上想不到的东西也有危险在威胁着犹太人，或者让我们把危险二字去掉，以便表达得更准确一些：‘有危险在威胁着他们。’”请注意尾句，它极其精彩——危险或威胁，几乎成了漂泊不定的犹太人思维方式的代名词，这种不安全感，植根于民族基因中，与生俱来。作为生存方式或惯性，它几无根除的可能。而作为某种催化剂，恋爱中人，任何一件小事一个细节，就很容易放大、裂变这种不安全感，使之悬空般地“晃悠”起来。他必须抓牢点什么，以阻止、终止这种没着没落的情绪的蔓延。“这种恐惧也许不仅仅是恐惧，而且也是对某些东西的渴望，这东西比一切引起恐惧的因素还要可怕”——这渴望的东西，当然包括爱情。至少，它看上去像彷徨的人生中一根比较漂亮的稻草。但它的虚幻、脆弱和欺骗性，毕竟无法拯救那个落水者，反而结果可能更糟糕：“我对你的关系我是清楚的（即使我将永远见不到你，你仍然属于我），只要这关系不陷入错综复杂的恐惧区域，我对它便是清楚的；你对我的关系如何我仍茫然无所知，它全然处于恐惧的笼罩之下。”

卡夫卡进一步分析恐惧带来的后果：“因为我虽然有时看上去

像受了自己的‘恐惧’的贿赂的卫士，但我内心深处好像确实承认它的合法地位。其实，我就是恐惧组成的。它也许是我身上最好的东西。因为它是我身上最好的东西，所以它兴许也是你最喜爱的东西。否则，在我身上找得到什么值得你爱的东西呢？它确是值得爱的。”这种有悖常理，近乎病态的心理特征带来的吸引力，大概只有性格大胆果敢的密伦娜才能承受——事实上，密伦娜在日记中也希望自己作为普通女性，能跟丈夫平静和睦地拥有婚姻生活，且在大多数情况下主宰着她的行为选择，它也是密伦娜在相遇卡夫卡一年多后，并未离开丈夫而与前者结合的现实理由。同时，密伦娜在卡夫卡去世后不久，即与丈夫离婚，也同样昭示了当初之所以与卡夫卡精神共鸣的合乎情理。他们也曾有过肉体短暂的欢愉，但面对“伟大的情人”兼不幸的病人，再怎么优秀的女人在作非此即彼的选择时，仍会优柔寡断，犹豫再三，否则，就太过苛求于她而不近人情了。况且，改变爱的美好初衷，于情人的热恋中，离开自己的丈夫，则会导致对情人的进一步折磨和惩罚，也背离了卡夫卡的为人。他有时会言不由衷地希望密伦娜幸福，自己则像“受了自己的恐惧贿赂的卫士”，尽量保持着绅士般的克制和理智。又有时，受着嫉妒的折磨，他干脆劝她：“你已经离开你丈夫一次了，在目前这大得多的压力下，离开他更容易，当只是由于要离开的缘故而离开他，而不是由于另一个人的缘故。”末尾两句，他似要撇清自己，可是，这种血肉模糊、冰火缠绵的关系，怎么能说撇清就撇得清？他曾梦见她身上着了火，人们去拍打它，可那个身上着火的她，又变形成了他，用上衣在拍打他自己——救火或者拯救的隐喻里，包含着多少你中有我、我中有你、变化无常的不安全感？“嫉妒，真的是嫉妒，但我向你保证，密伦娜，永远不用它来折磨你，只折磨我，只折磨我”，在情感与理智的冲突中，他认为，“不是世界太小就是我们过于庞大，总之我们把世界塞得满满的。我又应该嫉妒谁呢？”大家似乎都属无辜，但却无法解脱。因为，对于这样的三角关系，“真的不单是我们应该保密的事情，也不单是折磨惶恐痛苦忧虑……而是一件公开的，十分清楚明了的三角恋爱，即使你将保持片刻的沉默也罢。我也很反对把所有的可能都考虑一遍，我所以反对是因为我有了你。假使我是单独一人，那就没有任何力量能阻止我进行透彻的考虑。当前人们已使自己成为未来的战场，那么这钻掘得稀烂的土地又怎么承受住未来的房子呢？”

即使“片刻沉默”，即使单身，即使摒弃善恶报应，就有救赎之路？似无出路。因为当前“稀烂的土地”，就是未来，而房子在此建立，怎可稳固？早在密伦娜翻译《司炉》时，卡夫卡就意味深长地暗示了这种暧昧关系的“恶”的实质，“这将意味着预尝一下那种地狱刑罚的滋味，即：以睿智的目光重新审核一遍整个生活道路，从而看到，最坏的事情并不是识破那些显而易见的恶行，而是看穿那些曾经认为是善的行为”。——“曾经认为是善的行为”，它不就是犹太思想家汉娜·阿伦特所指的普通人的“平庸之恶”？善恶的转换，意即救赎之路，是需要条件的，而不幸恰恰在于，这个条件的要件之一是由人的局限构成的。卡夫卡清醒地认识到了这一点，只是下不了决心再次充当结束这种关系的“刽子手”。所以，这场热烈之爱的无疾而终，大概就是它的无言的、最好的结局——尽管密伦娜离开卡夫卡之后，曾对他的好友提到，要及时告诉她有关他的病情的进程，尽管密伦娜也曾去过英年早逝的卡夫卡的墓地缅怀这一切——天不遂人的异性之爱，只能以天各一方的怀念收场。否则，它就不会有阴阳两重、生死相隔的悲剧的潸然泪下，也不会有后来者对这爱的病痛、爱的绝望、爱的劫难的悲天悯人——他们用宽宥与体谅的方式放手，也免遭了更重的惩罚。

如影随形的噩梦附在犹太人身上，挥之不去。抵抗无力，且屡遭主流社会排斥。密伦娜的教授父亲，就是主流社会反犹的代表。这一点，密伦娜的丈夫波拉克和卡夫卡两人的犹太身份，倒是非常相近。他们在信中谈到各自的父亲，发现他们都属“暴君”类型。卡夫卡写道，“在你父亲面前，你的丈夫和我之间是根本没有区别的，对欧洲人来说我们都长着一样的黑人的脸。”把个人身份与爱的遭遇，当作了恐惧的变体——“恐惧的乐趣”，我猜，这大概就是卡夫卡必须遵循的那个基本逻辑：“在远离你的地方我只能这么生活：完全承认恐惧的存在是合理的，比恐惧本身所需要的承认好得多，我这么做不是由于任何压力，而是欣喜若狂地将全部身心向它倾注。”它像本能，又是本民族的基因传承，还是一个耻辱的“红字”，烙在心上，钉在肉里，时时提醒，无法祛除。仔细体味那“欣喜若狂”，该是怎样一种巨大的悲哀？为此，卡夫卡写道：“即使在我经历过最美好的时刻，也有某种东西在作怪，某种淡淡的难闻的气味，某种硫黄味，某种地狱味。这种欲望有点永恒的犹太人的性质，他们被莫名其妙地拖着拽着，莫名其妙地流浪在一个莫名其妙的、肮脏的世界上。”于是，对更高生活的向往，变成了被拖拽着的流浪者，自我身份不断遭到质疑，未来的预言往往不幸言中。它似乎像某种摆脱不了的、被施行了的魔咒，而一语成谶——生命仓促，美好短暂，结局心碎。随后几年，卡夫卡病逝，密伦娜离婚。1944 年 5 月，政治立场左倾的密伦娜，因在报章发表激进言论引来祸端，不幸被害于拉文斯布吕克的纳粹集中营。另一位遭父亲反对、曾与卡夫卡订婚的姑娘尤丽叶，同一年晚些时候，在奥斯威辛集中营遭到了同样悲惨的命运，令人唏嘘不已。它就是卡夫卡所说的，某种硫黄味、地狱味？

一如卡夫卡曾经归纳的那样："面对你 24 年的基督徒生涯，我的 38 年犹太人生涯说道：这是怎么回事？人间的法律和天堂的警察在哪里？你 38 岁，已如此疲倦，这怎么可能是年龄造成的呢。或者说得更准确些：你根本不是疲倦，而是不安，是在这随处有失足之虞的地球上害怕迈出哪怕是小小的一步，因而你总是双脚同时悬于空中；你不是疲倦，而是唯恐在这巨大的不安后面将有巨大的疲倦跟随而来（你是犹太人啊，知道什么是恐惧），而这种巨大的疲倦就像是痴呆的凝视，说得更好一些，就像在卡尔广场后面的疯人院里常见的那样。"

爱的美好会提升生命的价值，但耻辱性的记忆，又时时袒露和放大了原本"悬空"、"失足"的状态，痴呆的凝视与疯人院的疯子几无二致。它既是警示，又是自嘲。德国存在主义思想家雅斯贝尔斯认为，把历史变为我们自己的，我们遂从历史变为了永恒。卡夫卡的自我观察和自我分析构成的自我现象学，不就是个人的精神历史？自然而然，他会把密伦娜的及时开导和劝慰，看作是自我疗救的难得的一剂良方。他说："你的信中最美好的信（这是过甚其词了，因为它们全部，几乎每一行，都是我一生中遇到的最美好的东西），是你同意我的'恐惧'并同时试图说明我不必要'恐惧'的那些信。"也许，越是沉浸于幸福之时，越会激起他对自己的民族身份、单身汉处境和背叛了处于婚约期的另一个姑娘尤丽叶的忧心忡忡，不断回首、苦恼和忏悔。有关单身汉，犹太法典中有这样一句话，"一个没有女人的男人不是人。"这对 38 岁尚未结婚，始终追寻爱之纯洁、把婚姻和家庭当作安宁的归宿之地、对婚姻有着很高标准的卡夫卡来说，无异于莫大的讽刺与嘲弄。他曾说："通过婚姻可以拓宽和提高自我生存。这是说教，但我几乎感觉到了其真实意义。"于是，为结束孤寂而维持的婚约，为争取自立和自由开始的另一段恋情，就像从一个牢房逃到了另一个牢房。他自卑自责、自我逃避、自我厌恶……"密伦娜，问题不在这里，你对我来说不是夫人，而是一位姑娘，是我所见到过的最具姑娘特性的一位。我不会斗胆向你伸出手去。姑娘，我这肮脏的、颤抖的爪子，局促不安的、又冷又热的手。"这种不惜自我矮化、丑化的方式，却把一个处于热恋之中的男人的挣扎和痛苦和盘托出："在你与他共同生活的气氛中，我实际上只是'大家庭'里的一只耗子，一年之中人们顶多只准许它公开地从地毯上跑过去一次。"

这个压抑的，被扼住了喉咙无法顺畅呼吸的人，几近窒息。他不无自嘲道，"有时，我真想把正是作为犹太人的这些人（包括我在内）全部塞到衣柜的抽屉里去，等一会儿，然后把抽屉拉开一点，看看他们是不是都窒息了，假如没有，就把抽屉再推进去，如此往复，直至终了。"善恶的撕扯、冲突，会有新的伤痛，然后结痂、留下疤痕。病人无法分辨自己的病痛究竟有多重，他只能判断自己的心跳与呼吸是否还算正常。像拉抽屉那般恶作剧地随意处置自己或他人，毕竟只是幻象，而抽屉中的窒息感却是千真万确的。卡夫卡请求密伦娜及时回复信件时，会把"请求"两字，换成"呐喊"："在这封信后，你要是能打个电报给我多好啊！这是呐喊，不是请求。"设想一下，在电话还未普及，也没有网络和手机的年代，这"呐喊"，多像身处地洞般黑暗环境中的囚徒的宣告？致密伦娜的情书，是卡夫卡凿开了地洞的一条小小的缝隙，从而透出的一道光亮。这压抑和彷徨了太久的人，终于把请求变成了呐喊。这呐喊，既刺耳又嘹亮。

病情一天天严重的肺结核病人，在困难的呼吸中，却得以在书信里自由释放生命的意志。卡夫卡在美兰疗养院写的最初几封书信里，这样描述疗养院的情景和自己的心境："壁虎和鸟姿态各异、成双成对地来拜访我。我多想把美兰赐给您啊！最初您在一封信中提到您'呼吸困难'，象征和实际含义在这儿十分接近，假如您到这儿来，在这双重含义上事情总会有所缓解。""呼吸困难"，暗喻密伦娜的婚姻并不幸福，其丈夫有过出轨、背叛。当初遭到教授父亲激烈反对的这桩婚事，冲破世俗藩篱，信誓旦旦结合在一起的这对夫妇，而今不说形同陌路，也已貌合神离。在卡夫卡这边，除了肺结核病导致的呼吸困难之外，他的爱与怕，更多的时候，亦是一种自我捆绑、自我囚禁和自我放逐。有资料表明，在他们又一次维也纳短暂的七天幽会之后，密伦娜不出意外也患上了肺结核病——爱是可以传染的，病菌自然也不例外，何况结核病菌。他们试图冲破重重障碍追寻美丽新世界，到头来却发现，命运之手还是紧紧扼住了咽喉，无法自由顺畅地呼吸。或者说，他们被自己制造的新病菌感染了——对升入更高生活的恐惧而进行的自我折磨，自我否定。正是这种纯度极高、传染性极强的病菌，它妨碍和阻挡了他们从此过上幸福生活的可能性。常言道，童话都是骗人的。一个病魔缠身、忧心忡忡的男人，你让你的女友何去何从？密伦娜自然也有普通女性对世俗生活的向往、渴望，尤其在卡夫卡视写作为生命、视婚姻为障碍的纯洁性命题面前，她就像他的前女友们一样，不得不自甘认输，败下阵来。在给卡夫卡的好友布罗德的信中，密伦娜并不回避自己要过世俗生活的强烈愿望："作为一个女人，我是太典型了，因此不可能去忍受我所知道的那样一种生活，那是最艰苦的苦行僧所过的日子。我怀着一种迫不及待的强烈愿望，那就是要过一种完全不同于我现在所过的日子，而那种日子我也可能会永远都过不上，即希望过一种有一个孩子的世俗生活。”这样的日子“可能会永远都过不上”，一如她对卡夫卡的苦行僧般的日子，有同情有失望。世俗生活与精神生活，就像悬索的两端，站在上面试图获得平衡的人，不得不左右摇摆、战战兢兢地行走。无言的结局，也符合有着良好教养的人的优雅风度。在后来的那些失去了对方、阴霾笼罩的岁月里，密伦娜和她的前夫，则把这种优雅风度，理解为不计前嫌、惺惺相惜的宽厚胸怀——在密伦娜被纳粹逮捕前，在她前夫临终前，他们一直都把卡夫卡的这些书信托付给了值得信赖的人。这些书信一直就像幽灵般“安静、黑暗、藏匿”于银行的保险柜中，直到有一天，它们重见天日，自由地，深呼吸。

出　逃

“什么时候才能把这颠倒了的世界稍稍矫正过来一些呢?”如果一己之力无法矫正，那么，回避、拒绝和出逃，也并非不合常理、匪夷所思吧?

遇见密伦娜，卡夫卡刚刚升任为布拉格波希米亚工伤事故保险公司科长级秘书，主要职责是创建一个草拟公函的业务部门，协调单位内部的司法信函、文件的往来与鉴定，并转交给其他二十几个业务部门，以监督其执行的工作效率。作为法学博士，以世俗的眼光看，这个新科长的职位和每个月 18802 捷克克朗的不低的薪水，算是对卡夫卡多年不懈努力工作和敬业精神的全面肯定。多年来，父亲望子成龙的期望，似乎也得偿所愿了。为此，他向密伦娜回首了自己的职场生涯和自我奋斗历程:“我们俩都见过西方犹太人许许多多的典型。就我所知,我是他们中最标准的西方犹太人。说得夸张一些,我没有获得哪怕一分钟的赠予,我的一切都不是赠予的,一切都必须靠努力夺取,不仅当前和未来,就是过去也同样包括在内……如果地球向右转(我不知道它是否会这么做),那么我就必须向左转,去攫取过去,可是我却一点没有完成这些义务的精力。我不能把世界扛在肩上,我连自己的冬装都扛不动。倒不一定为没有力气叫苦,又有什么力量足以完成这些任务呢?”

尽管工作辛苦,生活艰难,他仍保持了对职场人生一切该有的省察。在结束了与密伦娜的亲密关系后不久,他写出了一生中最重要的长篇小说之一《城堡》,其中对迷宫一般官僚机构的复杂运转、低效行政和世态炎凉,有着入木三分的精彩刻画。虽为职业秘书兼业余作家,但他并不认同这种小职员的庸常生活,意即,他有自己的双重生活。在他的观念里,职业就是职业,写作就是写作。职业和写作互不勾连,才符合他的文学理想。但两全其美,则是他大多数情况下的主动选择。他在信中写道,“他们终于把为我攒下的一堆文件给我送来了。你想想,自从我重返办公室之后,仔细算一下,我一共写了六封公函,而人们对此却能容忍。等待着我的大量工作,由于为我保管这些文件的那个部门的懒惰,而至今尚未送到我手里,我对此很满意。可是现在它们来了。”他不希望他的职业贬损了他的文字,但作为作家的卡夫卡,也并非那类不负责、不专业、不靠谱、凡事一推了之的非职业经理人。相反,他常常把公司文案带回家来完成,抑或为了圆满完成这类公文,有时会拖到半夜,以期得到上司的赏识和父亲的肯定。

有研究者举证过卡夫卡起草的公文报告和保险专业论文,其用词之讲究、逻辑之规范、思维之缜密，会让阅读者觉得这样的公文范式，如同法律专业的大学教科书。比如，他的专业论文，单看这题目：《建筑行业和与建筑有关行业的责任保险范围》、《引入私营汽车企业保险责任、接收及取消私营汽车企业保险合同》、《罗伯特博士从保险学观点来看围产期保险》、《关于木材刨床事故防御措施规则》等等。一向认真严谨的他，上司欣赏，待同事热心善良而从无敌对，朋友们也十分喜欢他。在堆积如山的文件档案中，当他给密伦娜写下三个字“亲爱的”，似乎就搭建起了他的文字的避难所。从公文行文上看，他执拗完美的劲头，几乎苛求到了可笑的程度。比如，他的工作年度报告中，就有这样准确清晰、不吝笔墨的文字：“我们的示意图显示出四棱刀具和圆轴在安全保护技术方面的差别。四棱轴的刀具，直接用螺丝固定在轴上，和它裸露的锋刃一起，以每分钟三千八百至四千次的转速转动。因刀具轴和桌面之间的大距离而对工人产生的危险清楚地显现出来了。要么在不知道这些危险的情况下操作这些轴，危险也许会更大；要么在意识到了一种不断会出现的不可避免的危险的情况下操作。在干活时，即将木件从刨刀头上方挪移开时，一个极其小心的工人会留心，不让指节伸出工件之外，但是再怎么小心主要的危险也难以避免。如果工人用一只手将待刨的工件按在机台上，用另一只手将它移向刀轴，这时的木件滑脱或并非罕见地反弹，那么即便是最小心谨慎的工人，他的手也一定会陷入刀具夹缝中。木块的这种抬高或反弹既无法预见也无法阻止，因为如果木块上有些地方长成畸形或许多节子，如果刀具转动得不够快或放置得不好，或者如果双手在木块上的压力分布不均匀，这样的事故就会发生。而且一旦发生，就总会有好几个指节甚至整个手指被切下……”报告精细、严谨和缜密，你说，这是文学还是公文？或者说它像公文中的文学，文学中的公文？冷静的观察，小心翼翼地模拟，提示着生产过程中随时可能发生的危险。正如禅语所谓，心热如火，眼冷似灰。一个试图分开职业与文学界限的人，在这里，几乎重合了。把工作报告写成了文学，他曾厌烦不已的职业的桎梏、折磨和敷衍，在他起草的公文中并不明显，相反，对刀轴精确的描述，对细节笔锋甚健的再现，对工人们同情与怜悯的情怀，仿佛他仍在办公室里履行着文学的使命，你说这不是悖论又是什么呢？他形容自己写公文，就像从文学的身体上“好不容易撕下了一块肉”，鲜血淋漓。

也可以说，这段文字，对刀具和轮轴可能带来的危险的津津乐道，是他对自己的文学才华的无谓消耗和挥霍。卡夫卡的一生充满了悖论，并由此展开了与之持续不懈的斗争，这在他的工作报告中处处留痕。职业是他的生存，文学是他的使命，两者不可调和。但即使无法忍受这种冲突，他也大多会在内心自我消解了事，而非引起剧烈的公司人事纠纷或父子冲突——他把逃无可逃，必须面对的这一切，转化成了极其客观冷峻的文字，而在公司里，他是个温和、谦逊得有点过分的人。逃避需要借口，却非怯懦。他渴望获得新的空气、新的能量，那爱的来临和更高的生活追求。作为职场一员，他也会编出各种理由“撒谎”，来获得或长或短的假期，以便与远在维也纳的密伦娜相会：“假如我真的（这是不会的）可怕地出乎自己的意料来到维也纳，那么我既不需要早点，也不需要晚餐，而只需要一副担架，以便我可以在上面躺一会儿。”这冷幽默的浪漫想象表明，不是他不懂得利用职场的生存技巧和潜规则，以换得个人生活空间，而是他终究有他的骄傲、他的不屑。

为了约会，卡夫卡写到自己不会成为请假的圆满撒谎者，是因为他不可能与下列人等为伍："一个——大多数职员都这么认为——认为自己不断受到不公正待遇的人，一个竭尽全力地工作的人——假如我是这么认为的，那么可以说我已经坐上了通向维也纳的快车了（与密伦娜相会），一个把办公室看成一台被人愚蠢地领导着的机器的人——要是他自己来领导会好得多，在这台机器上，这个人正是由于领导的愚蠢而被安放在不适当的地方——照他的能力，他，是这个最上面，最上面的齿轮，在此却不得不作为最下面，最下面的齿轮来工作，等等，换这么一个人，他撒谎一定比我圆满。"透过文字，不难发现，这位谦逊有礼的人，实际上内心清高孤傲，也不太可能与那些愚蠢的上级耐心周旋，因为他不无自嘲地说，"要是他自己来领导会好很多。"

写到此处，忽然想到福柯在回答波伏娃为何写作时，那个斩钉截铁的答案："写作，就是自命不凡。"换言之，写作者所命名的人和物，必须不同凡响，才能呼应他所要建立的写作信心。人们无法推翻他的这种命名，乃至在这种命名面前，束手无策，无所适从，才是它的法则和效应。这位在生存面前采取低头策略的人，对周围环境和职场内部层级，尽管有着洞若观火的观察、体味和讥讽，而且，还一直竭尽全力地工作着，维护"齿轮"的正常运转，以期不间断地可以请假，类似于蓄谋已久的"出逃"——他像囚徒那般服于劳役，一如他热烈向往着自由天地。因为他看穿了这一切，而必须服从于这一切。此乃卡夫卡的职场自信，或曰自命不凡。最初的一次"出逃"，他拿到了医生的诊断书后，请假三个月去美兰疗养，而后，与他最为亲密的小妹奥特拉，又特意去他的公司为他续假了五周。正是这次相对悠闲的疗养，给了他身心调整、释放的机会。他把自己比作林中的野兽，此时终于可以走出森林。信中，他不无矛盾地对密伦娜写道，“可是从根本上说，我还是那只野兽，归宿只能是在林中，只是由于你的仁慈才得以在这野外待着。”

一个不停运转着的齿轮，需要添加润滑剂，也有磨损破旧、画上休止符的时候。平庸琐碎的职业之累，使之出逃。为了得到短暂的解脱，在书信里，他还不无幽默地想象着经理解雇他的那一幕戏剧性场景：假如他从里间走出来，并且说：“我也不喜欢您，所以我解雇您。”“谢谢。”我会说，“我急需被解雇，以便去一趟维也纳。”“是嘛。”他会说，“现在我又喜欢您了，我收回解雇令。”“啊，”我会说，“那么我又不能去了。”“噢，不错，”他会说，“您现在又不叫我喜欢了，我宣布解雇您。”这故事会无穷无尽地延续下去。把职业之累当作了“出逃”的有力证据，他希望密伦娜能与之分享这则冷笑话，看透其间的荒谬之处。

书信里，卡夫卡还用了大量篇幅讨论两人相会前的旅行规划和线路安排，以及从美兰、布拉格、弗兰茨巴德，到格蒙德、维也纳的签证、转车、过海关、接站、住旅馆等种种细节。“格蒙德的火车站是属于捷克的，这个城市却是属于奥地利的，难道护照上的公文就愚蠢到这个地步，以致一个维也纳人通过捷克火车站竟然需要一份护照？这样的话，假如格蒙德人要到维也纳去，那也就需要带上一份办好捷克签证的护照啰？这我实在不能相信，因为这正是针对我们的嘛。”这讥讽里，有现实障碍的怪圈。他形容在布拉格和维也纳之间，有着“大海上那不可逾越的滔天巨浪”。在抱怨和责怪旅行中遭遇的波折和困难，恨不相逢时，他和密伦娜也一次次共同创造着“出逃”的愉悦。有时，仿佛并非他们真人在旅行，单是沉浸于这种旅行往返的计划，想想就够美妙：“我，我，密伦娜，不管你做什么，你都是做得对的，不管你是留在维也纳，还是到这儿来，还是继续在布拉格和维也纳之间徘徊，还是一会儿这么做一会儿那么做。如果我不能理解这些，那我和你之间还有什么。”

另一方面，卡夫卡与密伦娜在婚姻问题上，也有很多共同的话题，他们同病相怜，感同身受。他俩都与自己“暴君”般的威权父亲闹翻过，前者一直无法成婚，后者成婚后也不幸福。这种折磨人的父子、父女关系，用卡夫卡的话说就是，“每一次新的体现，都使你重新陷入绝望”。自然而然，相同的遭遇也带来了他俩谈情说爱的情感共鸣。相似的心路历程编织的交叉点，在两个叛逆的男女脚下，不断重合。卡夫卡小说中屡次出现甲虫、老鼠这类卑微弱小的动物，自然有其自喻自况的合理性。这种不容辩白、无论以何面目示人的专制暴虐的父爱，令卡夫卡悲愤窒息，亦令密伦娜顽强抗争。他们以同情者的身份确认了对方，自然也会在叛逆者的角色扮演中，为对方摇旗呐喊。他们力图挣脱爱的枷锁和家庭的桎梏，从而投入所爱之人的怀抱，疗伤、抚慰。

“不久之前我还在想我忍受不了生活，现在你却证实了那个生活对我来说并非不能忍受。”38 岁的卡夫卡，在信中会把 25 岁的密伦娜比作救星般的“小妈妈”：“现在假如你在这里（这不光指身体的接近），我便会深深地吸口气，一头扎进你的怀里，这就叫生病，对吗？”在她的怀中，他是负疚深深的“弱”的天才，弱得像个孩子，需要异性之爱的滋润和母爱的庇护。密伦娜的确做到了这一点，她以女性的坚韧予以支撑，以母性的宽厚予以体谅。就像他们曾经相会的场景，如天堂般记忆永存：“那笔直的、我们共同的旅途线，沿着石子路往上漫步，穿过林荫道归来，在夕阳中沐浴，永无休止。”——为此，他值得一逃。

黑甜之乡

卡夫卡在情书中呈现的形象，比起他的小说风格，毫无疑问要生动活泼得多。你会发现，越是小说中冷峻的卡夫卡，就越是情书中热烈的卡夫卡——他的真挚、细腻、热忱、机智、坦诚、俏皮、幽默等等，情书中必备的柔软质地、温暖格调和神来之笔，为我们描述和塑造着一位浪漫优雅的骑士形象。遇到美丽才智兼备的密伦娜，是他不幸人生之幸运。此时，卡夫卡正值写作的成熟期，他几乎发挥了全部的文学才华和写作技巧，缤纷的语言，如花的句式，深邃的思想，信手拈来，无所顾忌，跃然纸上。

爱之美好，因其无可替代，而使当事者唯恐错失，而让喜爱书信这类文体的读者，对他异常的叙述和抒发方式，先是惶惑不已，继而欣喜不止——背叛家庭和世俗伦理的异常，转化为又黑又深的梦中之爱的甘美。它来自罕见的个人巅峰体验，又是风吹雨打的智慧之树结下的果实。他们不是一般桃色事件的当事人，因之卡夫卡的犹太传统、个性使然和才华卓著，这受难之爱，才有了神性的光芒。生命不只有长度，还有深度和广度，唯有立体丰富的维度，才能勾勒生命意志的大致轮廓。它是他生命晚期的华彩乐章，以致连他自己都不能确信："与我的平均状况相比，我现在过得很好，很快乐很自由，这大大超出了我所应该得到的，好得叫人害怕。"这也符合他一贯的价值观，"假如可以因为得到幸福而死，那么我情愿去死，假如一个注定要死的人可以因为得到幸福而活下去，那么我愿意活下去"。

如果说"病"是肉体的残缺，那么爱，正好可以丰盈心灵。所谓非常罪，非常美——此乃卡夫卡致密伦娜情书的文本价值。他说，“但愿我今天还能得到你的消息，一个不知道他拥有一切的人是个资本家。”卡夫卡没有进一步阐述“资本家”的具体内容，但资本家的词汇属性和嗜好，却昭然若揭：他的富有，他的残忍，他的贪婪，他的吝啬。这个患了身心双重病痛的爱的“资本家”，对突然而至的爱的财富惶恐不已。这财富的拥有过程，由于背叛了世俗和家庭，而称得上有点残忍。这残忍，也可能演变为众叛亲离，而显得肇事者足够贪婪。这贪婪，因之损害了他人的爱的权利——至少包括卡夫卡的现任女友尤丽叶和密伦娜的丈夫波拉克——显得他点滴财富的积累，既伤害了他人，自己也负疚重重，一如守财奴般的血腥、疯狂的占有？卡夫卡的自我省察，自我否定，苦涩又哀伤。不是他没看透自己，而是他太看透了自己的处境：“这种内心反叛大体上可以这么解释：我在大棋盘上甚至连一个小卒的小卒都算不上，离这个地位还远着呢，现在却一反棋规，打乱一切棋路，想要占据皇后的位置，也许还想占据皇帝的宝座，以至占据整个棋盘，而这一切，必须以其他更不人道的方式来实现。”

有研究者认为，卡夫卡致密伦娜的情书，是德语的现代版《少年维特之烦恼》。或许，后者塑造的形象感召过一代代少男少女，而卡夫卡的文字，它的哲学意味比文学价值更高，比后者的思想更为深邃。卡夫卡致密伦娜情书的独一无二，能让我们在倾听他灵魂的颤抖、振聋发聩的呐喊中，仔细分辨出它回声的恒久悠长，优美动人，并由此缓解我们先前阅读时那种无所适从的疑惑，从而逐渐理解了卡夫卡常挂在嘴边的，与爱的绝望的斗争和“恐惧的乐趣”。

请容许我们继续引述卡夫卡对密伦娜写下这些绵绵情话，正如他自己形容的那样,“它是无可置疑的、高尚纯洁的,并且一定会带来幸福的”的阅读感受。

情书的力量不在永远,而在一天、一封。为这力量源泉的汲取,不弃涓涓细流:“你的信每天早晨都给我以度过一整天的力量,从而使我不想放弃其中任何一封。这是不言而喻的,但是同样不想放弃其中任何一天。”

他对她许下的誓言是这样的:“我却愿将一切时间,比一切时间多一千倍的时间,能用便用的一切时间都用在你身上,用于对你的思念,用于为你的呼吸,”“因为我爱你,所以我爱全世界。”

他情话绵绵,那歌唱般的嗓音,总在尾句戛然而止,见好就收:“你为我恢复健康已经做出了最关键的举动,而且无时无刻不在重新开始这么做,那就是:你想着我。”

两人约定相见的日子,由于反复讨论和改变,而使这样的日子忽然变得飘忽不定,激动人心,乃至到了令人窒息的程度:“假如我今天(现在)就说好一个地方,那么这个地方就会三天三夜一直在我眼前,空空荡荡,而我不得不等待着,直到星期二规定的时间我才走过去,那么到不了那时候我就会窒息的,密伦娜,世界上有足够我支配的那么多的耐心吗?”没有那么多耐心可供支配的世界,甜蜜被焦灼不安点燃了,融化了,一如焦糖那般经过处理,有一股特殊的煳味儿。

他疯狂的思念,缠绵悱恻,以至于邀约对方在格蒙德见面,语句颠三倒四,喋喋不休,不禁让人怀疑其“强迫症”的风格:“假如我在电报中称:周六可到格蒙德,你就要回电,或者说不可能,或者说周六可到格蒙德,或者说星期天可到格蒙德。如果是后两者,那就算定下来了,不必再发电报(不,为了使你放心,表明我已收到你的电报，我还将回电），我们俩都到格蒙德去，在本星期六或星期天便可见面。这听起来十分简单。”这话，怎么这么婆婆妈妈，啰里啰嗦呢？你也可以说，这是另外一种忧虑牵挂的情感变形？

城市的庞大与个体的渺小，在寻找恋人的足迹中巧妙地缝合在了一起。个体是孤独的，但并不意味着他的灵魂不够丰沛。正如庞大的城市代表了人类奢望的版图，而恰如其分的房间，则可安放一个怀着希望的身体：“我今天看了一张维也纳的地图，有那么一会儿我觉得难以理解：怎么人们建起了这么大一个城市，而你却只需要一个房间。”难以理解的，不只城市，还有爱情带来的柔肠百结、离愁别恨，它，不也同样建立了那么一个内心庞大的迷宫般建筑？而当初的动机，则不过是我们仅仅需要一个小小的房间而已，也许，连一个地图上的小圆点都算不上。

他描述赶赴维也纳，恍如梦中，又不乏幽默。那扇密伦娜想打开它就自行打开的门、那个瘦高个的微笑、那个坐姿，细致入微，妥帖温暖：“真的到维也纳去！密伦娜一心想着让门——自己——打开。门自然是会自行打开的，但是然后呢？然后那里将站着一个瘦高个子和蔼地微笑着（他只是这么做的，这是他从一个也总是脸挂微笑的姑妈那儿继承来的，但他们俩这么做都不是出自什么动机，而是出自尴尬），然后朝着可以让人看清自己的方向坐下。”陌生人相见难免多少有点尴尬的微笑，在卡夫卡的笔下，却成了遗传使然的生动有趣，这样的文字几乎到了出神入化的境界。

作为未婚者，卡夫卡要直面密伦娜的丈夫，他对嫉妒采取何样的态度，自然是三角关系中的一个核心问题。信中他曾反复谈到它，他对密伦娜的坦然表白，既可爱又清醒，但隐含了多少无奈与酸楚呢？“我一点都不嫉妒，相信我，但是要想认识到嫉妒的多余性，那确实十分困难。不嫉妒我总是能够做的，但认识到嫉妒的多余性则只是偶尔才能办到。”在“总是”与“偶尔”之间，有多少看不见的内心挣扎？越反复辩白，似乎越靠近了这个问题的实质：“那不是嫉妒，只是围绕着你转，因为我想从一切方面观察你，也包括从嫉妒方面，但这是愚蠢的，而且我也不会这么做，这只是单独存在时不健康的梦幻”，“嫉妒”和“围绕着你转”，阐释得十分巧妙。

他劝密伦娜不要忙于翻译工作，缺乏睡眠，也能与自己的矛盾心理联系起来，直接恳切，热烈动听：“只要你哪怕将一分钟的睡眠时间用于翻译工作，那就意味着你将对我诅咒……如果说我请求你不要再这么干，这是因为我自己也在斗争。”

他把梦中的疏忽，理解为已经发生的既成现实，不禁担忧和自责起来：“今天早晨我又梦见你了。我们挨着坐在一起，你推开我，不是生气地，而是和和气气地。我很伤心，不是为推开我而伤心，只是对我自己，觉得我不该像对待一个哑女那般对待你，没有听见你所说的——而且正是对我所说的声音。或者我并非没听见，而是无从回答。我走开了，比在第一个梦中更悲伤。”

他设想为远方的密伦娜做点小事，就像仆人对骄傲的公主那般，这种谦恭遵奉，她可以随时享用：“在园子的阴凉处为你放个躺椅，在你的手能够着的地方放上十来杯牛奶。”

他似乎有点违心地奉承母语是捷克语的密伦娜，说她的德语会向它的主人“鞠躬”，机智又动听：“在大多数情况下，你的德语熟练得令人吃惊，偶尔出现错误的时候，德语会自觉地向您鞠躬赔礼，而后它就显得特别美。”这么婉转的歌喉，即使对方认出了夸张的成分，但谁还会拒绝倾听呢？

他解释自己因为思念而失眠，既有普遍性，又别有情趣：“睡得不好，就爱提问，但不知道自己问了些什么。人人都想永远地问下去。不眠就意味着提问，一旦得到答复，就安睡了。”

他在疗养院的病痛折磨中，呈现给恋人的却是从容的风度和内心片刻的安宁：“一任事物自由发展，一任山和海躺在它们的老地方。”

他把自己想象成了一个孩子，因为爱情拉低了智商，双方变得柔弱不堪：“有一次，我想像个小男孩一样在你面前哭泣，接着你也像个小姑娘似的在我面前哭泣。我一次，十次，一千次，始终不断地想来到你身边，而你也这么说。够了，够了。”这成人变孩子的行为，让人忍俊不禁。

他描述他们的相会，浪漫多情，并心怀感恩：“现在我将你放在靠背椅上，不知道该怎样用语言、眼睛、双手和可怜的心脏来容纳这种幸福，这幸福是，你在这儿，属于我。这时候我爱的却完全不是你，而是比这更多，是你赠予我的那种存在。”这赠予，想必就是爱的价值和意义吧。

他隐秘地提到了他们远离维也纳市中心的郊外“半小时性爱”，他比喻为黑夜一样，并说到密伦娜认为那是“男人的事情”。但他不这样看，他要通过魔术在一个夜晚抓住它，急不可耐地、气喘吁吁地、困惑而迷乱地抓住它。但他对“性爱”，这事后成为“唯一的幸福，唯一的骄傲”又不无忧虑：“现在，我为了重新占有黑夜的事，却要跳过去，跳入黑夜之中。有什么东西能够重新占有吗？这是否意味着失去？这里是我所占有的世界，我却应该到对面去，为了玩一个可怕的魔术，一种变幻的魔术，一块炼金石，一种炼金术，一个魔环。”

他通过她的名字 Milena 中具有古希腊发音“i”的重音，带出他略有性爱调调的、又有几分饶舌意味的抒情。这样的抒情对于不在热恋状态的芸芸众生看来，还真有几分腻歪："密伦娜，一个多么丰富、有分量的名字，重得几乎举不起来，一开始我并不很喜欢，我觉得是一个古希腊或古罗马人迷路来到波希米亚，这个名字遭捷克语强暴了，重音错位了，可是色彩和重音极美，一个妇人，有人抱着她，把她从世间、从烈火中抱出，我不知道怎么回事，她顺从、信任地依在你怀里，可是'i'上的强音不好，这个名字不正从你身边逃离而去吗？抑或这只是你自己带着重荷的幸福的一跳？"在另一个段落中，他又写道："我想起我读过谁写的这么一句话：我的爱人是穿越地球的一道火柱，现在她把我抱住了。但引导她前进的不是被拥抱者，而是旁观者。"这些句子，显而易见有着冰火缠绵、暴虐情色的成分，但是，那个旁观者到底是谁呢？还是那个看不见的幽灵？

他读来信时的行为、动作和感受如何？状态好得一塌糊涂："难道世界历史上有哪一位皇帝会比我现在的感觉更好吗？他走进他的房间，只见那里放着三封信，他只顾把它们拆开（那动作缓慢的手指！），往后仰靠着，并且——不能相信，这幸福竟会降临到他的头上。"

他收到她的信件有时几天后才打开，因为无法保持平静阅读，他形容读信时的状态，近乎神经质："读这两封信时就好像一只麻雀在我的房间里啄食面包屑那样，颤抖着，侧耳倾听着动静，注视着周围的一切，全身羽毛耸起。"

他正在办公室忙着工作，忽然勤杂工送来了她的信。"我在楼梯上打开了它。老天爷，里面有一张照片，一种完全取之不尽、用之不竭的东西！一封可以读一年的信，一封永恒的信，而且这张照片真好，好得不能再好了。一张可怜的照片，只能透过泪眼，伴着剧烈的心跳才能看清它，用别的方式都不行。”此乃“欲语泪先流”，透过泪眼，这样的表白，怎不动人？

他觉得她的只言片语，字字珠玑，真乃惜字如金：“你——只是密伦娜，千万不要听我的，还是每天给我写信吧，可以很短，可以比今天的信更短，只要两行，只要一行，只要一个字，但这个字我只有在受着可怕的烦恼折磨时才能缺少它。”

他害怕爱人消失不见，哪怕仅仅就是瞬间。没有未来的爱情绝境，时时折磨着他的神经，“有时我有这么个印象：我们有个房间，这房间有两个相对的门，我们每个人攥着一个门的把手，只要一个人的眼睛睫毛动一下，另一个人就已经站在了这个人的门后；只要第一个人说一句话，第二个人就带上了身后的门再也看不见了。”

他希望自己与爱人朝夕相处，不再分离，哪怕变成她身边的一个物件也是幸福的：“你没有把那些愚蠢的笑话念给那大橱（卡夫卡曾希望变成密伦娜房间的大橱）听吗？我几乎对你房间里的一切东西都爱得发昏。”爱屋及乌，此之谓也。

他的文字画面感很强，犹如电影慢镜头：“有时候（不是在梦里），我想象中出现了这样的情景：你的脸被头发遮盖了，我成功地分开了你的头发，向左右两边撩开头发，你的脸现出来了，我的手抚摸着你的前额和太阳穴，双手捧住了你的脸。”

他觉得，相逢不如怀念。因为怕与爱的纠缠不休，使之几乎不能承受分离：“你信中说，下个月你可能会来布拉格。我真想请求你：别来吧。给我留下这么个希望吧：在我特别希望你而求你来的时候，你马上赶过来，现在最好别来，你来了又要走了。”

他把内心的矛盾冲突，比喻为两个无赖的厮打："我心里有两个人，一个想去，一个害怕去。两个人都是我的一部分，两个人也许都是无赖，在我身上厮打。我一早起来，情况就像在我最坏的日子里那样。"

他意识到书信也无法解决分离的痛苦，大脑里一直存在着两个象征物，小铃和大钟，以至于产生了幻听："不管遇到什么情况，耳际都有一只小铃在响，她不在你身边了。不过，空中某个地方也还有一只大钟，它在鸣响：她不会离开你的。但是小铃的钟声就是不绝于耳。"写作导致的长期失眠，使之精神遭到伤害，热恋中人的精神高度集中，乃至"高烧"不退，何尝不是二次伤害？

他相信某一刻，已把全部身心献给了她。他的表白如此彻底，袒露无遗，他打扮成一个身无分文的流浪汉，那自我哀怜的语气，甚至比流浪汉还要凄惨："瞧，鲁滨孙曾不得不应人招募去做危险的旅行，遭受翻船等等各种各样的苦难。我只要失去了你，就成了鲁滨孙了。但我也许比鲁滨孙还要鲁滨孙，他还有那个小岛和礼拜五以及各种东西，最后毕竟还有船来接他，几乎使一切又变成了梦；而我则一无所有啊，连名字我都给了你。"

他嗔怪的口吻表明，他比患病中的密伦娜还要焦急，焦急到自己倒像一个病人，两者调了个儿，对方好像是强者。他要躺到爱人的怀抱中寻求抚慰："那医生怎么说的，至今不见你来信相告。你这个慢性子，你这糟糕的写信人，你这鬼东西，你这亲爱的，你——哦，怎么啦？没有别的，只想静静地躺在你的怀里。"

他已往的爱情经历中某些性格上的软弱，却在此发生了逆转。书信中，卡夫卡不再过分重视语法修辞而拐弯抹角，他会以毫无保留的心态，坦诚以告，真诚自信："我在你身边极其安静又极其不安静，极其拘谨又极其无拘无束，因此我也就按照这一认识放弃了一些别样的生活。看着我的眼睛！”

他认为，爱情的自我折磨，远比对方施加的折磨更有力度也更痛苦不堪，当他不忍心把爱人形容为刀子时，他只好忍心把自己形容为手拿刀子的刽子手了：“当我说你是我最心爱的人时，这也有可能不是真正的爱情；爱情者也，你对我乃刀子也，我拿着它在我心中搅动。”

他把相爱与殉情等量齐观：“有时我觉得，我们并不是共同生活，而是好好地、心满意足地躺在一起等死。但是不管发生什么事，我始终在你身边。”那爱人的身边，安宁的归宿之地，即永恒的“躺在一起等死”。

他自比大海，有着博大深沉的心怀。海水覆盖一切，表面单调平静。海水无时无刻不在收藏，因此，它的全部真挚达到了无可深究的程度。海水般黑暗迷人，咸苦带甜。沉湎其中，令人向往：“我爱你呀，你这死心眼的人，有如大海爱它海底的一颗小石子，我对你的爱就像海水淹没着你一样。假如说我爱整个世界，那么也包括你的左肩，不，首先是你的右肩，我因此在想吻它的时候便吻它。”

回　声

纸上的谈情说爱大约持续了一年多，而后又断断续续联系过两年，卡夫卡才彻底结束了这一切。其中一个十分重要的原因是，他的负疚乃至负罪感，使之无法与自我协调一致。

“我有罪还是无罪？”热恋中他曾这样自问。他向往婚姻的安宁又害怕失去自由，你可以说他是一个以自我为中心的利己主义者和逃婚的"惯犯"，但婚姻本质上的这种两难困境，终究谁也无法摆脱。况且，这种困境对他来说还是双重的："通过一个正式神圣不可解除的婚约，你同你的丈夫结合在一起。而我也通过这样一桩婚姻，我不知道同谁结合在一起，但是这个可怕的妻子的目光经常注视着我……一桩婚姻的棘手造成了另一桩婚姻的棘手，或者至少是使它变得更棘手。反过来同样如此。只有这个宣判存在着，正如你写下的'永远成不了'，而我们永远不愿谈未来，只谈现在。"可怕的妻子的目光，也许并非特指未婚妻尤丽叶或情人密伦娜，却象征了婚姻本身的棘手——而两桩婚姻的棘手，具有叠加效应，已经远远大于他对婚姻问题本身的思考，并足以摧毁他对爱的未来建立的信心。有时，失望、怨恨和悲愤，溢于言表，很难让他再继续保持绅士风度和自我牺牲精神了。这有失体面，却合乎情理。他会撕破脸皮，语含尖酸地责怪密伦娜："关于你的丈夫，我并没有误解你的意思。你们为什么会牢不可破地抱成一团？这是一种丰富的、不会枯竭的秘密。你总是抱着这个秘密，忧心忡忡地抱着他的大皮靴。这里有某种东西折磨着我的心，可是我不知道那是什么东西。这本来很简单，假如你离他而去，他或许会跟另一个女人共同生活，或许会搬到一个公寓去住，他的皮靴会擦得更亮。这是愚蠢的，又是不愚蠢的，我不知道这种说法中有什么东西弄得我心里这么难受。也许你知道。"没有未来，只有现在，是断裂和割裂的，因此，长痛不如短痛。

对改变现状已无能为力的他，只能要求自己保持沉默，而恳求她不要再来信了："行行好，别写信了，我们别再见面了。只有这个请求静静地充斥着我的内心，只有它能使我以某种方式继续活下去，其他一切只能继续摧毁”，他不再向她解释，也认为没有必要解释为什么不再写信：“这些信只是烦恼，来自不可救药的烦恼，造成不可救药的烦恼。”他希望她能一劳永逸地离他而去，这样，自己也不再有“遏制不住的、无边无际的失望”。这样的论断未免自私，这样的结局未免冷酷，且由他自己亲自宣布了：“可以肯定的东西很少，而这便是一个：我们永远不会生活在一起，不会住在同一个房间里，身子挨着身子；不会坐在同一张桌子旁，永远不会，连住在同一座城市里也不可能。”他的决绝，来自终于看清了现实的清醒。为了避免进一步的痛苦折磨，斩断幽灵们的勒索，逃出人生的一个个漩涡，他不得不向自己、向爱人，亮出最后的撒手锏。

为此，他剖白心迹：“我无法向你，也无法向任何人解释清楚我心里是怎么回事。我怎么解释得清楚事情为什么会是这个样子呢？我甚至无法向我自己解释清楚。可是，这也并不是主要的。主要的问题很清楚：在我周围的环境中要像人一样生活是不可能的。你看到了这一点，但还不愿相信吧？”为了像人一样堂堂正正地生活着，避免欺骗和谎言，他觉得必须说真话，为纯洁和真理作不懈的斗争——这几乎是不可能的，绝对超凡脱俗的理想，也始终是理想而已。倘若不能，就得闭嘴：“现在我要闭嘴了，这样至少还有真话可以保留着。撒谎是可怕的，没有比这更强烈的折磨精神的东西了。所以，我求你：让我沉默吧。”

“我有罪还是无罪？”分手后，密伦娜在给卡夫卡的好友布罗德的信中，也曾这样追问过自己。密伦娜理解了这一切，并告诉卡夫卡的好友，自己的确努力过：“我的婚姻和我对我丈夫的爱情，情况十分复杂，无法在这里讲清楚。只不过就是现在这种情况使我无法脱身，我也许根本就无法，我——不，实在是难以言表。但是我不断地为我自己寻找出路，寻找解决的办法，寻找好的和合适的途径。”与其没有出路，不如就此收手？在分手后的时光里，病情一天天加重的卡夫卡，断断续续又给密伦娜写过几封信，只不过，不甘于此的挣扎和冷静中透出的心灰意冷，让人更加叹息连连：“三年来我没有给任何人写过信，在这方面我就像死了一样，没有任何传达信息的愿望。我好像不属于这个世界，但也不属于其他任何世界，就像是那么多年来我都是人家要我做什么就做什么，心不在焉，而实际上一直在倾听有没有人叫我，直到疾病在隔壁房间叫我，我赶紧跑过去，越来越深地委身于它了。可是房间里很黑暗，人们根本就不知道它到底是不是疾病。”比起病魔缠身，奄奄一息，那些令人心悸不安的书信，那些曾经的爱恨情仇和自我啃噬，似已遥远到缥缈虚无之境，因为他已无力“倾听有没有人叫我”了。所幸他们留下的书信，是以生命激情酿造的一杯清冽甘醇之酒，而非毒酒，因此，历久弥香。

卡夫卡去世几个月后，密伦娜给布罗德的信中，不无悲悯地把卡夫卡的为人处事和他的人格力量予以了准确的归纳。如果卡夫卡地下有知，他会为她的睿智过人和真切理解而感到幸福。一如生前那样，他们心有灵犀，琴瑟和鸣。恋人与挚友、爱情与友情，在此高度契合。密伦娜的这封信，就像生命绝唱之回应，更是他们之间情感磨难、冶炼的一次高度提纯：“表面看来我们大家都有能力生活，因为我们不知哪一次躲避到谎言中了，躲避到盲目无知、欢欣鼓舞、乐观主义、一种信念、悲观主义或别的什么之中了。但是他从未躲进一个保护自己的避难所，他没有这样做。他绝对没有能力说谎，就像他没有能力喝醉一样。他没有一丁点庇护，没有容身之处。所以他只能听凭风吹雨打，而我们却有遮风避雨的地方。

他就像穿衣戴帽人之中的一个赤身裸体者……而他的苦行则根本不是什么英勇行为——不过因此却更伟大、更崇高。任何一种‘英雄行为’都是谎言和胆怯。这不是一个将自己的苦行构思为达到一个目的的手段的人，这是一个由于自己可怕的洞察力、心底的高尚纯洁和没有妥协能力而被迫进行苦行的人。”在与卡夫卡的书信交往中，密伦娜不只发现了他诸多纯洁可贵的个人品质，而且，更重要的是，正是爱的艰难和罕见，使之共同创造了这样一段爱的传奇。

作为密伦娜上述评价的印证，卡夫卡生前写给她的一段惊心动魄的话，我们不妨作为此文的结尾：“我是肮脏的，密伦娜，肮脏得无法形容，所以我这样大声疾呼纯洁。谁也不如那些处于地狱最低层的人唱得那么圣洁，我们以为是天使们在歌唱，其实那是地狱底层的人在歌唱。”

2008 年 6 月 15 日

2013 年 10 月 20 日

2016 年 8 月 27 日

为魔鬼效劳的报酬

——读《饥饿艺术家》

魔鬼和报酬

今天,风靡网络直播的网红们,与卡夫卡的短篇小说描述的《饥饿艺术家》,那个在笼子里表演饥饿的人,还真有几分相似的情形。伴随着数字技术化、工具化的日益迅猛,社会已经进化到了这样一种程度:即时直播分享,即时获取报酬。比起金钱游戏席卷而来,被窥伺的隐私或被冒犯的风险,又算得了什么,简直是小巫见大巫,无人太过在意。渴望交流、理解和沟通的人们,以直播吃饭、睡觉、看电视这些鸡毛蒜皮的方式,甚至有意为之的隐私暴露或情色暧昧,则能赢得更大范围内的普罗大众的点赞和收益。既然数字化之后,网上的人们都在“裸奔”,而谁又能判定它的终点在哪里呢?抑或,比起当下一轮轮“裸奔”的狂欢,谁还会太过在意那个虚无缥缈的终点呢?一切都是暂时的。

但是,以智能手机建立起来的虚拟化了的人际关系,是否真能解决当代人的孤独感呢?所谓“孤独是一个人的狂欢,狂欢是无数人的孤独”这种老生常谈的话题,在社交媒体可以想见的不断更新、切换中，仍将眼花缭乱地演绎下去。只是，还称不上艺术家名号的网红们，似未感受到网络背后“魔鬼”的直接操控。他们或她们，沉湎和追逐积分化、计量化，意即物化了的、日进斗金的游戏中，乐此不疲。借用诗人的句式是，“我不知道风，朝哪个方向吹”。也许，时尚的泡沫还未完全破裂，大众的口味和资本的权杖已经舞向他处了。而作为艺术创作的深度体验者，包括作家、画家、音乐家在内的从事创造性劳动的艺术家们，欲要超越自我，欲要挣脱异化了的困境，则无不面对“魔鬼”和“报酬”这个两难的抉择——或许，卡夫卡要点明的是，真正的艺术家，总要遭到魔鬼和报酬合而为一的终极围猎。

有关写作，卡夫卡曾写过这样一句话：“写作是为魔鬼效劳的报酬。”它直接点出了包括写作者在内的艺术家们，宿命般的悖论缠身的生存状况——报酬是有的，但它或许来自为魔鬼效劳所得。卡夫卡进一步解释了这个魔鬼的内涵，即——它要“奖励这种对黑暗势力降尊俯就的行为，奖励这种把现出原形的被囚禁的妖魔释放出来的行径，奖励这些大可怀疑的同魔鬼的拥抱以及其他各种沉沦的、堕落的、你在光天化日下写作你的故事时所看不到的东西。”他的意思是，写作者如果感受不到上述种种“魔鬼”的行为，他就收获不到这种“报酬”。

1922 年 5 月，在身患重病的生命晚期，卡夫卡完成了这篇显然出自娱乐新闻的短篇小说《饥饿艺术家》，一个在马戏团的笼子中表演饥饿的艺术家的故事。写作这篇小说时，卡夫卡以类似冲刺的速度，两天的时间，就完成了五千多字的篇幅。或许，他是以此来缓解写作长篇小说《城堡》遇到的叙述中断的困境？有时，双线交叉的写作，于作家而言，并非罕见，卡夫卡也不例外。他常常中断此篇而续之彼篇，失之东隅，收之桑榆。这个短篇的顺利完成，大概也是卡夫卡长期精神劳作的写照和应得的酬劳？《饥饿艺术家》仍然延续了卡夫卡有关“自我譬喻”的小说主题，内容包含了不少自喻自况的成分。很难想象，没有作者的自我体验和深刻省察，会写出这样一篇由己及人的精致之作。一个饥饿表演者的命运波折，一唱三叹，自然也会让人联想到包括写作者在内的一代代艺术家面临的生存与选择的困境。

这是一位擅长表演饥饿的人——从人生归宿或死亡的角度看，每个人的人生，免不了就像一场“慢性自杀”，就像布罗茨基在《文明的孩子》一文中所形容的那样，写诗，也不过是“死亡练习”。但其不同之处在于，这个自杀的行为方式是否具有别样的特质，即所谓向死而生的勇气，而升华为行为意义上的某种恒久的审美品质？忍饥挨饿，并加以表演，直至最终的奄奄一息，显然符合“慢性自杀”这一行为艺术的范畴。只不过，它像是这一“行为艺术”的加强版。而且，饥饿伴随着的表演，在主观愿望和生命极限、艺术家个体的努力和观众的鼓励怂恿诸如此类的冲突之间，好像钟摆在摆幅的动态平衡里，为叙事艺术带来了动力和丰富的想象空间。饥饿艺术家真的曾经存在过吗？的确存在过。至少在一百多年前的欧洲娱乐业，曾风靡一时。就像猎奇的人们，喜欢窥视今天的网红们。而卡夫卡的饥饿艺术家的形象，之所以被读者和作者本人共同喜爱，用米兰·昆德拉的说法，是因为卡夫卡的“美学革命的彻底性”，他在《小说的艺术》中评价道：“卡夫卡的世界跟任何一个已知的现实都不相似，它是人类世界一种极限的、未实现的可能性。当然，这一可能性在我们的真实世界之后半隐半现，好像预示着我们的未来。”

我们不妨这样理解：饥饿作为死亡的前奏，一旦加以表演和练习，它的残酷诗意就前进了不小的一步，从而逐渐变得匪夷所思和荒诞了。小说开头已明白无误地宣称，时代的变迁和观众口味的改变早已注定，只有花样百出地继续改进这种忍饥挨饿的行为艺术，观众才肯买账。否则，人们会对马戏团里的兽类表演更感兴趣，而毫不留情地拒买门票，从而抛弃这种以人为主角的饥饿表演——它的潜台词是，人不如兽？或者说，人必须异化为兽类，才能改善、招徕和挽留住观众？卡夫卡在此处设置的悖论是一连串的——饥饿也能表演？一旦加以表演，也就成为一门艺术？这门艺术还有最高期限？观众和经理人集体维护这个最高期限，而饥饿艺术家站在相反的立场，屡屡想要突破限制，从而挽救它的衰落——艺术家为了挽救这门艺术却陷入了自毁生命的过程。

小说开头的几句，直接点题，“近几十年来，人们对饥饿表演的兴趣大为淡薄了。从前自行举办这类名堂的大型表演收入是相当可观的，今天则完全不可能了”。含义不言自明：越要努力表演，这门艺术衰落的风险就越大，而衰落的风险越大，就越能激起艺术家的表演激情，从而试图拯救这门艺术的同时，把艺术家一步步推向了自我毁灭的深渊，或曰，艺术至高无上的体验之途，其实就是自毁而非自救的过程?!——是的，就像它同样也隐藏着卡夫卡对写作这门艺术的凶险的隐喻：如果不能成为一门艺术，小说也就没有了叙事的必要。如果它的确是一门艺术，那么它正在发生的所有不被理解、无法言说的艰难的困境，或许也就是写作者写作时的叙述动力和最好的酬劳？这是一种亦友亦敌的双刃剑，它既锋利又会自伤。表演饥饿的艺术家，与一个渴望表达内心秘密真相的写作者，何其相似。前者身体是赤裸的，后者灵魂是赤裸的。前者需要观众，后者需要读者。他呈现的饥饿表演，正是写作者每时每刻不得不面对的创作状态。

《饥饿艺术家》大致分为三个部分。第一部分，这位艺术家受到了马戏团经理的鼎力支持和观众的热烈欢迎；第二部分，观众的兴趣发生了改变，他们更愿意观看马戏团里的野兽表演，只是沿着设定的参观路线不得不路过此处时，随便瞄上几眼这位正在努力挨饿的人；第三部分，这位表演饥饿的人，已经找不到合他胃口的食物了，最后只能死于腐草之上。人们草草掩埋了他，无情地抛弃了他。据说，19 世纪末期，西方曾有不少人士热衷于此类行为艺术表演，并得到了大众媒体的热捧。对主人公来说，在公众面前忍饥挨饿，就是为“魔鬼”(死亡)效劳。这种自残自虐，只有紧张刺激，才能赢得五花八门的职业荣誉感，从而由身体的折磨变为物质的收益和精神的满足。相对于马戏团经理在乎票房的多少，饥饿艺术家更在乎观众的精神鼓励；相对于出版经纪人在乎作品的发行量，作为写作者，作家更在乎是否写出了让人信服的文字——这种平行的类比，显而易见。生命晚期的卡夫卡，想必体验尤甚。他几乎就是一个文学苦行僧，“除了文学，我什么都不是”。他还像一个文学圣徒那样，过着虔诚的祈祷般的双重生活，“可怕的双重生活(写作和工作上)，最后的结局大概只有精神崩溃这一条路可走”。“放弃写作这个人类幸福的最高欲望，不停地割裂着我的每一块肌肉。”偏爱纯洁和真理，屡屡挑战自己生命和写作的双重极限。况且，这种精神高度集中的写作状态，往往是在高烧般的谵言妄语之中推进的，没有日复一日的写作纪律性和坚韧的意志力，想要获得写作的超越而达到巅峰之境，难以想象。“我说的和我想的不一样，我想的和我该想的又不一样，就这样无限循环直到最深的黑暗。”

临终前，卡夫卡曾要求女友朵拉当面烧掉他大部分未曾发表的手稿，为了“买通恶魔让它离开”。用好友布罗德的话说，“他用最高的宗教标准来衡量这些作品……因为他本人就是以极端认真的态度为自己寻求正确的道路，首先要为他自己，不是为别人提供忠告。”卡夫卡形容自己写作时，类似于某种神经质的状态：“写东西的时候总有一种害怕，这是可以理解的。每一词，都有神灵的手来支配——这种手的摆动幅度是他特殊个性的挥动，将成为尖矛，反转过来对着发言者。这样的说明的确很奇特，如此进入无尽的循环。仅有的安慰是：就这样发生了，无论你是愿意还是不愿意。你所愿意的事情，只能是察觉不到的帮助。稍感安慰的是：你也有武器。”但正如德里达所言，“文字对于作家而言，是一次必不可少的和冷酷无情的航行”。它的背后，却“隐藏着这个不屈不挠追求最高境界的人的巨大激情”。或许，正是这种激情，使之对自己的作品采取了否定的态度——“阅后即焚”。卡夫卡在他写给布罗德的那张著名的纸条，算作非正式的遗嘱，他叮嘱布罗德：“最亲爱的马克斯，我最后的请求：我的遗物（也就是书箱里、衣柜里、写字台里、家里和办公室里或者可能放上什么东西以及你注意到的随便什么地方）中的全部日记、手稿、书信、绘画，别人的和我自己的等一切东西，一点不剩地、未经阅读地予以焚毁，你或别人拥有的一切文字或绘画同样予以焚毁，你可以以我的名义去向别人索求这些东西。至于别人不愿交给你的那些信件，他们至少应该自行焚毁。”

与饥饿艺术家一样，写作者通过文字实现了他的存在感，但文字的高度审美性要求，使之倍感痛苦和折磨，乃至自我阻碍的不断扩大，需要更大的力量来解脱、释放和超越——我们看到，前者，饥饿艺术家有一个兽笼般的舞台和看得见的观众；而后者，一个写作者则终日徘徊于写字台前，期待着看不见的读者的理解与喜爱。对此，另一位犹太作家本雅明分析说："卡夫卡的世界是一座世界剧院。在他看来人本来就站在舞台上。"由此，我们知道，无论饥饿艺术家还是写作者，既然有表演，当然就要被观看。只不过，绝食艺人的舞台是笼子，作家的舞台是书桌而已。

看守和囚徒

卡夫卡一向不喜欢寓言故事太过简单和浅薄的说教、训诫，《饥饿艺术家》显然有着寓言的"假托"特质，却是一篇从事创造性劳动的人必然承受多重惩罚的悲苦故事。这位饥饿艺术家以在兽笼里表演饥饿为荣，希望这样的表演能持续招徕观众。但小说开篇的第一句话，就定下了比较沉郁的基调："近几十年来，人们对饥饿表演的兴趣大为淡薄了。"它暗示了饥饿表演的风尚正在成为过去时，表演者是以挽救这种艺术形式的姿态出场的，因而，悲剧性的结局也就在所难免了。因为"从前自行举办这类名堂的大型表演收入是相当客观的，今天则完全不可能了"。沉浸于回忆中的人们，难免有世风日下、口味更替、风光不再的一声叹息。不过，细细想来，正因为此，此时出场的饥饿表演者，也才有了一显身手的用武之地吧？

小说进一步描述说，从前的盛况是，观众们每人每天至少要看一次饥饿表演的，还有买了长期票的，有夜间来观看的，好奇的孩子们手拉着手、惊讶得目瞪口呆的表情，总之，那时的饥饿艺术家犹如超级明星，风靡全城，人们的热情随着饥饿天数的递增而日甚一日。与之相对应的是，从前大多是自行表演，有点个体户单干的意思，现在呢，由于观众的欢迎程度，使之深感保持这种荣誉的必要性和庄严感，所以，职业准则就开始变得愈加严格起来了。尽管饥饿艺术家的身边布置了看守，他仍能恪守职业操守和底线，从不偷吃："饥饿艺术家在饥饿表演期间，不论在什么情况下都是点食不进的，你就是强迫他吃他都是不吃的。他的艺术荣誉感禁止他吃东西。"不难看出，饥饿艺术家就是一个为了自己的目标而坚持清规戒律的殉道者。但他又不可能无限期地忍饥挨饿下去，所以，他必须跟自己的饥饿感、跟自己身体的痛苦做斗争，来换得荣誉。

这还不够，他知道，他还身兼双重身份，既是表演者还是观众——他是他自己的看守和囚徒。因为，没有这种高度的自觉自律，他就不可能成为真正的艺术家："作为看守，谁都不可能夜以继日、一刻不停地看着饥饿艺术家，因而谁也无法根据亲眼目睹的事实证明他是否真的持续不断地忍着饥饿，一点漏洞也没有；这只有饥饿艺术家自己才能知道，因此只有他自己才是对他能够如此忍饥挨饿感到百分之百满意的观众。"真是嘲讽，一个出色的表演者，此时却成了最合格的观众。也就是说，他的心满意足除了来自观众的踊跃欢迎，最重要的是，他必须对自己百分之百地满意才行——这又是一个潜在的悖论。表演者怎么可能变身为对自己百分之百满意的观众呢？而通往百分之百满意的途径无非是，必须最大限度地自我苛求、自我约束、自我折磨，才能达到那个忍饥挨饿的最高期限——它几乎就是一个自我逻辑循环、推演的死结。但他仍对自己持否定的态度："只有饥饿艺术家不满意，总是他一个人不满意。"在这里，卡夫卡揭示了一个艺术现象，即，对自己的作品永不满意，才是一个真正的艺术家的常态——好作品永远应是下一部，人们不都习惯这样说嘛！因此，“每逢饥饿表演期满，他没有一次是自觉自愿地离开笼子的……经理规定的饥饿表演的最高期限是四十天，超过这个期限他决不让他继续饿下去……”看上去，他的最大苦恼并非忍饥挨饿带来的身体折磨和伤害，而是这种表演行为一旦涂抹上了某种信念的色彩，任何打扰他成为一名“空前伟大的饥饿艺术家”的举动，包括经理规定的四十天的最高期限，他就会深感懊恼，仿佛他忍饥挨饿的表演，既然类似与生俱来的天赋，那么就必须持之以恒地承担下来，自作自受。当人们看到他日渐憔悴、消瘦，而不忍心再去看他的表演，或出于同情怜悯，想点鬼点子，来干扰他的挨饿技艺的日臻完善，或由两位女士搀扶着走出了笼子，给他端来病号饭时，“饥饿艺术家总是加以拒绝”。他非但不感谢，而且非常不高兴，至此，这位艺术家执拗和决绝的性情，袒露无遗。

他为何拒绝人们的好意呢？因为，人们从来没有让他的目标达到过最出色的程度，因为四十天的最高期限根本不是他的最后目标，况且，他还有一套“使饥饿轻松好受的秘诀”，因此，他对最后的目标也似乎充满着“饥饿感”地渴求着。让他无法理解的是，除了那些有关他是江湖骗子的流言蜚语之外，人们为何要剥夺他的这一超乎常人的壮举，从而一再阻止他攀登荣誉的最高峰呢？“只要继续表演下去，他不仅能成为空前伟大的饥饿艺术家——这一步看来他已经实现了——而且还要超越这一步而达到常人难以理解的高峰呢（因为他觉得自己的饥饿能力是没有止境的），为什么要剥夺他达到这一境界的荣誉呢？为什么这群看起来如此赞赏他的人，却对他如此缺乏耐心呢？他自己尚且还能继续饿下去，为什么他们却不愿忍耐着看下去呢？……”一连串的疑问，又产生了新的悖论：越是赞赏他的人，越缺乏耐心。因为越是赞赏他的人，越不希望他继续饿下去。真相是，人们也并非要粗暴地剥夺他的荣誉，而是如果饥饿持续下去，就会轻易剥夺他的生命，荣誉也就不再重现。这，正是他不理解人们，或曰人们无法更深入地理解他的症结所在。他是他自己荣誉的看守，也是他自己荣誉的囚徒。或曰，没有囚徒和看守的双重作用，荣誉也许就不够真实，也不能达到巅峰状态。

马戏团里的看守除了履行职责之外，还有意无意地聚到一块儿打牌，“故意留给他一个空隙，让他得以稍稍吃点东西，他们以为他会从某个地方拿出储藏的食物来，这样的看守是最使艺术家痛苦的了”，因为看守们释放的善意对他来说，无疑看轻和羞辱了他的原则和荣誉。为了不让看守们夜里睡意沉沉，放松警惕，他甚至给看守们插科打诨地讲起了趣闻轶事，“目的只有一个：使他们保持清醒，以便让他们始终看清，他的笼子里什么吃的东西也没有，让他们知道，他们之中谁也比不上他的忍饿本领”。这样的笼中囚徒还能称之为囚徒吗？乃是圣徒一个。人们对此的猜测、怀疑，流言蜚语，他早已习惯并忍受了下来，他唯一不满的就是自己仍不够圆满无缺地继续表演下去。人们越是担心他的身心无法承受，他越是觉得饥饿表演，“实在是世界上最轻而易举的事了”。这巅峰的体验，“只有饥饿艺术家自己才能知道，因此只有他自己才是对他能够如此忍饥挨饿感到百分之百满意的观众”。这种不被众人理解的隔阂与孤独换来的满意，换来的角色互置，也算是“为魔鬼效劳的报酬”吗？至少部分是这样。这种一意孤行的纯粹的艺术行为，带来的艺术家与观众之间的悖论性冲突，就像钟摆的摆幅构成了叙事的空间，摆幅越大力度越足。他人的难以理喻与自我加压，构成了描述这样一位艺术家肖像的基本叙事动力。

写完《饥饿艺术家》之后的秋天，卡夫卡在《一条狗的研究》中还在延续这样一个主题："最高的境界只有通过最高的成就才能达到，如果它是可以达到的话，这种最高的成就在我们这里就是自愿挨饿。"这几句话，很像是对《饥饿艺术家》的补充性说明，由此我们知道，所谓境界或巅峰，实乃经历重重困境才能抵达，而又永无抵达的可能——它看上去更像一条通往献祭途中的自我的不断更新或曰毁灭。所谓报酬，也不过是获取荣誉必须付出的代价，而并非一劳永逸的犒赏。让饥饿艺术家耿耿于怀的是，这样的困境和代价，并非化了身的魔鬼所为，却是曾经欢迎和赞赏他的人们——那些在他眼中曾如天使般的观众、看守、医生和经理们，布下了激励他的罗网，进而又再三再四拦阻他冲破这罗网所致。因此，让饥饿艺术家痛感折磨的问题是，为何不能让我自由自在地忍饥挨饿呢？答案是，他是他自己饥饿的看守和荣誉的囚徒，他必须为此苦役般效劳，从而完成他的这种纯洁性的目标追求。由此，我们又似乎理解了卡夫卡在生命的晚期，为何再三再四地要求好友布罗德焚毁他的某些手稿，这样的遗嘱，绝非写作者"爱惜自己的羽毛"那般简单，它实乃痛彻心扉，意味深长："所有我写过的作品中，只有这几本书还行：《判决》、《司炉》、《变形记》、《在流放地》、《乡村医生》以及短篇小说《饥饿艺术家》(那几册《观察》可以留下，我不想让人花气力将它们捣烂做纸浆，但是再版就免了吧)。我说那五本书和那个短篇小说还可以，那意思并不是说我希望它们再版，相反，假如它们全部遗失，那倒是符合我本来的愿望的。只不过就是，既然它们已经存在了，如果有人乐意保存它们，我也就不加阻止罢了。而此外我所写的一切东西（刊印在期刊上的，手稿或书信），只要可以搜罗得到，或者可以通过书信索讨得到（大多数人的地址你都知道。主要就是……尤其别忘了几本笔记本，里面有……）——所有这一切都要毫无例外地，最好未经阅读过地（我不阻止你看一看，不过我希望你最好还是不看，但是无论如何也不可以让别人看）——所有这一切都要无例外地予以焚毁，这件事我请求你尽快去办。"

笼　子

一个简单的事实是，如果饥饿艺术家无休止地饿下去，他在精神历险中得到升华和满足的同时，肉体却承受不了生命极限的挑战，而惨遭自我毁灭。通过饥饿艺术家的描述，卡夫卡完成了一个有关身心分离的自相矛盾的故事。这种寓言式的古老写作技巧，使得小说整体充满了象征意义。翻开中外艺术史，可以说，没有哪一个真正的艺术家不曾经历过这种身心分离的困境的折磨。但卡夫卡从不认为自己写的就是寓言，真的仅仅就如寓言那般苍白浅薄。

作为人的介入物或隔离物，物——笼子，在这篇小说中有着重要的符号意义。评论家斯托尔曼说，"卡夫卡用的是延伸象征法，因此我们发现他的比喻不仅在不同的时候具有不同的含义，甚至同时就具有不同的含义。其中象征的意义始终交织在一起，比喻的方式也相互重叠。"如笼子里的钟表、记录表演日程的布告牌，就是有关时间的意象，它们与表演饥饿的最高期限及出笼与否紧密联系。甚至到了饥饿艺术家表演的后期，也无人在乎钟表和布告牌上数字的更替了。“没有人记天数，没有人，连饥饿艺术家自己都一点不知道他的成绩有多大，于是他的心变得沉重起来。”斯托尔曼的论述十分到位：“是饥饿艺术家笼子里的钟表击败了艺术家。是时间击败了否定时间流逝的人，而时间的流逝就是我们今天的现实。艺术家自信创造性的表演或观点是永远不朽的，笼里的钟表对此的嘲弄，也是对他自信艺术是永恒的技巧的嘲弄。卡夫卡的饥饿艺术家的悲剧不在于他死了，而在于他没有能通过死来达到生。”另外还有一件关键的道具——铁笼子，它是阻隔饥饿艺术家和现实接触的屏障。笼子是一个符号化了的困境标志物，它是有形的，可触摸的，而那些随时被捕获被囚禁的无形的笼子，才是卡夫卡笔墨背后的普遍性的东西，也是它的意犹未尽之处。小说中饥饿艺术家唯有完成了四十天的表演后，才由两位年轻的女士扶着从笼子里出来，当他最后一次离开了笼子，则是他肉体生命的终结，“好，归置归置吧，”管事的说。他如同一只“兽畜”一样从笼子里被人抬了出来，草草掩埋了事。代替他的一只小豹子，作为异己者，则又一次吸引了观众的目光，“即使感觉最迟钝的人看到了在弃置了如此长时间的笼子里，这只凶猛的野兽不停地蹦来跳去，他也会感到赏心悦目，心旷神怡”。新来的豹子完成了角色的替换，它象征着艺术家欲要抵抗沉闷的现实，到头来却被现实无情翻转的悲剧，无可避免。

笼子作为符号，它的困境意义指向哪里呢？首先是社会学的，对此，评论家斯托尔曼分析说：“绝食艺人与生活在其中的社会格格不入。《饥饿艺术家》是一个社会的寓言。……用社会学的术语来表示，就是艺术家和社会的分离。”卡夫卡不承认小说的这种寓言的品质——他的意思是，那样的故事对他来说完全没有叙事策略和技巧，正如他的同乡米兰·昆德拉在《被背叛的遗嘱》中分析的那样，卡夫卡所要做的是："如何能在分析世界时做到严谨，同时在游戏般的梦中不负责任地自由自在。"那些先前喜爱艺术家后来又抛弃了这种表演形式的观众、被推选出来当固定看守的屠夫、前来检查他身体的医生、出笼后照料艺术家的两位女士、忙前忙后的演出经理、马戏团的管事……围绕在艺术家身边的各色人等，说到底没有一个能够真正理解他为何要如此执拗地在坚持了四十天的最高期限之后，还要继续坚持下去的意志力，以及追求最高荣誉的疯癫劲头。因为四十天是一个存活的标准，而对这个标准的突破，已经超出了大众的理解程度和可以接受的范围。

如果四十天期限内的表演，他们尚且支持、配合、关心他的话，那么超出了四十天的期限，则是对他们的生存经验，还有现实利害的挑战。卡夫卡写道，这一方面"也许他压根儿就不是因为饥饿，而是由于对自己不满而变得如此消瘦不堪，以致有些人出于对他的怜悯，不忍心见到他那副形状而不愿来观看表演"。大众不堪于他的凄惨状况，从而客观上阻止了他的一意孤行。另一方面，显而易见的现实利害在于，如果超过了四十天的期限，饥饿艺术家就面临死亡的威胁，而经理则格外忧心于他会失去了利用价值："经验表明，大凡在四十天里，人们可以通过逐步升级的广告招徕不断激发的全城人的兴趣，再往后观众就疲了，表演场就会门庭冷落。在这一点上，城市和乡村当然是略有区别的，但是四十天是最高期限，这条常规是各地都适用的。"就是说，四十天，就像艺术家与社会的一个分界线，四十天之内，观众的兴趣正是经理可资利用的获利点，且无生命危险。四十天之后，无论他是否理解人们制定的这个期限，经理都不得不强制他终止表演。也无论他表演的范围涉及城乡的大小，门庭是否冷落，有无利润可图，一律没有例外。尽管“每逢饥饿表演期满，他没有一次是自觉自愿地离开笼子的”。他不相信也不承认他与观众的兴趣、与经理的担忧、与表演的期限之间，存在着这样一道难以逾越的鸿沟。他仍想待在笼子里仿佛一劳永逸般不愿离开，但终究又不得不离开。难道他甘愿被隔离、被囚禁、被折磨，而不能接受笼子外的自由世界，以至于对笼子产生了某种程度的依赖？仿佛一旦离开笼子半步，就得不到身心的畅快？这是怎样一个斯德哥尔摩综合症患者？

针对笼中人，斯托尔曼又从宗教的角度入手分析道，“我们也可以把绝食艺人看作一个神秘主义的代表者，一个圣人，或者一个神父。……故事便以历史的观点讽喻了宗教的困境。……用宗教术语来表示，就是神和人的分离，灵与肉的分离。”神和人，灵和肉究竟如何分离的呢，卡夫卡的描述是，人们以为这位绝食艺术家是一个自我吹嘘的江湖骗子，但在这位艺术家看来，“饥饿表演是一件如此容易的事，这实在是世界上最轻而易举的事了。他自己对此从不讳言，但是没有人相信。……这一切流言蜚语他都得忍受下去，经年累月他也已经习惯了，但在他内心里这种不满始终折磨着他。”没有人相信什么呢？没有人相信他真的天赋异秉，拥有绝食的秘诀和本领？换言之，如果见多识广的人们一旦发现破绽，从此不再盲从和轻信，从而宣告对这门技艺或曰艺术的信心的破产，不正是这个社会庸常的大众们惯常采用的套路吗？看来，要相信某种东西比不相信它，难多了。所以，也才有了固定的看守，看守时时提防他偷吃，以及当他自掏腰包请看守吃早餐时，他们还以为是贿赂手段以利他偷吃的种种错觉和误解的发生。

既然全知全能的上帝已死，他的替身或化身也无存在的必要。

正如启蒙运动以来发生的一切,包括对宗教和教士们的颠覆性批判和挖苦嘲讽,已把有信仰的行为从现实中逐渐摒除了——从这个角度理解“一战”、“二战”导致的信仰恶果,会愈加理解身处“一战”“二战”之间的卡夫卡,他的这篇小说的预言特质。没有人相信,饥饿艺术家真的是一个恪守清规戒律的“圣徒”。没有人相信——作为一个出身犹太教家庭的犹太人、作为一个工伤事故保险公司经理人的现代人、作为一个毕生追求自我价值实现的作家,卡夫卡描述的这种“没有人相信”的疑惑和幻灭,正是他所推崇的尼采的“上帝已死”和克尔凯郭尔“选择你自己”的观念的翻版。在失去了信仰的荒原上,卡夫卡宁愿成为他所偏爱的克尔凯郭尔的“那个个人”,而非任何别的什么信仰的奴仆。因为上帝或者魔鬼,说到底,都是人创造的。

即使以上帝的名义或其他什么冠冕堂皇的理由发生了什么,也很难动摇他想成为他所选择的那个“自己”的信心。“谁能对所见到的一切不满意呢?没有一个人。只有饥饿艺术家不满意,总是他一个人不满意。”——这也正是那个始终不愿离开笼子的绝食艺人的价值追求。一旦离开了笼子,一旦停止了表演,他就什么也不是了。就像笔墨之于卡夫卡,如圣徒或赌徒般,使命感使之无法放弃书写的权利。早在写给女友菲丽丝的信中,卡夫卡就袒露无遗:“我没有对文学的兴趣,而是文学造就了我,我其他什么都不是,也不会是什么其他。”似乎只有通过这样的句式,毋庸置疑的绝对的否定,才能肯定其信仰文学的价值。在致好友布罗德的信里,他进一步阐释了自己为何从事写作的理由:“写作是一场关于自我保护的战斗。”对他来说,写作就是他的信念,他必须像个勇士那样为之一战。正如笼中的艺术家,人们如何误解和怀疑,他仍痴心不改。而卡夫卡的另一位女友密伦娜却形容他的为人为文："没有一处可以逃避，没有遮盖……他就像一个裸体走在穿衣服的人群中的人。"

发生在身外的真正的"战斗"，卡夫卡并不那么在乎。1914年4月2日，"德国向俄国宣战。——下午游泳。"卡夫卡在日记中写道。前者记录的是"一战"的发生，后者是他的个人生活印迹。卡夫卡的同乡，当代捷克作家克里玛分析说，一向注重日记写作的卡夫卡，把这个巨大的"一战"灾难和微不足道的个人爱好并置在了一起，就像一个冷漠的格言或生僻的隐喻，却是理解卡夫卡精神世界的一把难得的钥匙。比起波澜壮阔的外部世界和历史事件，卡夫卡专注于个人"精神宇宙"的细微变化，而躲避外部世界的侵入从而保护自我存在的完整和纯粹。正如他自己解释的那样："和每日世界直接的联系，剥夺了我看待事物的广阔的眼光，好像我站在一个深谷的底部，并且头朝下。"

经历了一战，卡夫卡差点去服兵役，但他对这种声势浩大的外部事件不太感兴趣；他对本民族繁文缛节的犹太教十分反感而一直寻找其他的心灵慰藉；他在职业和写作的双重盘剥中，倍感命运的有意捉弄："没有希望的生活是可悲的，而希望往往会摧毁生活。"换言之，饥饿艺术家遭遇的灵肉、人神的分离，在卡夫卡短暂的一生遭际中有过之而无不及。它到底是使命还是宿命在作祟呢？"你将每一个瞬间的情感都变作持久的痛苦，就好像人只活一个小时，却用上百年的时间去思考这一个小时……我活得迅速。"他以他的文字不停地追问和思索，正如饥饿艺术家"没有一次是自觉自愿地离开笼子"。对饥饿艺术家来说，获得观众、看守和经理们的信任谈何容易？对卡夫卡来说，日复一日坚守写作的信念，从而赢得父母、朋友和读者们的喜爱谈何容易？它的确艰难到了这样一种地步——每一天的“饥饿”都是困境，每一步选择都很艰难。也因此，卡夫卡以饥饿艺术家的肖像，完成了他执着于某种信念所必须付出代价的“自我譬喻”。病逝前的一个月，卡夫卡在病榻上艰难地校对了《饥饿艺术家》这篇五千多字小说的清样，泪流满面。艺术家的悲惨遭遇，似乎象征了为写作而殉道的卡夫卡，面对严酷的社会和生存压力的命运轨迹——他不断躲藏、隐匿自己，三番五次谋划着逃离布拉格，悔婚，远离家庭，尽可能逃到更远的地方，慕尼黑、维也纳、柏林，乃至想象中的巴勒斯坦或亲戚所在的美国，哪怕这个地方是他仅可容身，却有安全感的“地洞”，就像他的另一个短篇小说《地洞》描述的那样。而最终他的手稿经过一系列波折，被以色列最高法院裁定（位于巴勒斯坦）归于以色列博物馆收藏，谁能解释得清这宿命到底是不幸还是幸运的别称？透过临终的泪眼，有卡夫卡对自己的身份与犹太族裔的悲悯，有对人的主客体二元对立的神伤，还有对被困于世俗社会的悖谬陷阱中无法自拔的哀叹。

卡夫卡有关个体与犹太族裔冲突这一主题，在他的另一篇小说《女歌手约瑟芬或耗子民族》里，表现得更为充分和饱满。法国批评家罗杰·加洛蒂谈到卡夫卡与他的犹太民族性之间的天然矛盾时写道：“作为犹太人，与犹太人社会割裂的犹太人，怀念这种社会，始终在信仰和他的否定之间左右为难的犹太人，他由于不可克服的特性而经受着最痛苦的孤独。他丧失了一切根基：他为没有土地、缺乏法的气氛而痛苦。”斯托尔曼则阐释得更为直接：“对神秘主义者和艺术家来说，复活是不存在的，因为今天不承认精神，只承认物质。我们还看到，甚至垂死的神秘主义者也承认了这种物质对精神的胜利，他最终仍是一个怀疑主义者和失败主义者。”正如卡夫卡的这篇小说叙述的那样，当饥饿艺术家不再具有票房上的吸引力，“那么，饥饿艺术家现在该怎么办呢？这位被成千人簇拥着欢呼过的人，总不能屈尊到小集市的陋堂俗台去演出吧，而要改行干别的职业呢，则饥饿艺术家不仅显得年岁太大，而且主要是他对于饥饿表演这一行爱得发狂，岂肯放弃。于是，他终于告别了经理——这位生活道路上无与伦比的同志，让一个大马戏团招聘了去；为了保护自己的自尊心，他对合同条件连看也不屑看一眼。”饥饿艺术家终究是人而非神，他只不过通过表演饥饿这样的悲剧性方式，比常人更有理由宣布自己是一个有着自尊心的失败者而已，这结论未免残酷了点——“他对合同条件连看也不屑看一眼。”我们总被囚禁于有形无形的牢笼中，我们可以做到的无非是某种姿态，是对囚于笼中的命运捉弄的轻蔑，抑或是无法挣脱牢笼的心如死灰的绝望？当卡夫卡意识到了这些，“泪流满面”的悲悯，也就十分真切了。

看与被看

小说的后半部分，有这样一段：“每表演一次，便稍稍休息一下，他就这样度过了许多个岁月，表面上光彩照人，扬名四海。尽管如此，他的心情通常是阴郁的，而且有增无减，因为没有一个人能够认真体察他的心情。人们该怎样安慰他呢？他还有什么可企求的呢？如果一旦有个好心肠的人对他表示怜悯，并想向他说明他的悲哀可能是由于饥饿造成的。这时，他就会——尤其是在经过了一个时期的饥饿表演之后——用暴怒来回答，那简直像只野兽似的猛烈摇撼着栅栏，真是可怕之极。”

饥饿艺术家“表面上光彩照人，扬名四海”，为艺术“殉道”而博得荣耀，但在现代语境中，有关人的神圣性、整体性和纯粹性，并不存在，他也不再拥有圣徒的光环——他暴怒起来“那简直像只野兽似的”。他欲要实现的最终目标，其实难以实现，而放弃它又不太可能。他一心要把他的饥饿艺术发挥得淋漓尽致，可“忍饥挨饿”的时间越长，离生理极限也就越近，他在艺术上要达到最高峰，则他的肉体必将同时毁灭，这就是他自相矛盾、自我冲突的真相——其实也是现代人的集体困境。在这里，卡夫卡不但强调了精神无法战胜“罪恶”的物质，而且，即使“去神圣化”，艺术家似乎也比普通人看起来更为不幸——因为他长期“阴郁”，极易“暴怒”，并不领受好心人的“怜悯”——这才是卡夫卡对饥饿艺术家的身份认同的深刻反思所在。

一方面，饥饿艺术家想通过日甚一日的绝食，挣脱对物质的依赖，以达到绝对的精神自由，从而超越异化的危险，实现与彼岸世界身心合一的理想。但另一方面，他又始终无法挣脱以观众、经理、看守、马戏团等为代表的社会群体控制下的无形之手的粘连、拉扯和纠缠。也许他并不直接面对票房和生存压力，也无须绝对服从威权的主宰意志，但他却陷入了无边的焦虑中——“因为没有一个人能够认真体察他的精神”。实际上，谁又能认真体察另一个人的心情呢？凡人与凡人之间，做不到这个。凡人与艺术家之间，则难上加难。因为，隔着不同的经历、教养和见识，还有，非亲力亲为而无从准确地理解和体察他此时此刻生理和心理所承受的一切，早就摆明了人与人之间沟通的艰难。

没有人相信艺术家能彻底禁食，他为了表明自己清白的偶尔的歌声，还会被看作是其偷吃的手段，这让艺术家痛苦不堪。悲剧色彩与反讽特征的共生共存，强化了小说的荒诞性，它正是卡夫卡对人的内心真实的深邃探索——比起善的偶然闪光，人性之恶又黑又深。同为犹太人的现代心理学先驱弗洛伊德认为，启蒙运动以来以人的主体为中心的自我认同，在这个价值理性不断恶化、工具理性泛滥的当代社会，已被肢解得七零八落，“自我不再是认同的中心，而是一个承受矛盾冲突的心理界面；在那里，社会约束力与本我的力比多相持不下，争斗不止”。艺术家身体上近乎自虐的行为，来源于心理的“受虐”需求，而心理上的“受虐”，又受到了观众通过喝彩或鄙夷，对其施加无所不在和潜移默化的影响。

在粗暴的目光的围观、投射和侵犯中，艺术家获得了他梦寐以求的荣誉和尊严。渐渐地，畸形的心理发展成了艺术家的主体，并与观众虚假的掌声的客体合而为一。观众兴趣的丧失，也就是艺术家主体地位的丧失和客体属性的土崩瓦解——他已经无力承担这种比剥夺生命还要残酷的双重坍塌了。为了达到他的所谓突破四十天的最高期限，他从观众的反应中验证自己，进而证明观众正在注视着自己——即使被弃之于马戏团的乱草堆里，他仍不放弃这种自欺的游戏，其疯魔的程度可见一斑。正如拉康所说，“一个认为自己是国王的普通人是疯子，一个认为自己是国王的国王也仍然是疯子。”

乱草堆里的艺术家，已蜕变为一堆乱草。艺术家与观众、艺术家与自我的双重矛盾的绳索，逐渐勒紧了他的脖颈。“在他那瞳孔已经扩散的眼睛里，流露着虽然不再是骄傲、却仍然是坚定的信念：他要继续饿下去。”此处读者的设问应是，这样的艺术是值得为之努力的？这样的艺术家还拥有健全的人格？或许人们会说，这位绝食艺术家也许没有完全领会表演艺术的奥义，成熟的艺术家应该随时随地调整自我的行为，以便找到那个仿佛身兼着导演的主体和演员的客体，它们之间的一致性、协调性和平衡性，以此来不断适应和调整角色，满足大众的口味，从而赢得继续表演下去的资格——中国俗语中的“不疯魔不成活儿”，意思是不疯狂的艺术算得上艺术吗？但即便这样，艺术家便真的做到了超越？结论依然是否定的——在整个看上去异想天开般的饥饿游戏中，当饥饿艺术家放弃了自我得以存在的生理基础，他就面临着双重惩罚——观众的冷遇和自我的消弭。饥饿艺术家临死前的自白，可以说是困扰艺术家灵魂的永久难题：“……因为我只能挨饿，我没有别的办法，”饥饿艺术家说。“瞧，多怪啊！”管事说，“你到底为什么没有别的办法呢？”……“因为我找不到适合自己胃口的食物。假如我找到这样的食物，请相信，我不会这样惊动视听，并像你和大家一样，吃得饱饱的。”

“因为我找不到适合自己胃口的食物。”像一句随时发力的谶语，道出了艺术家既是受害者又是凶手的个人悲惨遭际。找不到适合自己胃口的食物，意味着观众与艺术家之间矛盾关系的不可持续性——在“看与被看”中，两者的权力纠葛、交织和争斗色彩，十分激烈，且互为彼此。观众的权力是“看”，他们通过“看”，来确立主体的话语权。被看者是艺术家，沦为了看者的客体，并通过看者的目光带来的价值判断，从而屈从和内化为他的一系列行为模式。艺术家的尊严、地位和话语权，源自被“看”而获得的价值。在被“看”中，操控权一直不在“被看”者的手中，牵线的是观众，他是木偶。他要挣脱“看”者的束缚，不甘流俗于“看”者的较低标准和要求，异想天开地要突破四十天的最高期限，仍旧是为了博得观众青睐而作出的被动选择，从而，才彻底变成了观众眼中那不可理喻的疯子。

在“看”的世界里，卡夫卡还设置了监视者，即那些屠夫——让疯子与屠夫博弈，卡夫卡有点冷幽默地写道，“说来也怪，这些人一般都是屠夫。他们始终三人一班，任务是日夜看住这位饥饿艺术家，决不让他有任何偷偷进食的机会。”监视者对待艺术家的态度，分成了两类：一类人看得松懈，还有意为他留出时间和空间来吃东西，也无所谓冷漠与否。还有一类人想方设法折磨他，好让他日夜保持着清醒的状态。其实，两类人的行为实质都是不信任，站在监视者的角度，卡夫卡分析道，“作为看守，谁都不可能夜以继日、一刻不停地看着饥饿艺术家，因而，谁也无法根据亲眼目睹的事实证明他是否真的持续不断地忍着饥饿，一点漏洞也没有。”而站在饥饿艺术家的角度看呢？“这只有饥饿艺术家自己才能知道，因为只有他自己才是对他能够如此忍饥挨饿感到百分之百满意的观众。”实际上卡夫卡描述了某种人际交往中互不对接的失语状态，如同聋子遇到哑巴无法对话，而被遮蔽了的、藏匿了的黑暗部分——设置看守的必要性和饥饿艺术家的使命，被卡夫卡缜密的语言逻辑消解了。稍不留神，卡夫卡把饥饿艺术家由“被看”滑到了“看”，即由演员替换到观众的角色。说到底，看守和艺术家的互不对接，是因为各自的都不能完成的最终职责——双方真正的呼应、给予和理解。

在“看”与“被看”的角色中，经理作为饥饿演出的组织者和策划者，他是观众与饥饿艺术家之间的媒介，一手托两家。一方面，他要把艺术家推销给观众，每次演出结束，“演出经理双手箍住饥饿艺术家的细腰，动作非常小心翼翼，以便让人感到他抱住的是一件极易损坏的物品”，配合饥饿艺术家的行为语言，并为他的反常行为找借口和开脱。另一方面，他在饥饿艺术家因别人的不理解而“暴怒地摇撼着栅栏”时，他又用出示饥饿艺术家超过四十天的奄奄一息的照片，来歪曲和反驳艺术家对艺术的真正理解，他的“这种对于饥饿艺术家虽然司空见惯、却不断使他伤心丧气的歪曲真相的做法，实在使他难以忍受。这明明饥饿表演提前收场的结果，大家却把它解释为饥饿表演之所以结束的原因。”在演出经理自相矛盾的行为中，他要起到艺术家与观众的桥梁、纽带作用，希望他们双方彼此认同，从而获得不菲的报酬。艺术家负责出卖痛苦，他负责最大限度地满足观众的需要。当爱凑热闹的观众转而对其他娱乐方式感兴趣时，演出经理带着艺术家又一次跑遍了半个欧洲，试图挽救这种已显落伍的演出方式，用饥饿艺术家的口吻说就是，“这位生活道路上无与伦比的同志”，也逐渐滑向了异己的泥潭，走向了“疯癫”。

即使那些天真的孩子，在他看来，“由于他们缺乏足够的学历和生活阅历，总是理解不了——他们懂得什么叫饥饿吗？……假如他所在的地点不是离兽笼这么近，说不定一切都会稍好些。像现在这样，人们就很容易去看兽类，更不用说兽场散发出的气味，畜生们夜间的闹腾，饲养员给猛兽们肩担生肉时来往脚步的响动，喂养饲料时畜牲的叫唤，这一切把他搅扰得多么不堪，使他老是郁郁不乐。”

至此，由观众、看守和演出经理乃至孩子和牲畜编织的权力的罗网，以合乎“理性”逻辑的、可以理解的方式，把饥饿艺术家置于了死地——福柯在他的另一部专著《规训与惩罚》中，以知识考古的方法回溯了人类文明进程中，犯罪的发展脉络和监狱形成的历史，从中寻找权力对于“真理”的支配关系，即，在权力控制下的“理性”，让其代表正义或公理将是十分罕见的，真相也不可能存在。权力支配下的人所形成的某种意识形态，无非也是披着文明外衣下的疯癫恶果。而在卡夫卡的另一个短篇小说《在流放地》中，他以法律博士的知识积累和观察，把法律游戏规则中赤裸裸的暴力血腥，通过刑罚的各种工具的设置和权力的分配，得以充分呈现——作为国家机器运转的一部分，所谓法律的精髓，也无非是人们发明和设计了这一切，从而来对付人们的精神或肉体。这种自我缠绕的深刻矛盾，昭示了人类救赎的不可能。既然演出经理无法左右观众的兴趣转变、无法阻止年岁已大的艺术家仍对饥饿表演爱得发狂，那么，最终他只有放弃拯救。艺术家不得不告别了演出经理，让一个与兽类为伍的大马戏团招聘了去。

让我们再回到小说开头部分，看看卡夫卡是如何细致描述“看”与“被看”的盛况的，“……每人每天至少要观看一次；表演期临近届满时，有些买了长期票的人，成天守望在小小的铁栅笼子前；就是夜间也有人来观看，在火把照耀下，别有情趣；天气晴朗的时候，就把笼子搬到露天场地，这样做主要是让孩子们来看看饥饿艺术家，他们对此有特殊兴趣；至于成年人来看他，不过是取个乐，赶个时髦而已；可孩子们一见到饥饿艺术家，就惊讶得目瞪口呆，为了安全起见，他们相互手牵着手，惊奇地看着这位身穿黑色紧身衣、脸色异常苍白、全身瘦骨嶙峋的饥饿艺术家。”作为人类生活中古老的戏剧性场景的一部分，对此现象，福柯在《疯癫与文明》中有着精确的分析：“毫无疑问，展示疯子是中世纪的一个非常古老的习俗。德国的某些疯人塔装有栅窗，让人们可以看到锁在里面的疯人。”饥饿艺术家也就是那个“……成为轻浮的、不负责任的乃至恶毒的公众的观赏对象。这些不幸者的古怪表情及其境遇引起观众的嘲笑和侮辱性怜悯。”

看来，“娱乐至死”的口号并非当今才有。观众的“嘲笑和侮辱性怜悯”，其实是某种审丑活动。而且，但凡肌体或心智的残缺性，或曰“痴傻呆”，无疑会使众人居于俯视的高处，而换得快意的笑声和虚荣心的满足。也许，观众的缺肝少肺的观看行为，还反证了经过“理性”洗礼，“良知”依然缺席，现代文明依旧还是一副伪善的面孔。马戏团里所谓传统的保留节目，比如耍蛇、吞剑、斗兽等等，无非自虐或虐他。在紧张、刺激和残忍的游戏中，艺人们往往会被看作是才华出众、疑为天人的泛化了的“疯子”，从而在某一刻，观众们忘却了眼前这个已经秩序化和庸常化的世界，掌声也会让饥饿艺术家将饥饿进行到底。看起来，他是按照自由意志，循死而去，但有了最初观众狂热追随的目光、有了后来同情和怜悯的举动、有了故事尾声的冷漠抛弃，这样的选择就不是真正的自由选择，因此，这样的“非理性”的死亡，是在“理性”的文明环境中作出的选择，其属性难说主动还是被动。换言之，艺术家甫一登场表演，已预示了最后类同于“一堆乱草”的结局。它也契合了福柯在《疯癫与文明》中所要阐明的基本观点：“疯狂不是一种自然现象，而是一种文明产物。”其引申的意思是，在一个不正常的环境中，各种原本的正常就是不正常，各种不正常其实才是正常，反之亦然。把一种原本的自然想象称之为疯狂，并加以构陷和迫害的所谓文明，几乎伴随着人类整个历史进程。受尽磨难的屈辱的艺术家的形象，无非是从人群中抽离而出的疯狂的代表，其潜台词在于，一个病态环境的产物，几乎人人有份，区别在于身处这个无形的队列中，他是否自知而已。推而广之，革命、战争和灾难，很大程度上也无非是某个疯狂年代的集体人格特征，而作为身在其中的个人，想要独善其身地作为旁观者，摆脱它的纠缠，不“看”或不“被看”，则几乎不可能。在这里，任何清醒的理性者，都可能是另一种形式的疯狂者。正如帕斯卡尔所说：“人类必定会疯癫到这种地步，即不疯癫也只是另一种形式而已。”在福柯看来，所谓“当代历史”，与疯癫的发作与迫害，大有关联。而在卡夫卡看来，“什么时候才能把这颠倒了的世界稍稍矫正过来一些呢?”

颠覆之后

米兰·昆德拉在《被背叛的遗嘱》中回忆说，“我记得一次谈话，已经是二十年前，和加西亚·马尔克斯，他对我说，是卡夫卡让我懂得了可以用另外的方法写作。”作为叙事的艺术，“另外的方法”，想必就是卡夫卡小说涉及的叙事方式、叙事手段和叙事视角?这在之前的经典作家那里并不常见。无论是德国戏剧家布莱希特所说的“心理现实主义”，还是“观念现实主义”，似乎都无法全部囊括他的创作风格和奥秘。这种既有语言因果却又非因果，既敞开却又遮蔽，既是线性的却又断裂的效果，真乃匪夷所思，几乎无法言传。米兰·昆德拉曾批评卡夫卡的好友布罗德，至少部分地误解了卡夫卡的作品：“他对卡夫卡的情感热烈而无私。不幸只在于他的艺术方向。一个注重思想的人，他并不知道什么是对形式的激情。”

卡夫卡对“形式的激情”到底是什么呢?解构主义的一个观点是，叙事艺术存在着这样一种无法穷尽的暧昧、模糊的状态，即似梦非梦，它没有明晰的边界和中心，每一句每一段或许就有特殊的符号意义，但并不按照既有的叙事逻辑合理性地演绎——卡夫卡早前几年写成的小说《乡村医生》，就是这种写作实践的翻版，而《饥饿艺术家》的叙事方式则像它的加强版。从开头一句，“近几十年来，人们对饥饿表演的兴趣大为淡薄了”，以这个否定句为基调，小说持续地推翻主人公所追求的行为意义，直到这位艺术家自己完全颠覆了他要将饥饿表演作为一门最高艺术追求为止——它来自叙事方式的整体设计，即，它并不按照人物行为和情节的互为因果的、且读者普遍期待的逻辑演绎下去。相反，它是逆向的、否定式的、批判性的。有人归纳为：“……向我们展示的是自由理念的反常化”，“作为置身于意义与荒谬之间的动物，人总是面临着沦于荒谬的危险”。正如解构主义的理念：“讲故事的目的并不是为了搞清楚某些事情，而是为了感受某些事情。”

一般小说家，会为饥饿艺术家挑战生理极限以证明其意志力强大而不吝笔墨。在卡夫卡笔下，却成了求证其饥饿是否为一门“艺术”和他本人是否患有“厌食症”这样的反向逻辑——罗列证据是为了一系列的证伪，即，对“饥饿”意义的颠覆性否定。比如，假设饥饿表演为一门艺术，表演者与观看者的理解和默契，会使这种超过四十天期限的饥饿的极致状态产生震撼人心的审美效果，双方彼此会达成自我的实现。而实际上，观看者对这种极致状态并不十分在意，他们只是好奇和窥视而已，当兽类招徕了更多的观众时，“其中时不时也有个把是为光顾他而来的，而如果要提醒人们注意还有他这么一个人的存在，从而使人们想到，他——精确地说——不过是通往厩舍路上的一个障碍，那么谁知道人家会把他塞到哪里去呢。”——在这里，饥饿是一门艺术的假设，似乎并不怎么能够成立。

如果饥饿不是一门艺术呢？虽然艺术家的临终遗言含糊其辞，只谈到了找不到合乎自己胃口的食物，但在整个表演过程中他始终全身心地投入，即使临终，“在他那瞳孔已经扩散的眼睛里，流露着虽然不再是骄傲，却仍然是坚定的信念：他要继续饿下去”。此处的逻辑为，观众已对他失去了兴趣，他越是要继续饿下去，越证明了这位艺术家的价值被毁掉了。也许，我们会说，这位艺术家面临着两种可能，一是他的饥饿是由厌食症造成的，二是他对饥饿的确怀有某种偏执狂的艺术忠诚。如果我们进行逻辑推导，他的临终遗言是出自真心的，“假如我找到这样的食物，请相信，我不会这样惊动视听，并像你和大家一样，吃得饱饱的”。那么，他之前的所谓饥饿表演，就显得不那么真实和真诚了。如果他有厌食症，或许他展现给观众的并非真实的饥饿，而是他的确患病了。问题是，“他有一套将饥饿转换的秘诀”，这算不算一种超人的行为而并非艺术行为呢？卡夫卡没有回答，艺术家自己也没有回答。此处，通过一连串设问，卡夫卡把饥饿艺术家的矛盾心态袒露无遗，为此，艺术家苦恼不堪：“现在刚到第四十天，为什么就要停止表演呢？他本来还可以坚持得更长久，无限长久地坚持下去；为什么要在现在，在他的饥饿表演正在达到最佳状态（唉，还从来没有让他的表演达到过最佳状态呢）的时候停止呢？只要让他继续表演下去，他不仅能成为空前伟大的饥饿艺术家（这一步也许他已经实现了），而且还要超越自己达到常人难以理解的高峰（因为他觉得自己的饥饿能力是没有止境的）——人们为什么要剥夺他达到这一境界的荣誉呢？为什么这群如此赞赏他的人，却对他如此缺乏耐心呢？……”

由此可见，艺术家对饥饿表演的真诚乃至偏执，是毋庸置疑的。作为某种叙事策略，中国学者谢莹莹在分析卡夫卡的《审判》时，归纳了一种典型的卡夫卡式的逻辑链条，与《饥饿艺术家》非常相近，即：命题——命题的理由——颠覆命题——颠覆的理由——给新理由加以限制——限制的理由——新的命题。还比如：事情是这样的——因为种种原因——然而这并不正确——相反的做法看法更加正确——因为另外的原因——然而这也不完全对——因为另外的原因——这样或许可以。这样的逻辑链条也贯穿于《饥饿艺术家》的段落篇章中。在颠覆原有"饥饿艺术"的意义中，它循环往复，无法穷尽，好像每个字都赋予了它逻辑的一致性，并最终指向了逻辑推导的反方向。正如卡夫卡的好友布罗德所说的，读他的作品，"几乎每个字都不愿错过"。

"不愿错过"，还因为卡夫卡在叙事的精确性中，又展示给了读者某种模糊的、推测性的词语，比如一些句式中出现的"看来"、"显然"、"也许"、"似乎"等等，它是滑动的、暂时的、有疑问的。一方面，它为逻辑推导带来了不确定性，另一方面，也为读者理解并跨越文本带来了难度。但是，优秀的作家在观察和叙述时，不正是因为拥有如此多重的视角而使之无限可能性得以延展？比如这样的句式，"看来"："……不仅能成为空前伟大的饥饿艺术家——这一步看来他已经实现了——而且还要超越这一步而达到常人难以理解的高峰呢……"，再比如"也许"："……也许他压根儿就不是因为饥饿，而是由于对自己不满而变得如此消瘦不堪……"，这样的词语，嵌于一些无法确定的疑问句中，使之在明晰的、理性的分析之上，确立了叙事的辩证法和多义性。

由此，我们还应注意到，这篇小说叙事中全知全能的"上帝视角"与在表演场所的"某个工作人员的视角"的某种结合。上帝的视角无处不在，他由作家来扮演。同时，那个第三人称的叙述，“他”，则来自现场的观察。艺术家的心理感受和自白，来自作者扮演“上帝角色”的表达方式，而主人公的细节、行为和情节转变所编织的故事，则来自“他”——即第三人称的现场展示。当然，更多的时候，我们看到的却是两种观察视角和表达方式结合起来的不易察觉和严丝合缝。读者已很难分清这样的句式，是旁观者、局外人的观察分析，还是“他”作为主人公，即饥饿艺术家的自言自语：“自然是一个小小的障碍，一个变得越来越小的障碍。在现今的时代居然有人愿意为一个饥饿艺术家耗费注意力，对于这种怪事人们已经习以为常，而这种见怪不怪的态度也就是对饥饿艺术家的命运的宣判。让他去就其所能进行饥饿表演吧，他也已经那样做了，但是他无从得救了，人们从他身旁扬长而过，不屑一顾。试一试向谁讲讲饥饿艺术吧！一个人对饥饿没有亲身感受，别人就无法向他讲清楚饥饿艺术。”

如上所述，这一段落里，叙述者的身份是含糊的、交叉的、融合的，它既有全知全能、居高临下的判断和归纳，又有艺术家的内心感受和独白。前半段属于客观漠然的冷调子，后半段，尤其那句“试试向谁讲讲饥饿艺术吧！”则有主人公愤懑、郁闷的情绪色彩。肯定、否定、再肯定、再否定，或者，往往前一句说过的，又被后一句修正和限定。然后呈螺旋式推进，它使得这种主观介入、参与，仿佛坚定的犹豫、自觉的不一致、直接的游移，贯穿于篇章段落中，从而造成它的不确定和多义性的持续强化。换言之，它以多次确认和辨认的方式，完成了叙事者写满疑问的整合。至于惯用的强调性语气，比如句首的“看来”、“似乎”、“试一试”等等，则把全知全能的上帝视角，转移到了一切皆可探讨和商榷、摒弃权威的个人化述说。“形似客观，实则主观”，这种悖谬式的处理，使得小说的叙事张力被无限放大。“谁去寻求，却发现不了，而谁不去寻求，却会被发现。”卡夫卡式的断句，在他的作品中时常可见。在这里，前半句的寻求与发现，逻辑上的一致性，被后半句推翻了。因为它们是彼此冲突的，后半句已经溢出了原义，概念的外延发生了变化，也不再处于从属位置——“而谁不去寻求，却会被发现”，逻辑方向上的逆转和潜移，“似非而是”、变形扭曲，更新了语言所要表达的内涵，它是卡夫卡特有的世界观，也是方法论。因为它并非简单的语句或逻辑顺序的颠倒，在卡夫卡看来，世界原本就建立在这样一种悖谬的基础之上，正如饥饿艺术家所做的表演那般，离奇而突兀，毫无来由又千真万确，以至于他的人生遭遇和故事，在卡夫卡笔下完全无法推翻重述。联想到这位法学博士出身的作家，其迹近诡辩的证据罗列和逻辑推演的缜密，让我们不得不承认，他的确建立了一整套自己的叙事法则。

写作是“为魔鬼效劳的报酬”，兽笼里挣扎的饥饿艺术家则是这种困境的重现。当代社会工具理性的泛滥，已使得人类生活的这一切，变成了一场场非人性的异化的梦魇。通过饥饿艺术家，卡夫卡讲述了这样一个不断翻转的、让人目眩神迷的荒诞故事，正如饥饿艺术家找不到合乎自己胃口的食物而只能挨饿下去，从事严肃写作的作家们，在物质主义盛行的当代社会，也并不高大上，他们比普通大众还要更多地承受来自生活与精神上的双重盘剥。也因此，要比普通人脆弱和虚弱得多——人们习惯称呼卡夫卡为“弱的代表、弱的天才”，道理也在于此。形象和意义被颠覆之后，卡夫卡形容自己行走于世，好像“一只笼子在找一只鸟”。笼子无处不在，笼中的鸟儿、笼中的艺术家也罢，无一例外需要忍受这种囚禁，而渴望身心自由。这种心理冲突，几乎无处不在，让我们再重温一下卡夫卡写下的另一段烧掉手稿的遗嘱："……几部长篇小说我没有加进去。为什么要重提旧日的劳累？只是因为我迄今没有将它们烧毁吗？……但愿我下次来时会将其烧毁。保存这样的甚至艺术上也不成功的作品意义何在？意义就在于人们希望这些片段会拼成一个整体，某些上诉法院，我处于困境时就可以在法庭上捶胸顿足表示悔恨。我知道这是不可能的，我从那儿得不到帮助。那么我该拿这些东西怎么办呢？难道要让这些不能帮助我的东西也还来损害我吗，这是势在必行，明摆着的呀！"

也许新的囚禁带来新的痛苦，也许新的痛苦带来新的囚禁。作为一个擅长预言的作家，卡夫卡提到的那些手稿所遭遇的波折——当年为了摆脱捷克的纳粹统治，布罗德把它们带到了巴勒斯坦，卡夫卡一直向往的精神故乡，而布罗德的秘书留下的遗嘱则是，要捐给"耶路撒冷的希伯来大学——特拉维夫的一座市政图书馆，或者其他以色列或外国组织"。旷日持久的争夺手稿的官司，经过了大半个世纪的光阴，而今总算尘埃落定了。最新消息是，以色列最高法院裁定卡夫卡的手稿为以色列国家博物馆的财产。或许官司中复杂的细节是卡夫卡未曾料想到的，但它的命运在那"阅后即焚"的遗嘱中似乎早已注定。忠诚于自己而非别人，这大概就是卡夫卡以他几乎是宗教般的最高标准来要求自己写作的原由——单是写作者与文字之间，究竟发生了多少背叛啊？他深知这些，所以临终时要求"阅后即焚"。他还知道他的手稿身后必将旅行于万千读者的手中，会无以复加地被篡改、背叛。作为犹太人，他不信犹太教，但并不意味着他缺乏这种宗教情感，恰恰是教徒般地追求纯洁信念，才导致了这样的结果。在给密伦娜的信中，就作家与作品之间的关系，他曾阐释道："或许活着的作家同他们的书有一种活的关系，他们本身的存在就是捍卫它们，或者反对它们的斗争。一本书真正独立的生命要在作者死后才表现出来，说得更正确些，要在作者死去一段时间后才表现出来，因为这些血性的人在他们死后还会因为他们的书斗争一番。然后书就慢慢地孤单下来，只能依赖自己心脏的搏动了。"正是普罗大众那无意义的宗教行为，或者说，就像人们对一个作家误读的普遍性构成了阅读史，让他觉得在这个无意义堆垒起来的世界的峰巅之上，他唯一能做的就是，搬掉属于自己的那块石头——他的作品。一如乱草中几乎无法辨认的身体，只属于饥饿艺术家自己。这是卡夫卡对自己最后的绝对性要求，也是他的生命意志释放于大地的唯一遗嘱。

启蒙思想家卢梭在《社会契约论》中说，"人是生而自由的，却无往不在枷锁之中。自以为是其他一切的主人的人，反而比其他一切更是奴隶。"由此可见，有形无形的枷锁的主宰力的强大。用卡夫卡在《饥饿艺术家》中一番假设性的表述，也反证了这"魔鬼"的魅影无处不在："假如有一天，来了一个游手好闲的家伙，它把布告牌上那个旧数字奚落一番，说这是骗人的玩意，那么，他这番话在这种意义上就是人们的冷漠和天生的恶意所能虚构的最愚蠢不过的谎言，因为饥饿艺术家诚恳地劳动，不是他诓骗别人，倒是世人骗取了他的工钱。"

每个人心中都住着一个魔鬼，因为魔鬼的手中拿着酬劳。

2016 年 7 月 30 日

身体的赌注

——读《判决》

下　注

福柯说："身体，就像一场真实的赌博中的赌注。"

卡夫卡在中篇小说《变形记》里，写了一只被身心疾病诅咒和折磨的人，自我谴责自我啃噬，有一天早上忽然变成了"甲虫"，以及父母、家人和同事如何对待这只"甲虫"的。之前，1912 年 9 月 22 日夜，他完成了最初的标志性短篇小说《判决》。他的作家朋友布罗德说，他从此走上了属于自己个性风格的宽广之路。《判决》就像身体蜕变为"甲虫"之前的一次预演，一个有关身体主题的前奏。

小说描述主人公格奥尔格的跳河自杀，完成了身体意义上的自我毁灭。小说中，儿子格奥尔格孤注一掷，试图给象征专制威权的父亲以报复性的致命一击——或者说，卡夫卡通过这篇小说，来尝试着逃避和拒绝父亲代表的一切，包括其构成社会制度和秩序的核心价值观。小说的一些片断，与卡夫卡正在经历的现实生活，以及后来他所写作的《致父亲的信》，既重合又分离，在真实与虚构之间，提供了广阔的阐释空间。

先来看看小说的结尾，它像快速剪切的电影蒙太奇，一连串动词构成了强烈的视觉冲击力。画面的中心，儿子格奥尔格奔跑投河的身影，带来了剧烈运动的节奏："他快步越出大门，穿过马路，向河边跑去。他已经像饿极了的人抓住食物一样紧紧地抓住了桥上的栏杆。他悬空吊着，就像一个优秀的体操运动员。在他年轻的时候，他父母曾因他有此特长而引为自豪。他那双越来越无力的手还抓着栏杆不放，他从栏杆中间看到驶来了一辆公共汽车，它的噪声可以很容易盖过他落水的声音。于是，他低声地喊道：'亲爱的父母亲，我可一直是爱着你们的。'说完他就松手让自己落下水去。这时候，正好有一长串车辆从桥上驶过。"

这是一段卡夫卡式的经典文字，句子密度很大，急促峭拔，它的确经得起读者的拆解、分析和品味。在父权统治下的贬抑压迫、赌无可赌的短暂人生里，这位年轻人最后的赌注是什么？显然是身体。最大的赌注是什么？显然还是身体。作为试图赢得整个赌局的手段和目的，这样的自我毁灭，就是对父母亲情的一次快意恩仇式的报复。它也是押下的最好的一注，至少格奥尔格这样看。有一次，卡夫卡与朋友布罗德在讨论这篇小说的结尾时说："你知道吗，结尾那句话意味着什么？——我这时想到了一次强烈的射精。"就是这句，"这时候，正好有一长串车辆从桥上驶过。"通过车辆的遮蔽和掩盖，他的隐秘的动作——跳河，是鱼跃式的还是自由落体的其他姿势？我们无从知晓，从而想象空间巨大。它是否暗示了这样的自我毁灭自我消失，达到了自我解脱自我释放的高潮？

格奥尔格对自我毁灭的渴望，就像一个乞丐对待食物的态度。他抓住的桥上的栏杆，像命运的最后一个抓手。他还没有陷入无物可抓的虚无，那种无物可抓的境地是悲惨的。只有这样，才使作者描绘的自杀进程有了时间和空间上的进一步延展、抻长。因此，接下来的两句，分明有了几分喜剧成分，还有些许的冷幽默，他的“身体悬空吊着，就像一个优秀的体操运动员”。读到这里，自然会想起动物世界里把修长的臂膀吊在树枝上的大猩猩。与其说这是炫技，不如说是求生的本能。这个特长，“在他年轻的时候，父母曾引为自豪”。镜头闪回到了往昔，似乎这个动作已隐隐有了黑色幽默和反讽，还有酸楚。抓住栏杆，只是求生的本能，它延缓了跳河的速度，从而使这个动作原本的严肃性，变成了停滞中滑稽的慢镜头，它足够残忍。要知道，身体的重量不可能使这个悬空的动作维持太久。这样的效果，还让我们想起了喜剧大师卓别林的一句话：“以放大镜来看人生，人生将是一场悲剧；但是以望远镜来看人生，人生则是一场喜剧。”

挣扎中，有了一个从栏杆中看到的特写镜头：一辆公共汽车。这是格奥尔格瞥见的最后一个人间的活动之物，比起他的身体，它是庞大的，既遮蔽了自杀者的身体，又淹没了落水的声音，从而使这一严重到足以让人惊悚的自杀事件，变成了无关紧要的一次回眸。在无可挽回的关头，这位儿子也许出于某种悔恨而低声喊出的那句话，让人不禁潸然：“亲爱的父母亲，我可一直是爱着你们的。”换言之，一种类似于由爱生恨的复杂情感，促使他诀别了父母，而让这样的诀别显出了爱的艰难和悲怆。他自己“松手”落下了水，完成了“判决”。此处，不见惨烈或剧烈挣扎的描述，只有作者冷静客观的观察和描述。从而，让身体这一赌注，押下得十分残忍、冷酷。因为，这时“正好有一长串车辆从桥上驶过”。车辆是一个象征符号，它碾压了所有弱小卑贱之物，它依旧如常地向前行驶着。生活还在继续,它是强大的、漠然的。个体冲动的本能或意志力,在呼啸而过的生活惯性面前,几无还手之力。

日记显示,卡夫卡写作这篇《判决》的动机,大半来自他与父亲的一次激烈的争吵。之前的一年,父亲买下了一家石棉工厂,卡夫卡作为家族的股东之一,不得不牺牲每天下午下班后的空闲时间,去管理这家充斥了机器噪声的家庭作坊式的工厂。1911 年 12 月 28 日,卡夫卡在日记中写道,"工厂给我带来痛苦。当有人要我下午去那儿工作时,我为什么容忍了?没有人用暴力强迫我,但是父亲用责备,卡尔用沉默以及我的负疚感给我造成压力。我对工厂一无所知,今天早晨受命巡视时我不知如何是好,像挨了一顿痛打似的闲站着。"从这段文字里可以看出,亲情的束缚和围困,使之处境尴尬。

在写给好友布罗德的信中,他更为细致地描述了这种处境:"母亲几乎每天晚上都对我诉说,要我不时去工厂看看,以便让父亲放下心来;当时我还想到了,父亲也用目光和通过别的拐弯抹角的途径神态严厉得多地对我说了这样的话。"日记显示,1912 年 3 月的一天,与父亲的争吵之后,他"躺在沙发上就如何从窗户往外跳考虑了一个小时"。尤其是"空谈家"妹夫十四天的外出旅行,加重了他管理工厂的责任时,这个视写作为生命,正在计划写作长篇小说《美国》的人,倍感俗务的压迫和盘剥,几近绝望:"我久久地站立在窗口,贴住窗户玻璃,我曾常常巴不得用我的纵身一跳让桥上的养路收费员吓一跳。"读到此信的布罗德,马上赶到卡夫卡家中,转告了他母亲这位儿子可怕的念头。迫不得已,父亲不得不中止了卡夫卡在工厂的兼职。

卡夫卡的内心掀起了怎样的波澜?有一点是清楚的:写作的

权利被迫置换为工厂主的义务，而后者让他无法忍受到想要放弃生命的地步。可见，其心理折磨和精神痛苦到了何种严重的程度。在潜意识中，他必须在化身为无所不能、永远正确的“上帝”——他的父亲面前证明点什么，以便回击这位父亲对他“整天游手好闲”的恶评。而随后的情况是，他题献给父亲的《乡村医生》短篇集出版后，他只得到了父亲一句满不在乎的“把它放在床头柜上吧”。——也反证了卡夫卡为何如此纠结于写作与职业的冲突中无法自拔的核心问题——两者的价值观南辕北辙。青年时代，他最为看重的东西，比如友情、爱情和写作，在深谙人情世故的父亲那里，简直一文不值。他必须在职业和写作之间，作出精确的时间分配计划，这对一个需要闲暇来长久酝酿灵感、情绪和心境的写作者来说，格外具有挑战性，而且，还必须伴随着坚毅的写作纪律才行——所幸，他战胜了这些障碍，除了完成工伤事故保险公司日复一日必要的工作之外，他觉得单凭自己的写作才能，值得一赌。

1912 年 9 月到 11 月底，卡夫卡一口气完成了《判决》、《变形记》和《司炉》(未完成的长篇小说《美国》第一章)三部作品。1913 年 6 月 21 日的日记中，卡夫卡对自己的写作禀赋、意志和使命，作出了如下归纳：“我头脑中装着庞大的世界。可是如何解放我和解放它，而不将其撕裂。我千百次地宁可撕裂它，也不愿抑止或埋葬在心底。我是为此而存在的，这一点我十分清楚。”他是为写作而存在的人，他觉得他的生存意义和生命价值皆在于此。为此，他的朋友布罗德不无同情地分析道：“一个如此富有巨大才干和旺盛创作欲的人恰恰在青春活力蓬勃发展的时期，被迫日复一日地从事与他的内心世界毫不相干的事，直至精疲力竭。”作为同道中人，又是好友，布罗德非常了解并理解卡夫卡当下的处境。

家庭工厂的兼职，让他在这一时期的日记里，使用了三种眼光观察底层生活现状：作为男性，他看到了衣着邋遢的女工仅存的身体魅力；作为保险公司职员，他看到了工人的悲惨处境；作为工厂主之一，他看到的可观利润是由工人创造的。对他来说，这样的真相不再有任何吸引力。他必须尽快回到写作中去，他相信唯有它才是博得人生完美的一注，尽管父亲也一如往常地藐视它的价值。

在朋友布罗德的帮助和母亲的隐瞒之下，卡夫卡的叔叔替他去管理工厂，这样，他的写作才得以继续下去。面对工厂主、写作和生存，这三个抉择，他还是选择了生存——按部就班去职场上班，每天下午两三点钟下班后，再从事他的“夜班文学”。只有这样，写作才不至于中断。他必须忍受他的写作宿命带给他的一切磨难，以灵感化为文字的喜悦来犒赏自己的辛劳。他告诉女友菲丽斯：“写得差劲可还是得写，如果不想完全沉湎于绝望之中的话。我不得不如此可怕的为写得成功的幸福而遭罪。”

写作，对于一个无法靠文字养活自己的作家或诗人来说，这是一个倒霉的行当，他倒霉到了无法把它称之为正当的行当。至少在卡夫卡成名之前，他的文字还无法提供畅行无阻的流行元素和市场效应。乃至作为小说语言的那部分，它的言说也是非正常的，怪异的。他追求语言的纯洁性、人物故事的荒诞或变形的成分太多，这也部分增加了阅读他的作品的难度。随后，1916 年 9 月，坐了十多个小时火车，他受邀赴慕尼黑朗读和讲解自己的小说《在流放地》。先是朗诵布罗德的诗，然后是自己的小说。五十多位听众中有三位女士几乎吓晕了过去。对此，卡夫卡不无自嘲地写信给布罗德说，那是一场伟大的失败。由此可见，于写作，他只在乎创作过程，是否能够出版他已无多大兴趣。1917 年年底，当布罗德因为法兰克福读书讨论会索要他的手稿时，他回信道："如果寄给你，那是因为虚荣的缘故，如果我不寄，也是虚荣，或许是因为清高的虚荣，却不是因为爱慕名声的虚荣，似乎听起来好一些。那些可以寄去的手稿，对我已经毫不重要，我在乎的只是在我的写作中经历的那个时刻而已。"这段文字，卡夫卡所要表述的，既非失望也非绝望，而是指出了写作的唯一动力在于，享受"那个时刻"而已。换个说法，在几乎凑齐了的颇具压迫性的写作宿命里，他所能承担的，也许仅仅是写作者本人他的身心所能接受的状况——正如"一次必不可少的冷酷无情的航行"，德里达曾说。

让我们回到这篇小说中来——下注，无非输赢两种。《判决》的主人公格奥尔格在父亲的逼视下，在注定要输掉的这场赌局中，却有反戈一击的能力。这是因为，我们还可以把卡夫卡跟父亲的这次激烈的争吵，看作是他人生与写作的具有分水岭意义的事件。于世俗的人生，他似乎输掉了；于写作，他好像赌赢了。1912 年 3 月，写作《判决》之前，卡夫卡自我分析中不无忧虑地写道："只是由于文学使命，我才对别的事物不感兴趣并因此而冷酷无情：谁会认可我的这种情况的真实性和可能性呀。"赌徒与圣徒，就是卡夫卡的一体两面。他创造了青年格奥尔格，或者说，格奥尔格在精神气质上与他十分神似。他启动了心理代偿机制，用文字拥抱主人公，就好像连体的双人舞。他赋予了格奥尔格使用或毁灭身体的权利，从而使之更像一场人生赌局。

赌　局

让我们按照小说倒叙的线索，往前追溯。格奥尔格在投河之前，与父亲之间发生了什么？而摆下了怎样一个紧张的赌局？

投河之前，父亲对儿子的“判词”是这样的，“现在你才明白，除了你以外世界上还有什么，直到如今你只知道你自己！你本来是一个无辜的孩子，可是说到底，你是一个没有人性的人！——所以你听着：我现在判你去投河淹死。”父亲眼中，这位儿子虽然无辜，但他只知道他自己，他是一个没有人性的人，言外之意，一个自私自利的人。父亲认为，世界上还有他之外的很多东西，而他却完全忽略了。儿子沉浸于自己的世界中不能自拔，以至于只有父亲的提醒，才能让他看上去变得不那么冷漠无情，唯我独尊。这样的提醒，在儿子看来，就是结论和判词，好比一个原本可以自圆其说的梦想被戳穿了。因为小说的上一句儿子说，“这样说来，你一直在暗中监视我！”父亲监视儿子的生活，使之毫无隐私可言，它无异于撕裂了儿子在家庭的权力结构中，本就低人一等的那点仅存的脸面和自尊。这个依靠与远在彼得堡梦幻般的自造的朋友通信的年轻人，怎可忍受父亲粗暴的干涉和武断？不幸的是，作为父亲，他在家庭生活中往往拥有说一不二的权力。更为不幸的是，这位儿子亦步亦趋地驯服于这种权力，一直沉默坚忍和自我克制，以图换取父亲的爱与宽容。

但父亲的强势，因其人生阅历的丰富，乃至明察秋毫，足以让这位儿子无论押下了什么样的赌注，注定没有赢回来的可能。因为，即使年老体衰的父亲在沙发上随意翻阅着一张旧报，似乎也形在此而意在彼，观察着儿子的一举一动——他是儿子的狱卒、看守和密探，还兼审判的法官。什么事都逃不过那双暗中盯牢的眼睛，就连儿子打定某个主意之前的“犹豫”，他似乎也十分明了。比如这位父亲掌握的半真半假的证据是：儿子故意等母亲死了之后订婚;那位看起来更像儿子虚构的俄国朋友三年前就很潦倒,快要完蛋了;父亲日渐衰弱,儿子却有眼无珠,漠不关心,只对结婚感兴趣……那么,这位父亲通过什么手段有了这种无所不晓的神奇能力的?卡夫卡为我们设计了小说结构中关键的一环:儿子与父亲同时都在给那位俄国朋友写信,而儿子却浑然不知。这的确让儿子胆战心惊又不可思议,其愤懑之情可以想见。此处,父亲有点得意扬扬地告诉儿子,"我一直在给他写信,因为你忘了拿走我的笔。因此他这几年就一直没有来我们这里,他什么都知道,比你自己还清楚一百倍呢,他左手拿着你的信,连读也不读就揉成了一团,右手则拿着我的信,读了又读!"为了羞辱儿子的感情和智商,这是否为父亲设下的又一个骗局?为何父亲要与自己的朋友通信?只为以爱之名,控制和束缚儿子,让他始终蒙在鼓里,以便随时掌握他的行踪?

姑且不论此事的真假。现在,我们终于知道,儿子与父亲的这场博弈,原本就不平等不公平的原因了吧?原来,父子俩同时在给一个"不存在"的朋友写信,儿子满腔热忱换来的,不过是这位朋友"连读也不读就揉成了一团",把信扔掉了。相反,父亲的信,却被这位朋友读了又读。由此可以推断,这样的事在现实生活中几乎不太可能发生,它不合情理,荒诞不经——如果格奥尔格真有这样一位朋友的话,怎么可能背叛自己而与明显有着代沟的年老父亲通信呢?答案虽然是否定的,但它却是《判决》中最为关键的构思方法和叙事策略。那位俄国朋友就像父亲和儿子明争暗斗的媒介,也是父子之间关系互动的原动力。不如此设计,小说会缺少太多有意味的隐喻和象征。为此,卡夫卡在日记中作了这样的说明:"朋友是父亲与儿子之间的联系人,他是他们的最大共同点……父亲从共同点中，从朋友中浮现出来并作为对立面站到格奥尔格的对面……”因此我们终于明白，与其说这位儿子像父亲所言的，是一个没有人性的人，缺乏个人道德情感，自私冷漠，还不如说，这位父亲之所以占有先天的道德高地，先知先觉，是因为在家庭权力结构中，作为天赋强权的一方，父亲具有压倒性的优势。这位父亲无所不知，无所不能。在这样一场好似竞赛一样的通信中，输掉的一方——儿子的辩白和控词，隐含于把控一切的父亲的言行中，父亲那面露喜色的每个字句，无声而有力，它也正是卡夫卡设置了父子俩同时给朋友写信这一关键环节的要害之处。可以想象，通过他们共同虚构的这位俄国朋友的中转和分发，他们之间毫无秘密可言。面对这难堪的事实，儿子作何感受？他受到了父亲极大的羞辱和伤害。

那么，父亲为何无情地戳穿了通信的真相，而且笃定要赢得这场赌局呢？让我们来看看这篇小说的写作背景：当时正值卡夫卡给菲丽斯发出第一封情书的两天后。伴随着不确定的亢奋情绪，他正陷入对爱的前景、未来婚姻生活的思虑和担忧中。这里面既有儿子自身思虑过重、优柔寡断的性格原因，还有父亲一向并不看好儿子的结婚和生活能力，为此，他没少冷嘲热讽过儿子。后者是结果，前者则是原因。日后，卡夫卡曾同两位姑娘订过婚，三次取消了婚约，其中的一次，父母已陪同卡夫卡前往柏林参加了订婚仪式，而这位儿子却忽然临阵怯懦害怕，在日记里说自己在订婚仪式上“像罪犯一样被捆绑”，随后宣布这次订婚仪式不算数。可以想见，这对一家人、女方家庭和亲戚朋友来说，多么难堪？因此，父亲掌控儿子一举一动的把握性，在多大程度上是由于他对儿子的日常了解与熟悉的呢？不言自明。他是儿子的对立面，他犹如一面镜子，镜中的一切就是儿子的世界。而儿子的世界里最重要的一环，乃是有关他的未婚妻和朋友。当他把与未婚妻订婚、将来准备邀请朋友参加婚礼的消息告诉他的朋友时，父亲说："既然你的朋友都是这样子，格奥尔格，你就根本不应该订婚。"这位父亲对待格奥尔格未婚妻和朋友的态度，与现实中卡夫卡的父亲如出一辙——并非穿凿附会利用小说反对父亲，由此影射和隐喻自己的世界，正是卡夫卡创作这篇小说的动机。

卡夫卡曾在《致父亲的信中》坦言，早在青春期，粗俗世故的父亲就开导他说，与其谈情说爱，费心耗神，还不如干脆去找个妓女解决个人的生理问题。至于柏林来的女友菲丽斯，除了分居两地的问题，父亲还判断儿子是对女友的新式衬衣领子下面的那部分感兴趣，所以，才有了《判决》中父亲更为夸张的甜丝丝的、猥亵的腔调："因为她撩起了裙子……因为她这样撩起了裙子，这个讨厌的蠢丫头……因为她这样地、这样地、这样地撩起了裙子，你就和她接近，就这样你毫无妨碍地在她身上得到了满足，你可耻地糟蹋了我们对你母亲的思念，你出卖了朋友，你把你父亲按倒在床上，不叫他动弹。"把儿子说成是一个只有动物性冲动而无人伦情感的人，这种无端的指责和武断，侮辱了儿子的人格而激起儿子的愤懑，也就在所难免。

这一时期，卡夫卡在给女友菲丽斯的情书里，坦言对爱的理解上，与父亲的观点反差极大。他希望自己能排除一切干扰，如同写作般单纯地醉心于爱之甜蜜里："完全单独，最亲爱的，我想完全单独和你在一起，完全单独地在大地上，完全单独地在天空下，不精神涣散地，完全聚精会神地在你之中过我的生活，过我的属于你的生活。"在他看来，唯有写作和爱情，性命攸关。父子的上述言说，两相比较，其意自现——因为这是完全不对等的赌局，才有了可以预料的结果。其中暗藏着窥视、猜疑和阴谋，才有了甘冒风险的钩心斗角，以及两败俱伤的双输局面。让作为对手的“赌徒”胆战心惊的是，彼此并非不知对方的来路，相反，正是彼此熟悉和掂量对方的套路已久，才使得这样的一次赌局变得于无声处响惊雷。如果儿子希望这是一场高手对弈，那他必须棋高一招，“杀人不见血”。因为看起来年老体衰的格奥尔格的父亲，无论经历还是经验都要略胜一筹，要想作为对他的报复，在这场对垒中，他必须一争高下，一招制敌。“——所以你听着，我现在判你去投河淹死!”在父亲判他溺毙时，他终于忍无可忍，毫不犹豫地亮出了他的撒手锏——投河。此刻，两个打赌的人好像都作好了充分的准备，都有赢下对方的胜负手。他通过父亲的判决来惩罚父亲，也惩罚了自己。此乃理解小说《判决》的一把钥匙——围绕对待未婚妻和朋友的态度问题，双方你来我往，明争暗斗，僵持不下，即为小说的聚焦点和落脚点。

如果说文学像生活的预言，那么小说就是作者禀赋的变奏。这也许就是卡夫卡屡屡挂在嘴边的所谓文学创造人生的具体实践？他的人生每一步似乎都提前经由他的文学谋划好了，每下一次赌注，他都要预测这一注的前因后果及其逻辑的高度一致性——无论他的日记、书信和小说，一直都在呈现着这样一种翻版特质。没有哪一位作家比他更像是——他把人生当作了文学的譬喻。有研究者认为，他的文学并不构成他个人履历的资料库，而是反过来，生活在模仿文学。对一位擅长深邃思考的作家来说，生活就是他的文学练习本。

手　势

父子争斗，少不了吵嘴，但小说中儿子善良温驯，诚惶诚恐，谦卑有加，而父亲却大喊大叫，反复无常，衰老疲惫——看到这里，不禁哑然失笑，它多像生活中卡夫卡与父亲的昔日重来，场景再现。

为了强调语言的压倒性优势，少不了伴以肢体语言的使用。在儿子投河自杀之前的助跑过程里，“父亲在他身后倒在床上的声音还一直在他耳边回响”。它清楚不过地暗示了父子正在共赴死亡的意象。两者稍稍有点区别的地方在于，父亲“倒”在了床上，是一种被动的“死”，儿子却是主动的选择。死亡好似纽带，把父子俩终于捆绑在了一起，说不清他俩这是同谋关系还是对手情谊。但有一点是清楚的，他们彼此依存依赖，亦敌亦友，吵吵闹闹纠葛牵挂，此乃血缘的要害——“一千个朋友也抵不上我的父亲”。小说中，格奥尔格曾向父亲如此恭敬有加，又有点言不由衷似的表白道。有评论者分析说，父亲好似是从“彼得堡的朋友”中走到儿子眼前的一个幻觉，儿子是被这个幻觉带来的、对谎言的忏悔和自我惩罚击倒的。换言之，父亲大喊大叫的“判决”所起到的作用，仅仅是一种催化剂，它加速证明了儿子在职业、交友和婚恋等诸多方面的失误，从而，才有了此后脸面无处搁放的耻辱感，进而证明，这位儿子内心是爱着自己的父亲的——他的死，既是报复，也是解脱，一种双方达成了某种默契的必然结果。与其说父亲判决了他，不如说他执行了这个判决，判决了他自己。为此，本雅明曾分析道，“卡夫卡在一定程度上抽取这些过程的意义，以便更鲜明地凸显其手势的内涵。”

另一方面，妻子去世，商业失败，疾病和孤独正在削弱父亲的权势和在家中的地位，儿子不可能没有同情与怜悯之心。小说中如下这些肢体语言，或许能证明这位儿子是如何爱恨交织于父亲的。当父亲为了加强喊叫的效果而摆动食指时，格奥尔格只是回了一句："你真是个滑稽演员！"格奥尔格忍不住也喊了起来，但立刻认识到他闯下了祸，并咬住舌头，不过已经太晚了，他两眼发直，由于咬疼了舌头而弯下腰来。这位儿子因为一时的失言咬了舌头，说明他的确处于尊卑长幼权势的末端和低处，他后悔到了"两眼发直"的程度，他不敢相信自己说出了如此大逆不道之言。虽然心里百般痛恨父亲，但他不可能仅仅作为家庭独立自主的个体存在着。没有父亲，何来儿子？亲情像绞索，不但越勒越紧，并且往往动辄得咎。"由于咬痛了舌头而弯下腰来"，就是他必须付出的自我惩罚——屈服的身体是地位卑微的象征，他要通过自我抑制，而让自己看起来更符合一个儿子的角色要求。尽管他判断愤怒喊叫的父亲更像个"滑稽演员"，也很脆弱，也没多少尊严可言——这里，容我说一些题外话，生活中的卡夫卡就是一位自控能力极强的人，他内敛、周到、彬彬有礼，周围的朋友和同事们从没看到他曾向谁发过脾气或伤害过谁。除了个性原因，他预见到了自己爱的失败，并把这种矛盾冲突留给内心之外，他的理智和涵养的确塑造了一位布拉格的绅士形象——虽然文学并不构成作家的全部个人履历，但他的人格气质，却是对他的作品准确理解的基本前提。

主人公格奥尔格的身体"尽可能地离他父亲远一点……以免被任何一个从后面来的或上面来的间接的打击而弄得惊慌失措"。身体的距离，意味着心理的距离。离父亲远一点，才可以"非常仔细地观察一切"。并且，这身体的提防和戒备，大半来自恐慌，以及防护和自卫的本能。身体方位的确定，实际上也是心理感受的不断测量并加以确认的过程。如果说我们对未来的一切怀有恐慌情绪，它代表了身前方位的话，那么，对于已有的恐慌经验的感知来说，必定是身后方位。人人希望脑后不要有一双盯牢自己的眼睛，格奥尔格也不例外。来自父亲的突然“打击”，往往猝不及防，因为他的身后常常有一双盯牢自己的“密探”一样的眼睛。而“上面来的间接的打击”是什么呢？这句话更带有主观虚构色彩，它来自儿子童年对父亲身高的测量所带来的压迫性的心理感受？“我的父亲仍是一个魁伟的人”，儿子被一个幻觉化了的“上帝”一样的阴影笼罩着，高大的父亲遮蔽了弱小的儿子。这样的“打击”是综合性的、无处不在的，只要他还没结婚，还没有离家出走，从而远离了父亲，那么，这个“惊慌失措”的结果，就可能随时发生。

尽管父亲形体高大，但儿子眼中的父亲，已今非昔比。妻子去世，儿子要订婚，商业经营失败，内心孤单，牙齿也已脱落，身体衰弱不堪……综上所述，这些因素都在一点点剥夺着父亲与儿子之间明争暗斗的优势，甚至，在某些片段中，父子之间的强弱角色还进行了神奇的重合与调换——父亲更像儿子，儿子却像父亲。随着小说叙事的深入，围绕权力的争斗，父子关系则完全处于开放的动态变化之中：“父亲白发蓬乱的头低垂到胸前。格奥尔格，父亲轻声地说，身子一动不动。格奥尔格立刻在父亲身旁跪了下来，在父亲疲惫的脸上，他看到一对瞳孔从眼角直定定地望着他。”这一场景中，看似父慈子孝，但实际上有两个细节值得玩味：尽管父亲低垂着头，但能直定定地看着儿子，仿佛从观察中探视到了什么。儿子的身体完全则是跪了下来，这个符号化了的姿势，明白无误地表明了身心的臣服状态。他扶着父亲坐了起来，小心地脱掉他的针织卫生裤和袜子:“当看到父亲不太清洁的内衣时,他责怪对父亲照顾不够。经常替父亲更换洁净的内衣,这是他应尽的责任。”由于日渐衰弱,父亲的角色进一步向儿子的角色转化着,“他把父亲抱到了床上”。父亲像一个身体已经失去了自主能力的婴孩,完全没有了保护或示警的能力,听凭儿子扮演着父亲的角色,一如当初自己把儿子抱到了床上。

但是,父亲仍挣扎于他的不甘之中:“但当他向床前走几步的同时,他注意到父亲正在他怀里玩弄他的表链,于是产生了一种惊恐的感觉。他一时无法把父亲放到床上,因为父亲紧紧抓住表链不放。”怀表是一个象征物,它暗示父亲的日常作息规律、惯性和曾经权威的见证,而那表链,则有几分束缚和羁绊的意味。他玩弄表链时,像在扮演儿子的角色。紧紧抓住表链不放,则又回到了父亲的角色。父亲中有儿子,儿子中有父亲。角色互换的瞬间,让格奥尔格产生了惊恐——即便已衰弱到了这样的地步,父亲仍有余威,仍要控制局面,仍可以向儿子发出最后的通牒——卡夫卡小说的意蕴多重,即在于此,它让一系列手势或肢体语言催生了丰富的想象和暗示。

接下来,围绕“盖被子”,父子仍有冲突。儿子先是把被子盖过了父亲的肩膀,又问父亲盖严实了没有。父亲无法看到他的两只脚是否盖严实了,当得到肯定的回答后,父亲突然“用力把被子掀开,一刹那间被子全飞开了,接着又直挺挺地站在床上。他只用一只手轻巧地撑在天花板上”。为何父子纠缠于“盖被子”呢?表面上看,儿子关心父亲的冷暖,但过于严实的覆盖有窒息的风险。这是一个类似于盖棺定论般的“谋杀暗示”,对喜怒无常的家庭暴君来说,他怎么可能“束手就擒”于儿子伪善的关爱不加以阻止呢?

再说，一个无法看到自己两只脚是否盖严实了的普通老人，也会对衰弱和死亡恐惧着，何况这么一位从未屈服于儿子的说一不二者？

被愤怒裹挟着的父亲，不再是逆来顺受的挣扎者，他忽然拥有了可笑又荒唐的身体余勇，他把被子掀掉，竟然像飞开了一样，还直挺挺地站在床上，手撑天花板！原来，他的奄奄一息，装模作样，全是为了麻痹儿子的伪装和试探，一旦触碰了他权威的底线，他立刻就苏醒了，开始反击了："你要把我盖上，这我知道，我的好小子，不过我可还没有被完全盖上。即使这只是最后一点力气，但对付你是绰绰有余的……幸亏父亲用不着别人教他，就可以看透儿子的为人。现在你以为，你已经把他征服了，可以一屁股坐在他的身上，而他则无法动弹，因为我的儿子大人已经决定结婚了！"他一直在重复"盖上"这个词，再清楚不过地告诉儿子，你无法征服他，即便一屁股坐在他的身上，他对付起儿子来仍然绰绰有余。父亲不甘于因儿子要订婚而被冷落被抛弃，他的权威毋庸置疑——那已不再是肢体语言了，也没有伴以手势的强调，而是直接向儿子义正词严地宣布：父亲权势犹在，从未旁落，衰老、窒息或死亡的威胁，亦不在话下。这虽然不合乎生命规律，但目前他的确还做得到，即便这是最后的挣扎。

在卡夫卡写作这篇小说前后，朋友布罗德向他引荐了一位杰出人物，这位名为格鲁斯的人，与精神分析学家弗洛伊德、荣格素有交往。他计划创办一份《克服权力意志》的刊物，使其成为用变革手段消除家长制统治的思想交流平台。格鲁斯曾写道，"现在人们才认识到，家庭是一切权威的发源地。性欲和权威的结合，如同在父权制还在起作用的家庭中所显示的，给每一种个性戴上镣铐。"这样的主张和看法，卡夫卡不可能不心领神会，引为同道。

镜　　子

如果《判决》中没有这位远在俄国彼得堡的通信朋友，那么，它无非就是一篇有关父子明争暗斗的平庸小说，从而缺乏悬疑、奇崛的叙事魅力。如果这位跟格奥尔格通信的朋友真像父亲所说的那样，比儿子更了解他的细枝末节，那么，这场明争暗斗的想象空间，则会被大大地压缩了。

卡夫卡借小说中父亲本德曼的嘴说出的真相，只是一部分真相。真正的真相是，卡夫卡为格奥尔格这位主人公自造了一面镜子——那位与他通信的俄国朋友就是一面自我的镜子，镜子的正面是他自己，镜子的反面则是他父亲。它还是一面多棱镜。通过父子关系的变化，不断翻转这面镜子的反光：格奥尔格在揽镜自照；父亲在夺镜照他；朋友如镜子，映照着父子俩的真实面目——他告诉父亲跟这位朋友的通信内容；父亲透露给儿子，他也在跟这位朋友通信；他告诉父亲自己的朋友正经历了远离亲人、职业失败和穷困潦倒的种种情况；父亲则告诉儿子，他比他更了解这位朋友，因为他比儿子自己更了解儿子——这位朋友，始终没有以真实身份出现在父子俩的生活中，直到小说的结尾，他仍以父子关系的中间人的角色存在着。换言之，在这面镜子里，格奥尔格看到了自己的自画像、父亲的自画像和他们互为表里的共造的扭曲、变形和荒谬——即他的通信朋友这面最大的镜子。父亲说，“他什么都清楚，比你清楚一千倍。”当父亲大言不惭地宣布自己就是朋友的代理人时，儿子已无法容忍父亲的粗暴干涉，他的心理防线彻底崩溃了——这面虚构的镜子最终被打碎了。

小说的开始，格奥尔格要给远在彼得堡的朋友写信，这个朋友，“皮肤蜡黄，看来好像得了什么病，而且病情正在发展。据他自己说，他从来不和那儿的本国侨民来往，同俄国人的家庭也几乎没有什么社交联系，而且准备独身一辈子了。”读到这里，读者会否哑然失笑？除了不曾侨居国外，这人不就是喜欢离群索居的卡夫卡的自画像？实际上它也暗合了卡夫卡的一个观点，文学为现实作操练。主人公自造了这个真假难辨的朋友，更像是卡夫卡设计的自我镜像，他在跟自己通信，或曰内心对话，以便能从朋友的回信中探知肯定或否定的人生答案——比如，格奥尔格在母亲去世两年后，搬回家跟父亲一起住是否合适；比如，在父亲半退休的情况下他把商业经营得很好，是否要在彼得堡设立分号；比如，他把“一个无关紧要的男人和一个同样无关紧要的女人订婚的事”，是否告诉这位远方的朋友，以便他能回国参加他的婚礼等等。他期待这个象征了“自我”的远方朋友，能对这样的问题发生兴趣或予以解答，但又不能十分肯定，这位“很难相处”的朋友的答案是否正确，于是，他来到了父亲背阴的居室里，“在我发信之前，我要把这件事告诉你”。这是出于对父亲的尊敬，也是他相信父亲的理解和支持应该甚于朋友——小说的戏剧性高潮出现了，恰恰相反，父亲压根就不信任儿子，儿子一直生活在自己编织的谎言中不能自拔，既自我欺骗又欺骗父亲，父亲一句话就彻底看穿了真相，否定了他的请求：“难道你在彼得堡真有这样一个朋友？”

实际上，这篇小说就像卡夫卡雄辩术的再现，为了友情和爱情，他必须跟父亲辩论到底，一决高下。生活中，卡夫卡还真有这样一位交往密切的朋友——写作这篇小说之前，卡夫卡与一位意第绪语巡回剧团的演员洛维，友情甚笃。洛维因剧团内部的人事纠葛，不得不告别卡夫卡而去布达佩斯讨生活，两人曾通信诉说着友情和生计问题。这位小卡夫卡四岁的朋友，游历丰富，颇有才华，在他身上卡夫卡寄托了许多无法实现的壮游天下的梦想。但就是这么一位堪称挚友的伙伴，卡夫卡的父亲竟然曾把他比作一只“臭虫”——“谁同狗一起睡觉，起床时就会惹一身臭虫。”父亲的恶劣言行，让卡夫卡难以容忍，此时，文学必须站出来为他作证和辩护。只不过，经过一番乔装打扮，他把这位远方朋友的地址由布达佩斯换成了彼得堡。

在儿子结婚的动议遭到否决前，围绕是否劝说这位朋友回国（它更像卡夫卡自己是否回归家庭的隐喻），格奥尔格陷入了对朋友的两难选择中。这面映照自我的镜子，颇具心理探测深度。格奥尔格明里是替朋友设想，暗里却是他的自我分析：“你愈是爱护他，却愈加会伤害他的感情。更何况使他蒙受这一切痛苦烦恼，是否就一定有什么意义呢？也许，要他回国是根本不可能办到的——他自己说过，他已经不了解家乡的情况。这样的话，他将不顾一切地继续留在异国他乡，而朋友们的规劝又伤了他的心，使他和朋友们更加疏远了一层。如果他真的听从了朋友的劝告回归祖国，而在国内又感到抑郁——当然不是故意这样，而是由于事实造成的——既不能和朋友们相处，又不能没有他们，他会抱憾终日，而且当真觉得不再有自己的祖国和朋友了，那倒不如听凭他继续留在外国，岂不更好吗？考虑到这些情况，怎能设想他回来后一定会前程似锦呢？”回国如同回家，结婚如同独立成人，这样的双重隐喻才是格奥尔格面对父亲时欲说还休的真实请求。但其间颇有曲折，障碍多多，尤其是，朋友们的好心劝告会愈加伤害到他的感情，并且他已经不甚了解家乡的情况，而这种陌生造成的隔膜会让他感到抑郁，那么，他的未来还会“前程似锦”吗？答案似乎也是否定的。于是，格奥尔格带着这位朋友的困惑来到了父亲的面前——实际上是他自己的困惑需要解答。一如镜子不够清晰时，他必须反复擦拭。他需要借助父亲的那双浑浊却睿智的眼睛，看清真相。不曾料到，父亲毫无同情心地毁掉了可以帮助儿子擦拭、矫正和修饰自我妆容的这面镜子。一个不存在的朋友，就像儿子在生活的漩涡中急于上岸的一根稻草，却被父亲残忍地扔掉了——儿子继续在汹涌的生活漩涡中，漂泊着挣扎着，随时面临着没顶之灾，此乃格奥尔格之所以投河的再恰当不过的原因了。至此，我们可以用心理学家荣格的一段话，来归纳小说的主题了：“当爱支配一切时，权力就不存在了；当权力主宰一切时，爱就消失了。两者互为对方的影子。”

一个格奥尔格的形象诞生了。他是卡夫卡有关儿子的众多文学形象中特别鲜明的一个，还是最早的那一个。三个月之后，卡夫卡在布拉格的一个作家聚会上朗诵了小说《判决》。房间的隔壁正在举办音乐会，他稍稍提高了调门，就赢得了在场听众的热情鼓励和肯定。当朗诵到小说的尾声时，他写信告诉女友菲丽斯当时的场景，他的眼中已噙满了泪水。说不清是为小说中的人物，还是为自己的写作激情：“每一个其他的夜晚都比今晚重要，因为它完全是为我自己的享受而存在，而其他的晚上是为了自由释放。亲爱的，我非常愿意朗读，冲着那些读者有所准备和悉心凝听的耳朵里大喊，对这颗可怜的心来说很舒服。我的确是在对着他们拼命地吼叫，从侧厅传来的音乐想掩盖我朗读声音的企图，就这样被我打破。”

卡夫卡相信自己投以全部身心的写作，在他的眼前已经曙光初现。这篇早期小说的成功，为他带来了分享的喜悦和持续创作的能量，正如他后来写道，“故事是悲伤的，人们将不能理解为何他在朗诵时，满面春风。”

2014 年 4 月 1 日

2016 年 9 月 3 日

身体的疼痛

——读《变形记》

甲　虫

直观、具体和单义地为一只甲虫画像，想必会对小说《变形记》带来概念化的损害。

早在 1915 年准备出版小说单行本时，卡夫卡就曾反对出版社的插图画家这样设计封面。“别画那个，千万别画那个！我不是想限制他的权力范围，而仅仅是根据我对这个故事显然更深的理解提出请求的。这个甲虫本身是不可画的。即使作为远景也不行。”时间流逝，观念更替，一代代读者依旧坚持着为《变形记》如此造像，因为比起这篇小说复杂微妙的内涵，方便快捷地命名或许是理解它的直接有效的捷径。夸张点说，作为小说魅力的一部分，误读到何种程度，亦是这篇小说经久不衰的存在价值吧。

作为独立的个体，作品完成后已离作者而去，独自旅行，沿途的风景与原著离题万里。就像卡夫卡自己设想的那样，作家死后，他作品中的人物还要与作家本人斗争一段时间，然后，“书就慢慢地孤单下来，只能依赖自己心脏的搏动了”。如果再打个比方，就如人物身心的双重分离——作家赋予了它灵魂的权利，而读者则给予它不断的“变形”权。自然，也有权为它找到一件件合体或不合体的外衣的问题——在那个灵魂的更衣室，读者们反驳或反对原著者的自以为是的理由，岂止千万个？换言之，完成作品之后的作家，在那期待的惶恐中总显得善良又无辜，他只有署名权而无阐释权。《变形记》的命运，一开始即属于这种潜伏着的众口莫辩的隐喻，它似乎已预言了作者与作品、与读者的种种尴尬处境。从而在更为普遍的生存意义上，亦暗示了我们这些生命个体，一旦身心分离，所造成的误解、疼痛和苦楚的状况——没有一部作品比起《变形记》更像卡夫卡的自画像，他与它，几乎生命同构。

伟大的艺术，亦有精神疾患的味道。旅行推销员格里高尔·萨姆沙，不过是这种身心分离术的“受益者”。作为梦境的旅行者，有一天早晨，小说主人公忽然发现自己有着甲虫的外壳，而心理仍是那个诚惶诚恐的公司小职员。卡夫卡是如此设定的：旅行类似于梦境，推销员类似于面对重重障碍的跨出者——在那些栏杆般的障碍物面前，并非每个跨出者都能顺利完成既定的目标，而不被它绊倒——正如小说中格里高尔·萨姆沙喊道，“啊，天哪，我挑了一件多么累人的差事。”对照之前几个月，卡夫卡完成的短篇小说《判决》，主人公格奥尔格还能自主选择跳河自杀，格里高尔则不行，他的结局要进一步：一只甲虫一旦移位到了人类的活动空间，它简直就障碍重重，寸步难行，即使躲在沙发或床底下也不行。它只能半梦半醒地苟活于人间，等待着自杀（自杀已经很难）或他杀——被父亲的一只苹果砸成了重伤，然后慢慢抑郁、奄奄一息、病死。因为在工作、疾病、疼痛、亲情等障碍物面前，它已变成了障碍物自身，毫无存在的价值，就连自己最为亲近的妹妹格蕾特，也想把它除之而后快，“它必须消失，除此别无办法”。——只有变成甲虫，它才能消失于人类社会。或者说，只有梦幻和疾病，才能让主人公逃避人间的种种困境。

由“他”变成了“它”，既恶心又奇特——由人到物的异化，是20世纪初年西方现代哲学和心理学阐释的重要课题。小说中异质、荒诞的甲虫描述，并非卡夫卡独创，之前的俄罗斯作家陀思妥耶夫斯基等亦有涉猎。卡夫卡一贯推崇的弗洛伊德日常精神分析学说，也为这部小说提供了心理依据。《变形记》的独创性在于，它把人变成甲虫，身心分离之后，是如何编织叙事的合理性和感染力的。早在另一篇小说《乡村婚礼筹备》里，卡夫卡就曾描述了新郎拉班身心分离的状况——自己的内心已向婚礼的现场走去，而身体却还留在床上：“我只需把我穿着衣服的躯体打发去就行了。当我的躯体摇摇晃晃地走出我的房门时，这摇晃并非表示恐惧，而是表示这躯体的虚无。当这躯体跌跌撞撞地走下楼梯，呜咽着乘车去乡下，哭泣着在乡下吃早餐，这一切并非表示心情激动。”他用了一连串动词描述空壳般的躯体在行走，实则是内心对筹备婚礼的不胜其烦、疲惫和痛苦的感受。旅行推销员这个职业，与筹备婚礼的新郎，有相似的共同点，即在限期和责任的双重折磨之下，他们都会疲于奔命，生命似乎已被时间掌控，他们不得不屈从于期限的设定，百般努力，到头来却成为自己所成功扮演的角色的奴隶——“当我躺在床上时，我相信自己具有一只大甲虫、一只鹿角虫或者一只金龟子的形态。”如果说之前的《判决》中儿子的行为，来自反抗与惩罚的压力下，才导致了投河自尽，那么《变形记》则进了一步，这位儿子不再处于自我毁灭的极端行为里，而是通过人格的妄想、分裂和失灵的状态——身体属于甲虫，内心属于儿子，让我们看到了他仍在努力保持的完整的自我，而且，这个自我颇具情感的复杂深度。正像心理学家荣格所说的："变形——一个亲近我心灵的主题——乃个体化和自我实现的方式。"

在《乡村婚礼筹备》中，这个新郎宁愿变成一只甲虫，也不想履行人间的未婚夫责任，又不得不硬着头皮敷衍这个角色所分派给他的社会意义，及由此产生的种种人格变形——甲虫的形象恰逢其时，它第一次出现在了卡夫卡的小说中："一只硕大的甲虫，不错。于是，我装出正在冬眠的样子，把我的细腿贴在我的鼓起的肚子上。接着，我吱吱地说了几句话，这是对我那悲伤的躯体发出的命令，它紧靠我站着，弯着腰。我很快就吩咐完毕——它鞠了一躬，然后匆匆离去，在我卧床休息期间，他将妥善处理一切。"无独有偶，之前的 1911 年，也就是写作此篇小说的前一年，父亲曾把卡夫卡的亲密朋友洛维——在父亲看来一个游手好闲的意第绪语巡回剧团的演员，比作一只"臭虫"，并用犹太谚语讥讽说，"谁和狗一起睡觉，起床时就会惹一身臭虫。"卡夫卡在日记中对朋友的评价，则恰恰相反："我们对这些如此善良却无所收益，并且一般也没得到足够的感谢和荣誉的演员们怀有的同情心，其实仅仅是对许多高尚的努力，尤其是我们的努力之悲伤命运的同情。"显而易见，父亲对待自己朋友的鄙视态度，曾深深触动过卡夫卡，他在《致父亲的信》中举证说，"只需我对一个人有一点兴趣（就我的天性而言，这种情况并不多），你就会毫不考虑我的感情，毫不尊重我的评价地对这个人破口大骂、污蔑、丑化。比如像意第绪演员洛维这样天真无辜的人就遭到了这样的对待。你还从未见过他，就用一种可怕的方式（我已忘记了何种方式）把他和虫子相比。"一个人的青少年时期，往往视朋友的友情为世间珍贵的东西，它像在黑暗中摸索时忽然出现的微弱光亮，却在老练世故的父亲那里，似乎只要轻蔑地吹上一口气，就能让它随时熄灭了事。父亲武断的话，让他久久无法释怀。因此，我们看到了此前的《判决》中，格奥尔格那位远在彼得堡的朋友形象，其实就是演员洛维的“变形”。

写完《乡村婚礼筹备》三年多，1912 年，卡夫卡写完了《判决》，之后几个月，他又完成了《变形记》，甲虫的形象正式登场亮相了。在《变形记》中，他是这样勾勒格里高尔的甲虫形象的：“他仰卧着，那坚硬的铁甲一般的背贴着床，他稍稍抬了抬头，便看见自己那穹顶似的棕色肚子分成了好多块弧形的硬片，被子几乎盖不住肚子尖，都快滑下来了。比起偌大的身躯来，他那许多只腿真是细得可怜，都在他眼前无可奈何地舞动着。”体积巨大、外壳坚硬、面目丑陋、动作滑稽、行为怪诞——它的确是一只甲虫而颇具神奇性，由人变成了动物，他变成了它，在变形的过程中不断分裂和聚合的所有障碍和困境，源源不断地构建着格里高尔不幸与悲伤故事的细节。甲虫不可画，它是文字魔术师卡夫卡手中的一个道具，它的身心变化多端，诡异奇崛。欲要穷尽它的形象它的意义，几乎不可能。

障　　碍

卡夫卡有一段非常经典的话，“巴尔扎克的手杖上刻着：我在摧毁一切障碍。而我的手杖上则是：一切障碍在摧毁我。不是我在摧毁障碍，而是障碍在摧毁我。”

自从梦中醒来，小说主人公格里高尔就被重重障碍围困了。天空阴暗带来心情抑郁，因为这个变为甲虫的噩梦，他睡眠不好，肚子还饿着。他习惯于右侧的懒床睡姿，这会儿无论如何用力也转不过来了，努力一百次也不见效，辅之以细腿的挣扎，腰部还增加了隐痛。柜子上的闹钟一直催促他起床上班，作为一个谨小慎微的小职员，时间设置上的警醒，使他早就患上了类似于边缘人格障碍病，怀疑和强迫症状兼具："连六点半也过了，马上七点差一刻了。闹钟难道没有响过吗？"这个由闹钟滴滴答答、到震耳欲聋、到它是否响过，而被反复折磨、纠缠的人，之所以强迫自己确认闹钟是否真的响过，还在于他要跃过下一个障碍——他已错过了五点的班车和车站等候的同事，而七点要开的那次班车，他即使发疯似的赶往车站，也不一定能赶上了。只剩下了一刻钟，他却无力起床。直到七点一刻，他还没有正式起床。"服务五年以来他没有害过一次病。"时间像鞭子，抽打着他这个循规蹈矩、被命运左右、旋转不停的陀螺。

无疑，格里高尔一旦无法履行作息时间和工作职责，他就濒临"多余的人"的危险境地。但与俄罗斯作家冈察洛夫笔下那个地主奥勃洛莫夫的懒床不同，这个格里高尔并不好吃懒做，相反，他勤勉到了每次闹钟响起就足以让他心惊肉跳的程度。换言之，懒床是人的天性，而外在的压迫造成了他噩梦般的凶险环境——老板会带那个公司医药顾问来，把他的所有迟到的理由一一反驳掉，"在那个大夫看来，世界上除了健康之至的假病号，再也没有第二种人了"。即使他认为自己得了重感冒——在这里，有关时间造成的障碍和人生烦恼的描述，正是格里高尔由人变虫的催化剂。他的懒床实在是情非得已，他从来就不是个得过且过的人，而他的人生看上去那么的卑微和渺小——每次闹钟响起，他都胆战心惊。职业、同事和家庭，都含有提防、限制和敌意的成分，让他凡事不得不小心翼翼，诚惶诚恐。唯其如此，他才能维持起码的个人生存和承担起养家糊口的责任——所有看上去正常的职场制度和要求，恰恰是对他这样一个有着很高的自律标准的人的禁锢，或者说，前者已经融入了他的血液之中。

他隔着房间的门，跟秘书主任的一番有关出差与否的辩白，清楚不过地表明了他对职场弊端的认知和抱怨："人总有暂时不能胜任工作的时候，不过这时正需要想起他过去的成绩，而且还要想到以后他又恢复了工作能力的时候，他一定会干得更勤恳更用心。我一心忠诚地为老板做事，这您也很清楚。何况，我还要供养我的父母和妹妹……旅行推销员几乎长年不在办公室，他们自然很容易成为闲话、怪罪和飞短流长的目标，可他自己却几乎不知道，所以防不胜防。只待他精疲力竭地转完一个圈子回到家里，这才体验到连原因都无法找寻的恶果落到了自己身上。先生，先生，您不能不说我一句好话就走啊，请表明您觉得我至少还有几分是对的呀！"他试着辩白和不那么公然地反抗着。一旦他不能回到工作岗位，无法履行职责，他就是一个多余的人。他用几乎乞求的语气，恳请秘书主任宽宏大量地加以理解。但随着小说情节的进一步发展，格里高尔不但变得累赘多余，而且深受迫害妄想狂和失灵恐惧症的支配，他不容许自己在职业和亲情里有半点差池，从而导致了神经质般变化无常的"变形"和匪夷所思的种种遭遇，直至彻底沦为家庭的障碍，被家人无情地"跨过"，好像累赘和垃圾一般，被扫地出门。

现在，他的两排细腿，其中的一条受伤了，拖曳在身后，艰难地来到了门边。本来喜欢的牛奶，他"喝起来时把头浸到牛奶里去，几乎把眼睛也浸没了……他发现不仅吃东西很困难，因为柔软的左侧受了伤——他要全身抽搐地配合着才能把食物吃到口中”。他的身体器官明显已发生了逆转，变为了某种卑微可怜的动物的特征和习性，不但吃相难看，而且吃喝起来还很困难。因为要重新适应哥哥的口味，妹妹不得不把一大堆残羹冷炙端到他的面前，任其选择。虽然妹妹仍爱着哥哥，但好心端来的垃圾般的食物又证明，他只配拥有这非人的、寄生的可怜待遇。它还不只是人情冷暖的问题，而是面对这样的处境，他已有心无力了。只有逆来顺受，才能苟活下去：“这里有不新鲜的一半腐烂的蔬菜，有昨天晚饭剩下来的肉骨头，上面还蒙着已经变硬结的白酱油；还有些葡萄干和杏仁；一块两天前格里高尔准会说吃不得的乳酪；一块陈面包，一块抹了黄油的面包，一块撒了盐的黄油面包。除了这一切，她又放下了那只盆子，往里倒了些清水，这盆子显然算是他专用的了。”如同家里豢养的一只猫狗一样的动物，由于饥饿难耐，他不得不放下应有的礼数和体面，狼吞虎咽起来：“他眼中含着满意的泪水，逐一地把乳酪、蔬菜和酱油都吃掉了。”在饥饿面前，先前挑三拣四的选择算得了什么？个人的尊严算得了什么？障碍全得克服，不但要克服，而且还要对亲人感激涕零。

问题还在于，他不得不持续克服和跨越一系列的障碍，比如，由于父母欠了老板的债，也许还得五六年才能还得清，他不能因为迟到而失掉这份经常出差的催命般的工作。他心怀美好地想象着，或许未来某一天会时来运转。眼下，他必须忍受“居高临下地坐在桌子上，面对职员发号施令”的老板，而且还因为这个家伙耳朵重听，常常在桌子后面直蹦起来，脾气暴躁。比起这样的债主兼老板，至于出差途中火车班次的倒换、低劣的食物、萍水相逢的虚泛之交、某个求而不得的酒店女侍，那简直就无足轻重，可有可无了，这些甚至不能叫障碍而只是些人生的小小插曲而已。

“七点差一刻了。你不是还要赶火车吗？”听到妈妈温和的提醒，他忽然发现自己的回答声，有了可怕的叽叽喳喳的尖叫，还有杂乱的伴音。爸爸的敲门直接用上了粗鲁的拳头，并喊着他的名字。当妹妹的叫门声出现时，则用了“轻轻的悲哀”来形容。他自己呢？他在他人的行为反应里，确认了自己的问题越来越严重了，他艰难地挣扎着，处于失语和失聪的危险状态里，“这会儿只能说完一个字过一会儿才说另一个字，竭力使他的声音显得正常”。看得出，他的听觉、视觉、味觉、触觉等都在改变，他发现了自己的不正常而试图努力维持正常的状态。他希望自己仍是养家糊口的顶梁柱，不让家人哪怕有一丁点失望。他是职业和情感的奴仆，已往本就习惯了的诚惶诚恐，此时则越发惶惶不可终日般，焦躁惊恐了。

但发音正常的愿望，已无法实现，他不再是自己身体的主宰。他原以为只是做了个噩梦，但从家人的奇怪反应中，他变得清醒了，他们证实了自己荒诞的处境，而且对待他的态度还慢慢由惊讶、同情，变得冷酷起来了。然后，母亲索性声泪俱下地喊了起来，父亲嚷着要请锁匠来开门，秘书主任尖叫着说，格里高尔的叽叽喳喳声，简直就“不是人的声音”。它既是真实的判断，也像无情的判决——他的智商暂时还没问题，身边人的喊叫也决非幻听。问题是，他越要坚持人之为人、自己还是原来的自己的想法，一家人就越要坚决否认，并急于抛弃之。秘书主任、父母、妹妹和格里高尔自己——四组不同的声音，组合了一个混响的喧闹世界。因为各自的语气、声调和节奏的不同，格里高尔虽然躲在门后，却仍能细细地分辨出，这些声音演绎的角色、身份和权力要求。他仍活在人间，无法否认现实逻辑。尽管他希望一切还在梦中，还能逃避和遁形。

对他来说，家人和同事对他的观察和判断所造成的新的成见，比起闹钟响起、火车班次和旅途烦恼的压迫感，更为强烈一些。即使真的变成了甲虫，他仍然不得不认真应付这些声音所象征着的法则和秩序，何况他本就扮演着极度自律又苛求的三个角色：儿子、哥哥和职员。他从自己发音的艰难和难听的变调里，也感受到了他们对待他的态度正在急转直下，而这样的转折、变化，进一步把他和他们分隔开了——“显然，他发出的声音人家再也听不懂了，虽然他自己听来很清楚，甚至比以前更清楚，这也许是因为他的耳朵变得能适应这种声音了。”无法交流造成了隔阂和冷漠，想要战胜之，似乎越来越不太可能了。这里有一个悖论，他越想适应这种新的声音，他们越要拒绝他的这种适应——他们还拒绝了他的拒绝，他已无法回到从前，无法变回原来的自己了。在他们眼中，他们一致指认，他就是它，然而逐渐失去了家庭的角色定位和话语权。既然他已妨碍到了他们的生活，那就是他们眼中的障碍物和家庭变故的根源。

空　　间

据卡夫卡的好朋友作家布罗德的描述，卡夫卡一家搬过多次住所，最后所住的公寓房间，位于布拉格的尼克拉斯街。为了不打扰家人以及写作的需要，他们所住的房子有一个经由厨房和洗澡间的第二入口，下班后，卡夫卡“通常经过这个入口出入房间。另外，他并非过着与家庭隔离的生活，这对他在内心继续蔓延开来的冲突肯定是不利的。在后来的岁月里他试图通过在异地租一个自己的房间来摆脱不独立的桎梏（普鲁斯特直至寿终一直住在他童年时期的房间里）。”这样的租房习惯、房间布局和独居的希望，是否对他的这篇小说有过启发？答案是肯定的。

由于一直单身未婚，卡夫卡后来在写给恋人密伦娜的信中，提及离开父母外出租房，从而拥有一个房间的愿望，以及对家居环境与内部关系的细致观察。虽然文字较长，容我引述如下：“街上吵闹得很，斜对面也在大兴土木，正对面不是俄国教堂，而是塞满了人家的住宅。尽管如此——准确地说：暂时地——是幸福的一个前提（一个前提，因为假如我不生活着，假如我没有安憩的家园，比如说两只浅蓝色的、因难以理解的仁慈而生气勃勃的眼睛）。这样的住房就是幸福的住房，一切都很安静，洗澡间、厨房、前厅、其他三个房间，没有那些杂居的住房所特有的那种嘈杂，那种淫乱，那种意志薄弱的，早已控制不住自己的身体、思想和愿望的乱伦行为。在那儿，在所有角落里，在各种家具之间发生的天理难容的关系，有碍观瞻的、偶然而发的事情，私生的子女纷纷出现，这种事不断发生，不像你那供星期日利用的安静、空寂的郊外，而是在一个无穷无尽的星期六的晚上，在那纵情狂欢、人山人海、令人喘不过气来的郊外。”这段文字表明，他对杂居环境的否定，显然来自环境改变人性的认知。或者像海德格尔所说的“诗意地栖居于大地”的罕见，则由于芸芸众生中的“意志薄弱者”，带来的“天理难容”的种种错综复杂的人际关系。

格里高尔是一个比较自闭的人，由于经常旅行，晚上有锁门睡觉的习惯，回到家里也是如此——一间属于自己的房间，是防御外界干涉的盔甲，它象征着安全和安宁，他有这样的权利。但三位亲人怀着惶惑不安的情绪想要进入他的空间，则是对这种安全感的刺探和损害。母亲轻轻叩了一下房门，父亲直接用拳头敲门，妹妹则在侧门低声恳求他开门——此时，他还拥有相对独立的空间和身体的自主权。但变形终究会带来行动上的不便，先前可以自由出入的房间，变成了一种空间上的桎梏和捆绑。短短的几米见方的距离，变成了漫长的跋涉。他无法关上自己的房门，只好用牙齿转动锁孔上的钥匙。而且，身体的每一次移动，总会带来家人的激烈反应，并对他的心理施加影响——每一次既有的家庭亲情、权力秩序的再次梳理，就会造成了新的不幸的发生。直到后来，随着疾病和饥饿让他的身体日益抽空、干瘪和衰微，其结局，只能以死亡的空位来替代他的存在了。

后来，他努力挣扎着坐了起来，想离开床，又重重地摔在了床脚下——他已无力使用自己的身体了。公司秘书主任的到来和他的漆皮鞋子发出的吱嘎吱嘎声、妹妹在右侧房间的耳语通报、爸爸对秘书主任的解释和道歉，都成了对格里高尔所控地盘的进一步的干涉和冒犯。空间自主权一点点被蚕食，安全感一点点被剥夺。格里高尔靠着柜子艰难地站了起来，终于站直了，并靠向椅背。他用嘴巴来转动插在锁孔里的钥匙，打开了门。然后，他尝试着像往常那样可以自由出入起居室，这一家庭内部的公共空间。它是家之为家的必经路径和家居内部的基本结构，他不愿意放弃这个权利，哪怕迈出这一步十分艰难。在他对秘书主任的一番有关工作职责的慷慨陈词之后，他仿佛也拥有了某种尊严和勇气。此时，瞬间高大起来的形象，与秘书主任由于他形象的变化而惊慌失措和理屈词穷，双方有了精彩的对比。仿佛他身处的这个幽暗的房间，也明亮宽敞起来，凛然不可侵犯，而秘书主任越发猥琐渺小了。秘书主任“他片刻也没有站定，却偷偷地向门口折去，眼睛始终盯紧了格里高尔，只是每次只移动一寸，仿佛存在某项不准离开房间的禁令一般”。秘书主任瞠目结舌的表情和不知所措的举动，表明他几欲逃离又不得不装模作样，很是虚伪：“好不容易退入了前厅，他最后一步跨出起居室时动作好猛，真像是他的脚跟刚给火烧着了。他一到前厅就伸出右手向楼梯跑去，好似那边有什么神秘的救星在等待他。”

格里高尔想跟往常那样，正常出入各个房间，已无可能——他从他们的反应中看到了自己骇人的形象和不属于起居室的这一新的禁忌——它属于一个正常人的领地，此刻却不属于他。一旦他爬出了房间的门，秘书主任就用手捂着张大的嘴巴。母亲则喊道：“救命啊，上帝，救命啊！”她惊慌失措，昏倒在地。父亲恶狠狠地要把他打回房间，却伤心地哭了起来。自从离开了自己的空间，他便从他们错愕、震惊和厌恶的表情反馈里，觉得自己已在家庭和公司里失去了先前的位置和自主掌握命运的能力了。如果他不重新返回自己的房间，他们则要躲避和逃开。秘书主任丢下帽子、大衣和手杖逃走了，他接受不了这位同事的新形象。母亲则根本不听他的“妈妈，妈妈”的低声呼唤，恶心到了几欲跳楼。她“不顾天气寒冷，打开了一扇窗子，双手掩住脸，尽量把身子往外探”，她无法忍受儿子如此这般“恶心”。他也想尽快退回到房间里去，“他父亲手中的手杖随时会照准他的背上或头上给以狠狠的一击的”。这似乎是儿子已往的遭遇，也随时可能发生在眼前。如果说秘书主任的逃离和母亲无所适从的害怕，多少有些被动选择的话，那么一向威严粗暴的父亲，则是主动出击。他们态度的细微差异，既符合角色定位和关系逻辑，也反证了格里高尔的身心处于何等分裂的状态——他刚一露头，他们就轮番否定了他继续存在的必要性与合理性。要命的是，格里高尔不但拥有先前“为人”时的观察和思维能力，而且，这种能力由于“变虫”之后家人行为的乖张、怪诞，被进一步推波助澜地放大了。

退回房间，几乎宣告了他再也无法进入人的生活状态里了。不退回房间，他连先前那点可怜的地盘，也不再拥有自主权了。进退之间，他处于尴尬、挣扎和两难之中。但有一点是清楚的，无论他退不退回房间，基于他已变为了甲虫，大家终将由先前的惊恐、厌恶，演变为漠视、遗弃了。此时，他变形之后宽大的身体，正好卡在了门口，父亲使劲推了一把，“他一直跌进了房间的中央，汩汩地流着血”。而后，“清晨那会儿，门锁着，他们全都想进来；可是如今他打开了一扇门，另一扇门显然白天也是开着的，却又谁都不进来了，而且连钥匙都插到外面去了”。如果说，先前他们对他房间的好奇、刺探和冒犯，还让他存有做一个正常人的希望的话，那么，此时，“谁都不进来”的漠然，则意味着对他不再抱有任何希望的遗弃的开始。不是他放弃了他们，而是他们放弃了他。虽然还可以在无人时，进出家里的每个角落，但他已是匍匐在地、爬来爬去的真正的甲虫了。天花板、厨房柜子、沙发皮里、床底、旧报纸堆等地方，都是他作为虫子而非人类的活动空间——作为人的那部分，他被限制了。作为甲虫的那部分，他又是自由的。这是怎样一种不断被证明了的荒谬呢？归根结底，他已没有多少自主自足的领地，直至他像垃圾一样被女佣扔出门去——它也符合卡夫卡对生命存在感的认知，格里高尔更像他的精神自传的提前练笔。在写作这篇小说的十多天前，他曾写信给女友菲丽斯说，如果不写作，就没有存在的价值，就“觉得自己只配当垃圾被扫出去”。而后，在给女友密伦娜的信中，回首自己病重多年，从身边人的反应和判断里，他进一步阐释了自己的这种要“爬上墙去”的恐惧感的来源：“我的不幸在于我把一切人——当然首先是那些我认为是出色的人——都看成好人，我的理智和心都叫我这么去看，只有我的身体不知怎么让我无法相信他们真的会变好。我的身体感到恐惧，宁可慢慢地爬上墙去，也不愿等待那就此意义而言真能拯救世界的考验。”

身体变形，日甚一日，预示着他作为家庭的一员已无法遵循原有的生活秩序和日常习惯了。另一方面，即使亲近的妹妹和仁慈的母亲，她们也以“搬家具”的借口，来挤压和抽空格里高尔变形之后原本就日显逼仄的生活空间，从而把他还抱有幻想的一点点可怜的亲情，也剥夺殆尽了。他如何才能回到从前？永远不可能了。他听到母亲和妹妹围绕是否搬走他房间的橱子和写字台的耳语声，妹妹是为了给哥哥腾出更大的活动空间，以便于他能在自己房间里，爬上爬下自由自在，但母亲却不这样看：“我们搬走家具，岂不等于向他表示，我们放弃了他好转的希望，硬着心肠由他去了吗？我想还是让他房间保持原状的好，这样，等格里高尔回到我们中间，他就会发现一切如故，也就能更容易忘掉这期间发生的事了。”这一点，母亲倒是更能理解儿子似的，她仍对儿子抱有一点幻想，希望他再回到他们中间，变回一个正常的人。家具的任何移动，都将影响到他们对儿子的希望。另一方面，格里高尔反对搬走家具的理由也是充分的，他不希望“那些舒适地放满祖传家具的温暖的房间变成光秃秃的洞窟，好让自己不受阻碍地往四面八方乱爬，同时还要把做人时候的回忆忘得一干二净”。不受阻碍的自由，意味着希望的丧失，而只有保持房间和家具的原状，才不至于丧失它们“对他精神状态的良好影响”。问题是，妹妹并不这样看，她天真地以为哥哥需要更大的活动空间，而且家具对他已无意义。以“这种年龄的少女的热烈气质”，她执拗地认为自己要比父母高明一些，她对哥哥的同情和怜悯到了这样一种较深的程度：“对于一间由格里高尔一个人主宰的光有四堵空墙的房间，除了格蕾特是不会有别人敢于进去的。”换言之，她对哥哥不再抱有人的希望，既然哥哥已变成了甲虫，他就配得上一间空无一物的宽敞房间。最亲近的妹妹要悉心照顾的，将是一只真正的甲虫，而非从前的哥哥——妹妹的真挚感情中包含着多少残酷的成分！

妹妹想要单独照顾哥哥的理由，似乎也站得住脚。每个人站在各自的角度，设身处地为格里高尔着想，又给他制造着新的障碍，他们的行为都是他全面变形后的产物。但有一点是清楚的，搬掉了家具，如同剥夺了格里高尔保护躯体的外壳，还有他存在的价值和美好的回忆。比如，他的安放着钢丝锯和各种工具的柜子，还有他曾在写字台上完成的商学院、中学和小学的作业……他终于忍受不了母亲和妹妹跑来跑去轻声的叫喊和家具在地板上的拖动，他冲了出去，“他换了四次方向，因为他真的不知道应该先拯救什么”，空间的改变，预示着他的移动也不再有既定的方位线索，而不得不换了四个方向。慌张中，他把那张富有性暗示意味的穿皮大衣的女士画像，藏在了身下。母亲终于看到印花墙纸上那一大团棕色的东西，她对他的身体震惊不已，嘶哑的声音大叫着，“啊，上帝”！妹妹匆忙之中，要拿香精之类的东西，想使昏厥中的母亲苏醒过来。碎掉的玻璃瓶划伤了格里高尔的脸，腐蚀性的药水也溅到了身上——搬动家具，腾出空间，剥夺他作为人的那部分既有的权利——面对这种紧急情况，他惊恐、混乱，他被深深地伤害了，“他没别的事可做，被自我谴责和忧虑折磨着，就在墙壁、家具和天花板上到处乱爬起来，最后，在绝望中，他觉得整个房间竟在他四周旋转，就掉了下来，跌落在大桌子的正中央”。

结局当然是悲惨的，他完全失去了行动方向，身体遭受重创。再说，这种空间自由的获得，并非他之所愿，而是母亲和妹妹以爱之名擅作主张，逼迫完成的。由此，他彻底变成了甲虫：“最近他太热衷于爬天花板这一新的消遣，对家里别的房间的情形就不像以前那样感兴趣了，他真应该预料到某些新的变化才行。”这个徒有人心外形怪诞的甲虫，已颠覆了既有的亲情伦理。或者说，到此为止，他已完全蜕变为了障碍物自身。属于他的空间一再被压缩，他再次退回到这个幽暗的房间，而这房间却不完全属于他——他人进出房间，打扫房间，来了钟点工或新房客等等，都会引来对他的地盘的进一步干扰和侵入。存在主义哲学家萨特的那句激愤之言，形容格里高尔此时的处境再恰当不过了，“他人，即为地狱”。他是被动的被迫的，他无法选择，他只能选择噩梦般的蜕变、沦落和困厄。

视　角

让我们再稍稍把话题扯远一点，谈谈卡夫卡这篇小说呈现的准确、冷静和清晰的观察角度。作为一位酷爱电影和舞台剧的作家，两种艺术方式的结合，使得这篇发生于家庭内部的小说，有了幽暗的舞台和一幅幅画面流畅的组接、剪辑。

一方面，叙述者以第三人称的手法，好似“上帝之眼”那般自由转换着人物关系，它属于全能全知的作者操纵的观察视角。家庭里的一个个房间的开合，一个个人物的进出，尽收眼底。另一方面，引人注目的是，卡夫卡仿佛还为主人公格里高尔凹陷的身体，安装上了一个类似于窥视功能的“暗眼”监视器，它跟随着他，冷静摄入、有条不紊、细致入微，它探测着人物的内心，留下了透视感极强的诸多心理真相，从而勾勒了一部十分完备的“电影小说”。小说的尾声，格里高尔作为甲虫从家里消失了，不动声色的镜头终于从房间，转移到了去往郊外的电车上。它是移动的长镜头，有评论者曾评价他的小说，“常常存在于卡夫卡的场景之中的经由可怕的移动了的镜头，恰恰正是‘斜置了的照相机自身’的镜头”。只不过，照相机获得了固定的瞬间，而电影镜头却是连续的、衔接的、动感的，有了要么扩张要么压缩了的鲜明节奏感。

让我们顺着格里高尔的身体移动轨迹，来梳理一遍卡夫卡的一组组“暗眼”镜头：

当他变成巨大的甲虫后，他必须仰卧。因为翻不过身来，他只能看到许多只细腿在舞动——他的自主视域受到了极大的限制，而第三人称的那个“上帝之眼”，此时则全知全能，开始360度地旋转、观察。

当他向右转动，并闭上眼睛不看那些细腿时，腰部则隐隐作痛——一旦关闭了拍摄对象，身体的痛感就格外强烈了。当他把身体挪到了床头，好让头抬起来容易些时，他看到自己的肚子上布满了白色的斑点——镜头聚焦于白色斑点，让人很容易产生恶心的生理反应。

当他屈起或弄直一条腿时，其他腿根本就不听指令地乱动，而且自行其是——甲虫的局部器官呈现，是为了身体刻画更为逼真。当他用尽力气把身体一甩时，由于无法掌握方向，撞上了床脚——处境悲惨的行为暗示了他命运的最终归宿。

当他被甩出床外，落在地毯上时，他扭着脑袋终于把头挨向地板磨蹭着——镜头处于俯视的状态，意味着他的卑微、渺小和可怜。当伏在地板上，他听到了秘书主任在隔壁房间脚步坚定地走着，漆皮鞋发出了吱嘎吱嘎的声音——由视觉转换为听觉，声音夸大了对方的强制干涉的行为特征。

当他用嘴巴转动插在锁孔里的钥匙，棕色的液体从嘴里流出，滴到了钥匙和地上——液体滴落时，移动的细部捕捉，再次强化了生理上的恶心感受。当他喝牛奶时，眼睛几乎也要浸没到盆子里去了——特写镜头，他已蜕变为比猫狗还要卑微的小动物了。

当他要偷听家人的对话时，他钻到了沙发底下——这既符合甲虫的身体行为逻辑，又把镜头推入了幽暗的地带，正如作者所言，他用忍耐和极度体谅，来协助家人克服他的行为所造成的不便。饥饿难挨的他，面对妹妹端来的残羹冷炙，他所有的腿都嗖地向食物奔去，含着满意的泪水把放在旧报纸上的东西，狼吞虎咽地吃掉——奔向食物的所有的腿，动作感很强，富有连贯性和画面冲击力。

为了锻炼日渐衰弱的身体，他养成了在墙壁和天花板上纵横交错、爬来爬去的习惯——仰角和广角镜头的结合，使之暗自疯狂的行为，尽收眼底。父亲砸向他的苹果，在地上滚来滚去，第二只打中了他的背，还陷了进去，导致他眼光的逐渐暗淡——语言清晰准确，如同特写镜头推了上去，跟定、捕捉着苹果以及爬行物，然后定格于眼睛，拍摄几乎达到了高清微距的效果。

他猜想自己让家人把他装在一只大小合适的盒子里，只留几个通气的孔眼就可以了——他的身体一直随着镜头的移动在变形，由最先的宽大到最后缩小为盒子大小的体积，仿佛镜头也跳进了盒子里，丈量和勾画他病体的大小，并通过孔眼来完成聚焦和透视。他最先仰望穿皮衣的贵夫人的画像，后来听到妹妹拉小提琴，他企图爬到她的肩膀上吻她的脖子——这样的仰角摄入，与他卑躬屈膝的身体之间形成了强烈的空间张力，暗示了他对异性的爱与渴望，卑贱又疯狂。

老妈子用长柄扫帚使劲捅他，他没有任何抵抗，然后她把尸体远远地拨到了一边，中景镜头——使用扫帚这一工具，意味着甲虫体积越来越小，病痛和饥饿使身体变瘦、变轻，他像房间角落里一小堆垃圾那样被随便丢弃了。并非亲人而是粗鲁凶悍的老妈子来处理的，镜头再次拉开，我们看到三个房客双手插在不太体面的上衣口袋里，围观着他的尸体，而房间的光线已经大亮——镜头处于房客的身后，抬起，升高，移动。它冷静记录了格里高尔毫无尊严的最后形象，却无任何尸体细部的描述或主观议论。这个身后逐渐升起的镜头，扩展了视域和想象的空间，预示了人们终于得以解脱的欣慰与极度的冷漠。

小说结尾，画面不再灰暗。房间大亮，画面明朗，好像由低照度转为了强光灯。走出房间来到大街上，长镜头远远地跟随着电车中的一家三口，最后定格于妹妹富有青春活力的跳舞动作上——云开雾散，格里高尔以自我牺牲的善良行为，把全家从阴霾中拯救出来。以他的消失为代价，终于换来了家庭的安宁和新的生活。他的身体是丑陋的、痛苦的，但又是无辜的、纯洁的。卡夫卡要把这冷酷的长镜头，一贯到底。

至此，一幕家庭舞台剧，由于电影技巧的参与，使得场景的转换、衔接、起落、高潮、收束，自然流畅，水到渠成。同时，作为深入房间和内心的双重功能的运用，“暗眼”镜头捕捉、探测着人物关系的隐秘真相——它来自卡夫卡那双忧郁清澈的慧眼洞察，也得益于他对弗洛伊德精神分析学说的独到理解。对卡夫卡来说，每个字、词、句式，都要长着敏锐的触角。

疼　痛

在好友布罗德看来，卡夫卡久病成医，他对任何健康的受损情况都十分敏感：“身体上的任何一种缺陷都使他烦恼，比如头皮屑或便秘或一个未曾完善发育的脚趾。对药物和医生他都不信任——他要求自然本身重新建立平衡，一切不自然的方法他都鄙弃。”久病不愈的卡夫卡，开始相信素食和自然疗法。由此可以得出这样的结论：伴随着疾病，《变形记》是卡夫卡所作的身体隐喻的一次尝试。

身体像试纸，浸于疼痛，使之随时可以在应激反应中发生变化。多年后，患重病的卡夫卡给女友密伦娜的信中写道：“我的不幸在于我把一切人——当然首先是那些我认为是出色的人——都看成好人，我的理智和心都叫我这么去看（现在进来了一个人，吓了我一大跳，因为我正在自言自语，做出表达这些观点的表情），只有我的身体不知怎么让我无法相信他们（在必要的情况下）真的会变好。我的身体感到恐惧，宁可慢慢地爬上墙去，也不愿等待那就此意义而言真能拯救世界的考验。”在这封信里，他再次重现了早年《变形记》中那个“慢慢地爬上墙”的甲虫隐喻。卡夫卡似乎早就有了这种一语成谶的预言能力——它是作家以自己的身心为观察对象，所进行的求医问诊的真切体验。

在肺结核病还缺少根治手段的年代，一个身染肺病的人，对于人情冷暖、世态炎凉的省察和审视，因其格外敏锐、直接和犀利，尤其对暗藏于友情亲情的伪善背后的那部分，因之不留情面而格外触目惊心——基于善良，先前他愿意把身边的人看成好人，尤其是那些比较出色的人，而这正是他个人不幸遭遇的社会环境根源。考虑到卡夫卡是一位善于修辞的作家，上述观点，虽然有愤世嫉俗的夸张成分，这夸张，或许来自自我认知与社会评价之间的差异。换言之，卡夫卡在小说中还表现了这样一个主题：自从格里高尔变成了甲虫，他的悲剧就已注定——虽然已非人类，已非家庭成员，但他还想做个好儿子、好哥哥、好职员。不幸的是，家人、同事、女佣乃至房客们，坚决不再把他看作同类。这种双方认知的差异越拉越大，以致一方坚决不愿放弃做人的权利和一方坚决拒绝他做人的权利之间，鸿沟巨大，冲突不断。双方任何一次小心翼翼的试探或明目张胆的争斗，都会徒增对方的痛苦，直到不可收拾，不得不以悲惨的解脱方式告终——疼痛来自父亲的致命一击，疼痛又是变形后的焦点。

自从变形以来，作为儿子，原本就诚惶诚恐的格里高尔，最担心父亲终有一天会愤怒爆发："格里高尔现在必须设法使父亲息怒，因为他既来不及也无法替自己解释。因此他赶忙爬到自己房间的门口，蹲在门前，好让父亲一进来便可以看见自己的儿子乖得很，一心想立即回到自己房间，根本不需要赶，要是门开着，他马上就会进去的。"儿子"乖得很"，他的温顺，来自变形后的自我谴责和自我抑制，他生怕动辄得咎，引来进一步的惩罚。如果说在母亲和妹妹面前，他还有些许的放任和可怜的自尊的话，那么在一向严厉的父亲面前，他则时刻保持着警觉、清醒，乃至被动挨训的状态，以便逃避可能的惩罚。因为他知道，委曲才能求全，小心翼翼才能苟延残喘。

身体变形后，父亲也被衬托得更高大了。这一方面是由于格里高尔失去了工作职位，为了生计，父亲不得不外出找了一份银行杂役的差事，另一方面，自从变成了甲虫，他那能爬行的身体，用不着自我矮化，也分明觉察到了自己跟父亲之间，身体比例的巨大反差。父亲“把脚举得老高，格里高尔一看到他那大得惊人的鞋后跟，简直吓呆了”。鞋后跟的特写，完全符合甲虫的视角。它还让人很容易联想到卡夫卡在《致父亲的信》中，谈到自己童年对父亲身体的描述。父子的形象和力量对比，不言自明。父子的人格强势和弱势，反差强烈。为了强化无法上班的格里高尔的自我谴责，他借助于父亲这面镜子，映照出自己深深的自责和自卑：一个从前疲惫不堪的病恹恹的老父亲，此时，身子却笔直地站着，穿着有着金色纽扣的漂亮蓝制服，而非从前习惯了的睡衣。老父亲的眼睛也变得咄咄逼人了，乱蓬蓬的头发而今也一丝不苟地分开了。双方的形象和地位发生了逆转，“他知道从自己新生活的第一天起，父亲就是主张对他采取严厉措施的”。“因此，他就在父亲的前头跑了起来，父亲停住他也停住，父亲稍稍一动他又急急地奔跑。就这样，他们绕着房间转了好几圈，并没有真出什么事；事实上这简直不太像是追逐，因为他们都走得很慢。所以格里高尔也没有离开地板，生怕父亲把他的爬墙和上天花板看成是一种特别恶劣的行为。可是，即使就这样跑着他也支持不了多久，因为他父亲迈一步，他就得动好多下。他已经感到气喘不过来了，他从前做人的时候肺也不太强……”

他恍惚回到了童年父子猫捉老鼠般彼此追逐的场景里了。如果不是病痛，这样的场景还难以再现。正是如此重现，还原了父子之间有关权力冲突和争斗的真相。而且，这个真相还分明包含着几分戏谑的成分，追逐时，“因为他们都走得很慢”——这个“慢”，是双方的有意为之，还是一个苍老的身体一个疼痛的身体使然？一个老人和一只甲虫的追逐，也许不能称之为追逐，它更像是双方达成了某种默契的故意放慢了节奏的游戏，使之看上去荒诞又可笑。因为双方都懂得，一旦身体得以接触，后果就将不堪设想。只有隔靴搔痒式的你追我赶，游戏才能继续下去。与其说这是卡夫卡的叙事策略，不如说是父子之间争夺话语权的默契规则。甲虫的身体，变成了烫手山芋般的禁忌之物。它的反证是，除非儿子彻彻底底地变成了甲虫，在已往正常的日子里，日渐苍老的父亲怎么可能去追逐、呵斥一个勉力工作养家糊口的儿子？一切都在他变成了甲虫之后，扭曲和变形了。

并非儿子要重拾童年记忆，而是父亲要把他驱赶到那个“围猎场中”。在那里，父亲代表的威权可以继续把控下去，正是儿子自我抑制，才保证了角色的纯粹。由成人、到童年、到动物，这样的“返祖现象”象征了异化——卡夫卡重复着在其他小说中屡次出现的“畏父与审父”的主题。如果说儿子“变形”有罪，父亲的追逐和拿苹果去砸虚弱不堪的儿子，则是一种恶行。换言之，儿子的逆来顺受，看上去更像身负某种无法救赎的原罪，而父亲的冷酷无情，则扼杀了这种救赎的可能。儿子必须让父亲呈堂审判，这样，儿子也可以对审判的父亲进行判决——这是一个可以不断循环下去的闭合循环。写完这篇小说之后，1919 年，卡夫卡在《致父亲的信》中强化了这一主题。信的末尾，他把儿子对父亲的抵抗，比作了“虫豸的斗争”，“虫豸不仅蜇人，而且同时也以吸血维持自己的生存”。

“一只扔得不太用力的苹果轻轻擦过格里高尔的背，没有带给他什么损害就飞走了。可是紧跟着马上飞来了另一只，正好打中了他的背并且还陷了进去；格里高尔挣扎着往前爬，仿佛能把这种可怕的莫名其妙的痛苦留在身后似的；可是他觉得自己好像被钉住在原处，就六神无主地瘫倒在地上。”这是一幅画面感极强的惊悚画面，父亲终于出手了，以几只苹果的打击效率，完成了对儿子的迫害。儿子的背部如此脆弱，完全没有了闪躲能力，只能“陷”进痛苦的兀自挣扎之中。

他疼痛到了怎样的程度？此时，另一面镜子出现了，通过母亲的一系列行为反应，衬托了瘫倒在地的儿子遭受的折磨——“母亲抢在尖叫着的妹妹前头跑了过来，身上只穿着内衣，她女儿为了让她呼吸舒畅缓过气来，已经把她衣服全解开了，格里高尔看见母亲向父亲扑过去，解松了的裙子一条接着一条都掉在地板上，她绊着裙子径直向父亲奔去，抱住他，紧紧地搂住他，双手围在父亲的脖子上，求他别伤害儿子的生命——可是这时，格里高尔的眼光已经逐渐暗淡了。”粗暴的父亲、几乎发了疯要保护儿子的母亲和默默承受的儿子，构成了这个家庭分崩离析的惨状。父亲不能容忍儿子，妻子不能容忍丈夫，儿子不堪忍受痛苦。

“格里高尔的眼光已经逐渐暗淡了”，眼光的暗淡，既有病痛折磨的木然之感，还分明暗示了生的希望的泯灭。格里高尔原本指望依靠亲情，可以拯救他的未来生活。此时，几无可能。他所能做的全部挣扎，不过是在被隔离的昏暗中，忍受，再忍受。在完成这篇小说之前，针对孩子的成长和教育，卡夫卡就曾直言不讳地写道：“我一直觉得父母是迫害者。”那暗淡的眼光，当然还隐含着不满和悲愤。

忧　伤

甲虫不会忧伤？不如说，甲虫的忧伤无法传递给人。

卡夫卡赋予这只甲虫以忧伤的内心，而且，他的忧伤同样无法传递给他的亲人们，否则他的父母、妹妹和同僚们不至于如此冷酷吧？它是真正的忧伤——无法交流沟通，无人可以倾听的痛苦，岂止忧伤二字？简直是无以名状的悲伤了。尤其小说的第三部分，我们读到了无处不忧伤的文字段落，从而影响和渗透到了此前已读的篇章里，它是《变形记》挥之不去的独特气质。

格里高尔身受重创，仍然以他的善良，牵挂着这个家的每个人。他已成年入职，他以为他是家里的生活来源和顶梁柱。病后，他仍希望在彼此平和的心态下，自己还能稍稍享受到家的温暖："格里高尔所受的重创使他一个月不能行动——那只苹果还一直留在他身上，没人敢去取下来，仿佛这是一个公开的纪念品似的——他的受伤好像使父亲也想起了他是家庭的一员，尽管他现在很不幸，外形使人看了恶心，但是也不应把他看成是敌人，相反，家庭的责任正需要大家把厌恶的心情压下去，只能是耐心，别的都无济于事。"这些话，是儿子劝慰自己还是在安慰亲人？它表明父亲真的悔过，还是儿子的善良天性使然？事已至此，他仍以家庭和睦为己任，为他人设身处地着想着。自从变成了匪夷所思的甲虫以后，乃至遭受了那只苹果的袭击不能取下来，这个"公开的纪念品"，他总试图以几近自我贬抑、自取其辱的伤者的形象，来唤回亲人仅存的一点怜悯和同情——他想，也许只有受伤才能让父亲想起“他是家庭的一员”吧？既然甲虫代表了被侮辱、被损害、异化了的形象，而一只受伤的甲虫所遭受的足够多的折磨和惩罚，仍不能挽回他被亲人们抛弃的命运？

伤心的是，他早已不是家庭的一员了。先前家里人害怕他、躲避他和提防他，但此时却发生了变化，这变化看似稍感安慰，而实际上家人已经把他彻底当成了可有可无之“物”了：“可是，在他看来，他的受伤还是得到了足够的补偿，因为每到晚上——他早在一两个小时以前就一心一意等待着这个时刻，起居室的门总是大大地打开，这样他就可以躺在自己房间的暗处，家里人看不见他，他却可以看到三个人坐在点上灯的桌子旁边，可以听到他们的谈话，这大概是他们全都同意的，比其早先的偷听，这可要强多了。”

他躲在暗处，在他们看不到的地方，听到父母和妹妹坐在桌子旁的谈话也已心满意足了。那是晚饭后属于一家人的温馨时光，自从他不能上班之后，因当了银行杂役，六点钟就要上班的父亲，已累得打起了瞌睡。母亲为一家时装店做针线活儿，换点零花钱补贴家用，妹妹则当上了售货员，还学习速记和法语。他这个从前家里的顶梁柱彻底沦为了寄生虫，他们不得不为生计而劳碌、奔忙。无论如何，这是他不愿看到又不得不面对的难堪现实。

“你今天干了这么多针线活呀！”父亲醒来又睡去的一句话，换来了母亲和妹妹“疲倦的笑容”。家庭的“变形”还在继续着，他的自我谴责愈加强烈了，尤其看到原本威严粗暴的父亲，而今竟然穿了整整齐齐的银行制服，坐着坐着就睡着了，“好像随时要去应差，即使在家里也要对上司唯命是从似的”，他禁不住同情起父亲来了，父亲迫于家计的窘迫而变得越来越疲惫、苍老和可怜了。纽扣擦得金光闪闪的外套上，还隐现了一摊摊的油渍。穿着邋遢，分明是日常习惯和自理能力很差的暮年写照。临睡前，父亲还得由母亲和妹妹，“两个人搀扶着挣扎站起来，仿佛自己对自己都是一个沉重的负担，”父亲嘴里不断嘟囔着：“我过的是什么日子呀。这就算是我安宁、平静的晚年了吗？”说者无心，听者有意。父亲与其说是自言自语，还不如说他是对儿子隐含了不满和抱怨。因为那个躲在房间的暗处，不断自责的儿子，不可能不在乎父亲的一言一行。更何况这个儿子已丧失了养家糊口的能力，且给家庭带来了这么大的变故和难堪局面，因而格外脆弱、虚弱。

家庭的每个细小的变故，似乎对他都形成了“谴责”的外在压力。家里的女佣辞退了，一早一晚只能由老妈子钟点工来做，母亲和妹妹的首饰也变卖了，“世界上要求穷人的一切，他们都已尽力做了。父亲在银行里给小职员买早点，母亲把自己的精力耗费在替陌生人缝内衣上，妹妹听顾客的命令在柜台后面急急地跑来跑去，超过这个界限就是他们力所不及的了。”这一切，他看在眼里，急在心上，却越来越无能为力。搬家的动议正在进行中，但他们想不出有什么办法能搬得动格里高尔，因为他的身形忽大忽小，轻重不定。面对搬家的动议，他此时做何感想呢？“他们满可以把他装在一只大小合适的盒子里，只要留几个通气的针眼就行了。”然后，他又否定了这个自我哀怜的想法，因为并非经济状况变糟，而是他们交上了“亲友们都没交上的厄运”，才无力迁往他处——这个倒霉的厄运，自然还是格里高尔的变形才使一家人陷入了如此的绝望。经济状况或许还可以改善或维持，而变形所带来的心理影响，则无论是谁都无力改变的。并且，母亲和妹妹只有把父亲送上床去睡觉，关了格里高尔的房门，躲着这家里的两个男性，才脸挨着脸，涕泗交流地痛哭起来。作为本应保护弱者的格里高尔，作为儿子和哥哥，他如何不满怀忧伤？让人心痛不已的是，明明他已变成了甲虫，却仍想坚持承担人的责任和义务，走出家门，“有一个想法老是折磨着他，下一次门打开时，他就要像过去那样重新挑起一家的担子了”。老板、秘书主任、旅行推销员、练习生、听差、朋友、乡村客栈的侍女、女帽店的出纳……他又回忆起从前职场时光里的各色人等，但这些人大多有着冷冰冰的面孔，帮不了他和家庭多少忙。他要知其不可为而为之，在这样一个几乎幽闭的空间里，被囚禁的身心，仍渴望着挑起一家人的生活重担。

随便扔点什么东西给格里高尔吃；任凭房间里的灰尘和脏东西越积越多；因为打扫房间多用了几桶水，潮湿的环境让他狼狈不堪；父母和妹妹围绕打扫他的房间大吵大闹；老妈子用嘲讽的口吻辱骂他老屎壳郎；家里新来的三个房客享用着客厅就餐，而家人不得不去厨房吃饭；房客们拼命往自己肚子里塞东西，而无牙齿的格里高尔快要饿死了……这些变化越来越多，都在加深、加快着格里高尔生存的危机感。让他更为难过的一件事还是发生了：某天，三个房客让妹妹拉小提琴消遣，他也悄悄爬了过去，“把头低垂在地板上，希望自己的目光也许能遇上妹妹的视线”。他以卑微得不能再卑微的姿态，谦恭地把头垂在地板上。他或许相信，兄妹之间尚存的爱的力量，足以战胜障碍和尴尬，赋予他和妹妹以交流的勇气。而且，“他决心再往前爬，一直到妹妹的跟前，好拉拉她的裙子让她知道，她应该带了小提琴到他的房间里去，因为这儿谁也不会像他那样欣赏她的演奏”。拉拉她的裙子，这个让人心酸的细节，他几乎俯在地上，臣服于妹妹，像宠物乞求主人的恩准和垂青一般。他以为，在这个家里，唯有他和妹妹的情感最为真实可靠。他是她真正的知音，妹妹也能担待得起他的这份信任——不幸，他的希望再次落空了。

他想象着，他唤回了与妹妹在一起的美好时光，他终于说出了积蓄在心底的愿望，不但小提琴的声音要属于他，妹妹也永远不要离开他。只有这样，他才觉得哥哥这个角色存在的意义，“他永远也不让她离开他的房间，至少，只要他还活着；他那可怕的形状将第一次对自己有用；他要同时守望着房间里所有的门，谁闯进来就啐谁一口；她妹妹当然不受任何约束，她愿不愿意和他待在一起那要随她的便；她将和他并排坐在沙发上，俯下头来听他吐露他早就下定的要送她进音乐学院的决心，要不是他遭到了不幸，去年圣诞节——圣诞节准是早就过了吧？——他就要向所有人宣布了，而且他是完全不容许任何反对意见的。”如果说，职场中长期的疲于奔命，不得不应付那些冷面人，是为了自己和家庭的话，那么，已病入膏肓、有着可怕形体的他，此时，说出要凭借一己之力送妹妹去音乐学院就读的愿望，则让人潸然泪下。他不知道他已丧失了这样的能力，仍停留在过去的生活和情感之中。令人动容之处还在于，卡夫卡细腻地刻画了这个已不存在的温馨场景：哥哥和妹妹并排坐着——小时候的时光；他俯下头——谦卑的哥哥爱护着妹妹；他不知道圣诞已过——长期房间幽禁的结果；不容许任何反对意见——已被冷落被鄙视了太久，他要自证其仍有存在的价值；听了他的倾诉以后，妹妹会感动得热泪纵横，他要爬上她的肩膀去吻她的脖子——有西方评论者认为，这个细节是卡夫卡受弗洛伊德精神分析学说的影响，描述了一种类似“血亲相奸”的乱伦念头，却不如说，它是现实中无法满足的愿望的梦境补偿和再造。在渴望的对象面前，他卑躬屈膝，甘为奴仆。只有丧失了主动示好的可能，他的潜意识里才会完全不顾丑陋的形象，试图去亲吻妹妹的脖子。

三个房客看到格里高尔出现，当场表示要退房租，而妹妹的演奏不得不戛然中断。面对饥饿、恐慌和失败的哥哥，妹妹突然冷酷地当众宣布道："对着这个怪物，我没法叫他哥哥，所以我的意思是：我们一定要把他弄走。我们照顾过他，对他也算是仁至义尽了，我想谁也不能责怪我们有半分不是了。"到此为止，一个要送妹妹去音乐学院就读的哥哥，与一个要赶走哥哥的自私的妹妹所形成的强烈反差，已昭然若揭。这就是亲情的真相，家庭的隐秘？起因不过是他要听听妹妹的演奏，而房客们以为他有碍观瞻，挑剔于他的无礼而已。其基本逻辑是——他妨碍了房客，房客们要退租；退租威胁到了家人的生存，妹妹则来恫吓他。亲人尚且如此，何况他人？他真的成了他们不幸的根源？一旦被赶出家门，他们庆幸他的消失吗？答案是肯定的。

口无遮拦的妹妹，继续劝导犹豫中的父母道："这怎么会是格里高尔呢？如果这是格里高尔，他早就会明白人是不能跟这样的动物一起生活的，他就会自动地走开。这样，我虽然没有了哥哥，可是我们就能生活下去，并且会尊敬地纪念着他。可是现在呢？这个东西把我们害得好苦，赶走我们的房客，显然想独霸所有的房间，让我们都睡到沟壑里去。"卡夫卡为格里高尔的妹妹设定了一番天真的猜想，并由此进一步证实了格里高尔的善良和妹妹的无辜。他不是真实的格里高尔，他只是变异了的替代物。妹妹把母亲的座椅往外推，又跑到父亲的背后，试图以母亲被冒犯，来寻求父亲的保护，以此躲避哥哥的怪异行为。格里高尔有何感想呢？一家人被他吓到了，他也被刚才乱了阵脚的一家人吓住了。听罢妹妹还有几分道理的发言，他顾不得兀自悲伤，他所能做的选择就是不做选择，被动等待着他们的宣判，“他很害怕，心里算准这样极度紧张的局势随时都会导致对他发起总攻击，于是，他就躺在那儿等待着”。等待什么呢？等待那个“总攻击”时刻的到来？极有可能。亲人不得不对亲人痛下杀手了。世上还有比这个更为哀恸的残忍之事吗？之前，父亲的那只砸来的苹果是因由，也是预演，而后，病痛和饥饿的折磨，亲人的无情冷落，则加速了他的离场。

消　失

“我们一定得把他弄走。”“我们一定要把他弄走。”“他一定得走。”

在不同的段落中，妹妹重复了三次她的看法。父亲附和着，母亲无奈地接受着。最后的结局即将来临，他不得不消失。消失之前，卡夫卡还是作了一番细致的文字铺垫——格里高尔的身体越来越衰弱了，每次转身都很麻烦。“他只有昂起头来一次又一次地支着地板，才能完成困难的向后转的动作……只有在爬到门口时他才扭过头来，也没有完全扭过来，因为他的颈部肌肉越来越发僵了。”

妹妹再次充当了审判者的角色，他还没有完全进入房间，门就被她仓促地推上，并闩了起来，还上了锁。她朝父母大声喊道：“总算锁上了！”黑暗的房间，就像死神的一次次有意地布置。经过那么多折磨，他都一一接纳了，承受了。此时，“他整个身子都觉得酸痛，不过也好像正在逐渐减轻，以后一定会完全不疼的”。这段文字极富暗示性，疼痛逐渐减轻，直到完全不疼了，意味着身体的衰弱已到了失去感知能力的程度。它表明，格里高尔的命运正在急转直下的突变中。并非伤愈后彻底恢复了健康，相反，他的身体只有不疼了，解脱了，才会如此这般——是时候了，死神的阴影越来越迫近了。

“他背上的烂苹果和周围发炎的地方都蒙上了柔软的尘土，早就不太难过了。他怀着温柔和爱意想着自己的一家人。他消灭自己的决心比妹妹还强烈呢，只要这件事真能办得到。”之前，他一直被动地接受着病痛的折磨和家人的冷落、鄙视，此时，他的身体接受了死神的强烈暗示，他才算主动选择了一次，“他认为自己必须消失的这个看法可能比他妹妹的意见还要坚定”。谁愿意消灭自己呢？只有对这个世界彻底失望的人，才会对自己痛下决心自戕。或者说，格里高尔已知道时日无多，因为他完全感受不到身心的那种“难过”了，它包含了这样一种身体逻辑：只有疼痛才有意义，失去疼痛则没有意义——身体是尖锐的、完备的、可以感知的，疼痛则是它们的前提。

他仍自我克制，以德报怨，丝毫没有责怪家人的意思。他是甲虫，却有一颗赤子之心。他觉得自己给家人带来了太多的麻烦和不幸，只有悄无声息地自我了断，才配得上对家人“怀着温柔和爱意”。而活着的艰难，也会很快转化为临死前的安详：“他陷在这样空虚而安谧的沉思中，一直到钟楼上打响了半夜三点。从窗外的世界透进来的第一道光线又一次地唤醒了他的知觉。接着他的头无力地颓然垂下，他的鼻孔里也呼出了最后一丝摇曳不定的气息。”陷入了沉思、唤醒的知觉、垂下的头、呼出的一丝气息，这是一段极其节制、内敛的文字，不是永不再见的告别的悲痛渲染，倒像是完全松弛之后的释然和解脱。死，对于格里高尔而言，终于脱去了人生沉重的枷锁，仿佛去迎接世界的“第一道光线”那样，他与家人、与这个世界最终达成了和解？

写完《变形记》后，卡夫卡抑制不住内心的激动，立刻写信告诉女友菲丽斯，说格里高尔："相当安详并且和所有人言归于好地死了。"大概只有死亡，才能抵消他生前的一切不幸，家人亦为之庆幸。消失，是这样一种力量——它足以逃避、覆盖和抹平一切。离开与他人的争斗，告别残酷的险境，从此一去，杳无音信。死神，替格里高尔完成了梦中最后的胜利——不再和父亲、妹妹、作为胁从者的母亲明争暗斗，纠缠不休。他先于他们消失于永恒之黑暗，归隐于那个最先的来路。他也替妹妹嫌弃自己的"三段话"，完成了判决——它像某种出于爱的讽刺性的圆满判决吗？他以死挣来的一家人足可安宁的"财富"，一家人凭此前来兑换那解脱、释然和自由？一如他生前为了生计奔往职场，死时他仍履行着自己的义务？格里高尔这"消失的艺术"里，是否还隐含着某种自鸣得意的不合作的骄傲？所有这些，没有答案。

格里高尔身后的"变形"，还在继续着。他的消失的影响力，仍在扩大中。空气里似乎还漂浮着他那双暗淡的幽灵一样的眼睛，他注视着家里发生的一切，并加以揣摩和理解。他们的行为举止，也是他死后的处境反馈。老妈子先是以为格里高尔在装死，然后用长柄扫帚拨撩和粗鲁地捅他。她睁大眼睛，毫无同情心地吹口哨，然后朝格里高尔的父母大声叫嚷着："你们快去瞧，它死了；它躺在那儿蹦腿儿。一点气儿也没有了！"身后的格里高尔仍不得安宁，在此，卡夫卡第一次使用了"它"这个称呼——让他彻底变成"它"，变成佣人都可以鄙视的、随意处置的"物"。

听到儿子死讯后的萨姆沙夫妇和其他人，有着怎样反应呢？呆若木鸡，并没有过分剧烈的反应。"死了吗？"妈妈怀疑地望着老妈子，问了这么一句不带任何感情色彩的话。老妈子则用扫帚柄，把格里高尔的尸体拨到一边去。母亲要阻止老妈子的粗鲁行为，但又忍住了。爸爸则说，“让我们感谢上帝吧”，言辞中明显有着庆幸和感谢的成分。只有妹妹格蕾特的话多一些，并带有情感成分，也符合她少女一贯的率真：“瞧他多瘦呀。他已经有很久什么也不吃了。东西放进去，出来还是原封不动。”此处，卡夫卡仍保留了“他”这一人称，这是有意为之。我猜，只有保留了这样的人称，才能让妹妹的诀别词，有了一丝丝人间的温情。妹妹强调了他什么东西都不吃，是为一家人开脱的客观理由？抑或，再次强化了格里高尔最终属于“自我消失”，从而开脱了一家人应负的责任？

此时，妈妈也带着“忧伤的笑容”，招呼一家人到卧室里去了。亲人去世，无论如何，她仍带有解脱之后真真切切的笑容，尽管她是忧伤的，属于母亲的忧伤。待到一家人再次走出房间，“他们看上去有点哭过似的”。这里，卡夫卡既不肯定也不否定这“哭”，可见一家人的心境至少不那么悲痛了。它的潜台词是，他们似乎也不能肯定这是死了一只甲虫，还是死了一个人——作为儿子和哥哥的格里高尔的死，哭过之后，已经无足轻重。

儿子死后，带来了经济状况的改善。父亲不再谦卑有加、毕恭毕敬地对待三个房客了。父亲必操胜券的一贯威严，重又“变形”归来了——“目前最能改善他们情况的当然是搬一个家，他们想找一所小一些、便宜一些、地址更适中也更易于收拾的公寓，要比格里高尔选的目前这所更加实用。”眼下，父亲正在恶狠狠地对付这三个蛮横无理的租房房客，并对他们宣布道，“马上离开我的屋子！”而房客，跟先前的父亲完全调了个儿，成了另一副嘴脸，他们不再一边大嚼着土豆烧肉，一边吆五喝六地指使家人干这干那。

他们谄媚地笑着，谦卑地望着地板。瞬间变脸，好像家庭内部的小丑或幽灵，说出现就出现，说消失就消失了——此乃金钱角力带来的人际关系的再次逆转："在门厅里他们三人从衣钩上拿起帽子，从伞架上拿起手杖，默不作声地鞠了个躬，就离开了这套房间。"

三个房客是卡夫卡在小说中设置的一个隐喻，它起到了关联和纽带的作用。需要他们与格里高尔的忍饥挨饿作对照、需要与家人的窘境作对比、需要与格里高尔的消失作配合时，三个房客恰逢其时地出现又消失了——某种神秘的幽暗的势力，与格里高尔的虚弱不堪之间，形成了巨大的反差和想象的张力。三个房客或许象征了世俗规则、社会势力和金钱关系诸如此类。总之，他们也在变形，也在配合着家人完成对格里高尔的无情判决。他们的消失，"让家人仿佛卸掉了一个负担似的"。它既是金钱上的，也是精神上的解脱。对于家人来说，只有作为外人的房客们也消失了，不再具有提醒功能，格里高尔的阴魂似乎才会散去。

对儿子判决的尾声，还在拉长。家里人"决定这一天完全用来休息和闲逛"，有点刻薄的说法是，它变成了格里高尔消失的"主要成果"。他们分别要写三封请假信，父亲写给银行管理处，母亲写给她的东家，妹妹写给她的公司。所有人似乎都变得轻松起来了，老妈子站在门口笑个不停，甚至没法把话顺顺当当地说完，"哦，这么回事，你们不必操心怎么弄走隔壁房里的东西了。我已收拾好了"。她用"东西"指称格里高尔，佣人的恣意妄为并未引得家人的反感，相反，佣人的放肆，往往是主人的默许和纵容。母亲和妹妹重新低下头故意装作没听见，继续写信，一副伪善的模样，父亲则用手阻止了佣人继续说下去。关键时刻，还是父亲的独断专行起到了作用，他严肃地宣布，"今天晚上就告诉她以后不用来了"。老妈子的消失，预示着格里高尔残存的那点阴影也不复存在了，彻底清空了。经济负担没了，精神负担也没了。仅有的一点愧疚，说不清是对老妈子还是对格里高尔的，此时，母亲和妹妹拥抱在一起，彼此安慰着什么。父亲适时地阻止了她们想要沉浸于往事之中的企图，他希望她们从此可以专心照顾和安慰日渐衰老的自己："来吧，喂，让过去的都过去吧，你们也想想我好不好。"

生活还要继续，它前行的逻辑十分强大。他们遗忘了先前的不幸，好像遗忘就是最好的拯救。因此，当生活重现曙光，为他们敞开新的可能时，他们的欢欣，不就是一家人，尤其是死去的格里高尔盼望已久的？他们离开了公寓，乘上电车出城到了郊外，车厢里充满了阳光。他们谈起了工作，谈起了搬家，还有新的梦想新的打算。父母很快发现，经历了忧患，脸色苍白的女儿，现在已出落成身材丰满的美丽少女了。快到旅途的终点，女儿舒展着青春活力的身体，跳起舞来了。生死循环是必然的、必需的。形体恶心丑陋的格里高尔，终究被美丽的少女格蕾特替代，不幸衰败也被青春活力替代，无望被希望替代——格里高尔消失之后的空房间，也终将被一代代读者的丰富想象替代。

1912 年 11 月 17 日开始创作前，作为一名电影爱好者，卡夫卡刚刚看了一部电影《奇异的昆虫》。其实，甲虫的形象早在 1907 年卡夫卡的《乡村婚礼筹备》中已经出现。很难说这部电影没有对《变形记》产生过影响。饶有趣味的是，卡夫卡先后写给两位女友的信中，都提及了《变形记》的写作情况。

他非常看重自己的这篇小说，11 月 23 日在给菲丽斯的信中写道："夜已深，把我的那个小故事先放在一边，这个故事我已经两个晚上没有再去写，在宁静中它已经开始扩大和生长。我又怎能把它送给你阅读呢？即使是在完成之后。……我想为你朗读。对，那该多好。为你朗读这样一个故事，同时强制性地必须握住你的手，因为这个故事有一点点令人害怕。它的名字叫做《变形记》。”

差不多十年之后，1921 年 10 月，卡夫卡在给恋人密伦娜的信中，又一次提到了甲虫。只不过这一次，爱的来临，似乎也使这只甲虫稍稍有了力量感。此时，尽管卡夫卡已经知道自己的肺结核病无药可医，病入膏肓，但看到了眼前这只甲虫，他感同身受般地不再彻底绝望了。信中描述的甲虫，正在与死亡的威胁做着斗争。无论如何卑微，它仍旧有着自己的生存智慧和勇气："不管怎么说，写作总是好事。我的心情也比两小时前拿到您的信躺在外面躺椅上的时候安宁些了。当时我卧在躺椅上，离我一步之遥的地方有一只摔了个底朝天的甲虫，正在绝望地挣扎着，翻不过身来。我愿意帮它一把。帮它倒很容易，只要跨出一步，用脚尖碰它一下就行，但是您的信使我忘记了它的存在，我也站不起来，直到一只壁虎出现才使我又注意到自己身边的这个小生命。壁虎爬的路正通向甲虫那儿，甲虫则一动不动，我想：这不是遭难，而是在同死亡做斗争，是天然的动物装死的罕见景象。当壁虎从它身上擦过时，顺带地使它翻了个身，它仍然一动不动地趴了一会儿，然后突然竭尽全力地沿着墙爬了上去。不知怎的，我好像从中又汲取了一点勇气，于是站了起来，喝了牛奶，便开始给您写信。”

2014 年 5 月 1 日

2016 年 8 月 31 日

大鬼附身，小鬼效劳
——读《乡村医生》

两 个 国 王

好小说常读常新，《乡村医生》无疑是卡夫卡最精彩的短篇小说之一。

小说完成于1916年11月至1917年9月这个时间段，也就是卡夫卡继1912年、1914年之后的第三个创作高峰期。城区的喧闹分散了他写作的注意力，他决定离开父母的住房，再次外出租房写作："夏天时有一次我和奥特拉去找房间，我不再相信有真正安宁的可能，但还是去找了。我们在郊区看了一些房间，我一直在想不管随便哪个角落的一个老房子里，只要有一个安静的洞可以平和地舒展四肢便可。没有，没有找到想要的。只是好玩，我们开始在小巷随便问问。有了，一间小屋将在十一月份出租。奥特拉和我一样也想寻求安静——按照她自己的方式，马上她就产生了想租这间小屋的愿望。"

卡夫卡和妹妹奥特拉在黄金巷N22号，找到了这处带有阁楼的住房。它由一个房间和一个小厨房组成。卡夫卡写道，"起初有许多缺陷，我没有时间一一叙述其间的变化。今天它已经完全符合我的想象和要求。”房子虽小，但周边的自然环境让他十分满意。他告诉女友菲丽斯，这个小巷有“美丽的山路，宁静的处所，与邻居之间只有一道很薄的隔墙，而邻居足够安静；我带晚饭上山，在那里通常会待到半夜；回家的路还有优越性——结束写作，然后在这段路上可以清醒一下头脑。那里的生活不同一般，门后面的世界不是一间房，不是一套公寓，而是封闭了的整座小屋；出门就走进寂静小巷的雪地。”

今天的黄金巷，已经是布拉格著名的旅游景点，世界各地的卡夫卡迷们穿过皇宫广场，需要排队买票进入参观。作为来此朝圣的络绎不绝的卡夫卡迷之一，2012 年 8 月的一天，我得偿所愿，站在了黄金巷的巷口。就像卡夫卡当年租房时所说的，“它已经完全符合我的想象和要求”。比对当年的老照片，黄金巷已经修葺一新，很难寻觅到旧时的调调。一如我们常说的一句俗话，睹物思人，物是人非。同行的伙伴一路上笑我的执着和痴迷，岂不知卡夫卡在我心中的位置和分量？自少年时代第一次接触他的文字之后，中间隔了三十年的岁月，我对他的人生和文学，愈加崇敬有加。多少人到布拉格来，就是为了他们心中的文学偶像？生前卡夫卡曾谦逊地说，“我是布拉格的赝品”。但布拉格如果没有卡夫卡，它的魅力不知要逊色多少。卡夫卡属于布拉格，布拉格也不能没有卡夫卡。

黄金巷 N22 号，不足十平方米的低矮小屋，墙面涂了比较特别的湖蓝色。它身居其中，与其他错落有致的 16 座小屋，组成了长约两三百米的小巷，墙面涂上的色块纷呈，屋顶烟囱姿态各异，犹如置身于童话描述的场景中。当年的出租屋已变身为卡夫卡纪念书店，出售他不同文字和版本的作品，当然也少不了琳琅满目的纪念品。半圆形屋顶有一个小巧的阁楼，顺着阶梯下去有一个地下室，屋子的后窗朝西，正可俯瞰山下的部分城区和田野。低矮的黄金巷与高大的布拉格皇宫城堡一墙之隔，对比强烈。它还有另外两个叫法，“炼丹术士街”或“银匠街”。自17世纪鲁道夫二世、约瑟夫二世以来，先是皇家卫兵、宫廷杂役、炼丹术士，然后是算命巫师、金银匠艺人、小商小贩们都曾在这狭小之地来来往往，聚居生活。另有一种说法是，从前小巷拥挤肮脏，只有两个厕所可用，多有粪水外溢之虞，所以，私底下布拉格人戏称其为“黄金巷”。

每天下午两点多，卡夫卡从公司下班后，走过查理大桥，经过教堂、皇宫城堡和高大的城墙，来此阅读或写作，或自己带饭或由妹妹给他送饭。“所有花销算在一起每个月才二十克朗。妹妹什么都想到了，在那个小姑娘（奥特拉的学生）为数不多却很必要的打理下，一切都有条不紊，舒适整洁。”一直单身，与父母同住的卡夫卡，屡次谈到自己渴望拥有独立的写作空间——他寻找适合写作的房间的过程，其实更像是在焦虑不安中，不断发现和安放自己的灵感。有关理想的写作处所和状态，卡夫卡曾不无夸张地这样描述道，“我经常想，我最理想的生活方式是带着纸笔和一盏灯，待在一个宽敞的闭门掩护的地窖最里面的一间，饭由人送来，饭放在离我这间地窖很远的第一道门后。穿着睡衣，穿过地窖所有的房间去取饭，将是我唯一的散步。那样我将写出什么样的作品啊！我将从什么样的深处把它挖掘出来啊！”应该说，黄金巷没有拂逆卡夫卡的写作诚意。作为“祈祷的一种方式”，写作给他带来了回报。这一时期，他写下了《乡村医生》、《新律师》、《杀兄》、《往事一页》、《骑桶者》等一系列短篇小说。

被职业和写作双重折磨的卡夫卡，向往安谧、宁静的休憩之所。他的写作地点不只黄金巷 N22 号，有资料表明，至少他还在父母的住处、小妹奥特拉家、舍恩博恩宫的两间有家具的房子等，不断转换着写作地点。他在寻找适合写作的场所，也一直期待着灵感的莅临。对一个创作者来说，躲避喧嚣带来安宁，或许安宁的副产品是孤独，孤独的兴奋和苦恼也会相伴而生，但只有在空旷静虚的空间里，内心的敞开与自我的对话，才有可能成为创作的前提。作为卡夫卡的研究者，德国德烈·阿尔特教授分析这一时期的卡夫卡，有一个十分犀利的观点，“作家的孤独像疾病那样在阴暗的时刻证明自己是鬼魂：魔术师学徒自己把这鬼魂招来后，就再也摆脱不掉它了”。在这里，写作已不能简单地把它视为期待或拥抱灵感的幸运女神，它更像分身术，女神或追上来的鬼魂，就是孤独的一体两面。作家必然与之要作长久的谈判或斗争，一场场拥抱它又试图摆脱它的斗争。

黄金巷 N22 号，并非这位语言魔术师所形容的地窖，但其局促简陋，至少看上去比地窖也好不到哪里去。也许唯一的好处是僻静，时间在这里仿佛静止了。屋后的窗外是旷野，出门顺阶而下，不远处就是依傍着伏尔塔瓦河的老城。冥冥之中，就像一个有意为之的隐喻：炼丹术士苦心孤诣地为皇宫里的国王们捣鼓着熬药炼丹，施以巫术魔法，也正契合了作家本人日夜追逐着小说缤纷的语言和无尽的技巧。小巷东侧的布拉格皇宫，而今的捷克总统府，壁立森严，富丽堂皇，一代代统治者坐拥波希米亚的有形疆域，杀伐无度，开疆拓土。而这一间低矮昏暗的小屋里，卡夫卡正在营造着属于自己的文学王国，它因虚构的无限自由而拥有了没有国界的辽阔和深邃。他也像一个不朽的国王，以他的精湛技艺，掀起了一场场精神风暴。

卡夫卡短暂的一生，一直在寻找“最适合自己的发音方式”，在布拉格的德语、犹太语、捷克语的“混合母语”中，校准和修正自己纯正的发音。在这个过程中，一方面得益于他的不懈的文学自我纠错的能力，另一方面，大量阅读，尤其模仿也是必要和必需的。因为除了机械的、愚笨的模仿之外，迄今为止，我们所有的学习和接受，都意味着模仿。模仿是创造的前提，创造是模仿的结果。而那个自由和宁静的一个个写作的瞬间，也不会是一劳永逸的，它必须经由苦心孤诣的煅打和淬炼——他们为生命意志谱写和造册，使之成为个人记忆的历史。记忆无形，但创造记忆的墙砖或曰城堡的人，他们是坐拥记忆的王者，他们比一个国家或城市的墙砖更牢固更耐久，因而不朽。那是另外一种意义上的看不见的布拉格、圣彼得堡、巴黎、伊斯坦布尔、布宜诺斯艾利斯、长安、临安、洛阳、金陵……记忆又有回溯性，它是母语的发音、韵律和节奏的一再显灵，它还负责天问和招魂，让人一次次怀揣着炽烈的情感，跋涉还乡。

“两个国王”的竞赛一直在进行之中。他们的相似之处是，这样一场笼络人心的竞赛，没有终点。自然，征服者与被征服者胜算几何，由谁来裁定和宣布，也无从定论。

偶　　然

还是让我们回到《乡村医生》这篇小说上来，细细分析和厘清它的文本意义。

卡夫卡有一个单身汉舅舅西格弗里德·洛维，他的职业就是乡村医生。卡夫卡学生时代的暑假生活，有时会在此度过。找到了这个线索，我们对这篇小说最初的写作冲动和缘由，也就基本明了了。这位舅舅是母亲家族中唯一受过高等教育的人，卡夫卡与之感情甚笃，十分亲近，也很谈得来。按照他给朋友布罗德信中描述的那样，卡夫卡的舅舅是一个不顾习俗坚定地走着自己的路、被外人视作多少有些怪癖之人——行为性格不能平淡无奇，才可能成为小说写作“这一个”的原型。

卡夫卡形容这位舅舅，“有一种无比细微的、单身汉式的、来自缩小了的咽喉的幽默”，“他就这样生活在乡下，坚韧不拔，心满意足，正如一种被人认为是生活旋律的略带醉意的疯癫能够使人心满意足那样”。三笔两笔，这位外甥就对舅舅洛维的刻画，准确到位，入木三分。“略带醉意”地沉浸于自己的专业和人生当中，不正是很多知识分子那种特殊的气味和神态嘛。事实上，卡夫卡的大多数作品有据可考，有迹可循，乃至带点自传的色彩。写乡村医生舅舅，并非简单描摹他的出诊场景、职业状况或人生不易，那不是卡夫卡的本意。卡夫卡要通过乡村医生的“听信了一次夜晚误打的铃声，便再也不可挽回”这一主题，营造一个令人惶恐不已的世界：医生出诊时偶然频发、行为无常、悬疑无限，从而导致他职业艰难、精神紧张、命运多舛——“铃声”是选择，“出诊”是使命，“误诊”是必然，“怀疑”是正常，“不可挽回”也就不可预测。

《乡村医生》接二连三的“偶然”，大致是这样发生的：我必须去十英里之外的村子里看急诊，我有一辆双轮马车，马却病死了；我偶然踢了一脚猪圈，跃出了两匹大马；佣人姑娘罗莎说，人往往不知道自己家里还有什么东西；我刚离开家门，马夫却抱住了罗莎；我要下车保护她，马车却呼啸着把我带到了目的地；屋子里，病人的家属七嘴八舌我却听不清；病了的孩子悄声对我说，医生，让我死吧；这个孩子其实是健康的，只是喝多了咖啡，血液循环有些小毛病；我又白跑了一趟，我要离开的时候，却发现这孩子身上有致命的伤口；村里的老师领着学生合唱队站在屋外唱：脱掉他的衣服，他就能治愈我们，如果他治不好，就处死他！我对病孩子说，你的伤口不算太严重，你安心地带着一个公家医生荣誉担保的话去吧，于是孩子安息了；村里的孩子们在我返家的身后，唱着新编的儿歌：高兴吧，病人们，医生正陪着你们躺在床上……

每一个句子，就这么反常、惊悚、不合逻辑，跟我们所熟悉的乡村医生出诊的基本常识和行为特征，根本就衔接不上。它是漂浮的，脱节的，不合因果逻辑的。自从听到了急诊铃声的那一刻，决定出诊这个"常规动作"开始，小说叙述就扳到另一条岔路上去了——由偶然、巧合、错位，共同编织、交替行进的岔路——小说的第一句话，突兀而来，颇费思量："我感到非常窘迫。"窘迫在哪里？答案是，因为这位医生无法判断出诊的真实性。他好像正处于梦境或幻觉中，本来按照自己的职业规范去完成的一系列驾轻就熟的行为，到头来他发现全是颠倒的、失常的、失效的。他的每一个行为、动作，似乎总站不住脚，总有站出来反对和否定它们的理由。他只能像牵线木偶一样，被种种离奇的"偶然"所羁绊和主宰。即使因为职业的惯性，硬着头皮往前赶，他的处境也十分尴尬、窘迫。或者换个说法，如果出诊的医生完全被"偶然"催眠也就罢了，那么出诊的失败经历尽可以预料和预见。要命的是，他还常常被这种"偶然"所惊醒，觉得这种蹊跷之事在他的出诊经历中完全不可思议，它是对自己的智力判断和专业能力的羞辱，损害了他一向视医生为天赋荣誉的职业尊严。所以，他很生气很悲愤，出诊的过程似乎慢慢就变成了反抗“偶然”所罗织的羁绊和阻力，也是反抗命运的无常与捉弄的过程。因而，这种“偶然”也已经超出了乡村医生所能想象和理解的范畴，也许只有服下大量致幻剂的病人，才会产生这种无意识的自动流淌，某种双脚离开地面的悬空状态。正常人处于正常环境下，怎么可能遭遇到这么多“偶然”呢？不知不觉之间，角色转换了，乡村医生好似神情恍惚的病人，一任梦境摆布，去完成这样一次出诊——因此，他“感到非常窘迫”。

其实，有意为之的“偶然”，看似怪诞，大有深意。

卡夫卡深思熟虑，巧妙构思：首先，小说为职业严谨的医生设下了一个既不严肃也不真实的游戏般的急诊行为。当然，这近乎梦游症患者的想象力的基础，来自卡夫卡的日常观察，但已超越了日常范围。正常的出诊，遇到了非正常的重重障碍。每一个段落由各种“偶然”的因素构成，每一句又十分客观清晰，步步为营，步步紧逼。组合起来看，它就像一个出诊医生的比较完整的梦境。一如才华横溢、滔滔不绝的痴人说梦——每一句几乎都凭空而下。也许，作家的神来之笔，出自“偶然”因素的持续激发，从而获得了缜密得不容读者喘息片刻的叙述能量？

再者，对于一个被现实逻辑所束缚的写作者来说，一次灵感飞溅的写作，无疑自由意志的罕见爆发。这样的“偶然”因素可遇不可求，以出诊医生的梦境之旅为依托，它是作家对现实羁绊的挣脱、语言对写作的挣脱。再次，卡夫卡的小说虽然语义多重，但却是建立在文字清晰、干净和整洁的基础之上的。即，局部精确，整体模糊。细节的生动逼真，指向高于逼真的抽象意义。大量“偶然”的魑魅魍魉，纷纷出笼。神差鬼使的噩梦，不断瓦解和消解着乡村医生出诊行为的神圣性——医生舅舅的坚韧不拔，心满意足，在作家外甥眼中，颇具醉意和“疯癫”风格。卡夫卡不是仿造现实，他在创造另一个现实。一个文字的现实，一个乡村医生造访梦境的内宇宙。由此，我们才能理解《乡村医生》的卓绝不凡。它虽然篇幅不长，却完全符合卡夫卡式的缜密表达。

撕　扯

一个偶然，也许只是巧合。多个“偶然”组合在一起，一连串的反常，就是不安、惊讶和惶恐，并直接导致出诊医生履行职责与客观环境之间的两难窘境，就像古典物理学中作用力和反作用力原理，处于两端的力量，彼此角力、抵消，从而在心理上造成“撕扯”的感受。

医生出急诊无马，已经很焦灼了。他郁闷地踢了一脚猪圈，立刻跃出了两匹马，这足以让人惊奇不安；马的身后还冒出了马夫，而这个马夫他并不熟悉，却知道医生家的底细，他似乎就是乡邻四舍的一个代表；这个马夫又觊觎着自己的佣人姑娘罗莎，她帮忙拿着马具套车时，“那马夫就抱住她，把脸贴向她的脸。她尖叫一声，逃回到我这里来，脸颊上红红地印着两排牙齿印。你这个畜生，我愤怒地喊道：你是不是想挨鞭子了？”虽然文中并无交代医生与罗莎是否存在暧昧关系，但这个马夫想必是阻碍他出诊的因素之一，他不想把马夫也留在家中。于是，他必须在出急诊和保护姑娘之间作出非此即彼的选择，一端是姑娘罗莎，一端是病人，他们都在撕扯着医生。医生要求马夫跟他一道走，从而避免不祥的预感真的发生。“你跟我一道走，否则我就不去了，即使是急诊也罢。我不想为这事把姑娘交给你作为代价。”但话音未落，马夫吆喝着马，马车已载着医生呼啸而去，“我听到马夫冲进我屋子时把房屋的门打开发出的爆裂声”，他已无法对自己的行为作出非此即彼的选择了。“接着卷来一阵狂风暴雪侵入我所有的感官，使我什么也听不见什么也看不到。”

病孩子见到医生的第一句话，就是“让我死吧”，这到底是孩子的悲观绝望，还是他根本就不信任医生这一救死扶伤、悬壶济世的古老职业？其实孩子根本没病，他看起来像在装病，这是对冒着肆虐的风雪出诊的医生的欺骗，此时此刻的医生能不满腔的无名之火？这个孩子为何欺骗家人又欺骗了医生？但医生来不及愤怒，因为他一想起家里的佣人罗莎姑娘恐被马夫伤害，就恨不得立刻飞奔而去，但病人的家属却不准他离开……此时，医生内心独白道：“我是这个地区雇用的医生，我非常忠于职守，虽然有些过分。我收入很少，但非常慷慨，对穷人乐善好施。可是我还得养活罗莎，所以这男孩想死是对的，因为我自己也想死……住在这个地区的人都是这样，总是向医生要求不可能做到的事情。”——尾句，“总是要求去做不可能做到的事情”，是段落的关键句。拆开来看，这些句子短促迅速，自相矛盾，一不留神，就会滑过。仔细辨析，句句突兀，却又在理：明明是雇佣关系，医生对病人大可敷衍了事，他却过分忠于职守；明明收入很少，却乐善好施；病人、医生都想解脱，一死了事，但他不轻易言死的原因是他得养活罗莎——知其不可为而为之，知其不可抵达偏偏欲要抵达，不断地启程不断地离开，最终那个悬疑的靴子，始终没有落地。

小说中涉及的“撕扯”元素，我以为，今天读者的感受一点不比当年的读者少——当代社会，大大小小，每时每刻，来自外部世界所谓迷人的诱惑与伤害，来自身心内部的压抑与抵抗，主动或被动地，忍受着、排斥着、拒绝着——已经构成了我们精神活动的常态。乡村医生的一次出诊，好比我们必须要面对的、要完成的种种现实义务，我们不可能一劳永逸地只完成一次出诊，我们要完成千百次类似的行为，我们还想把它完成得更完美更漂亮，乃至不断循环重复下去。就像乡村医生说的，“尽管他们已经失去了旧有的信仰，牧师坐在家里一件一件地拆掉自己的法衣；可是医生却被认为是无所不能的，只要一动手术就会妙手回春。好吧，随他们的便吧：我不是自己要去替他们看病的，如果他们要用我充作圣职，那我也只好这样……”一个牧师已经失去信仰的年代，怎么能要求普通人比前者更智慧呢？答案是否定的。所以，轻信和盲从才是大众的常态。大众相信医生无所不能，却非医生所愿。他人形成的社会环境让你如此这般履行着你本不想履行的所谓“圣职”。在这些有形无形、有意无意的“出诊”中，任务、使命和效应，造成了太多差异、扭曲和忤逆，纠缠在一起，对乡村医生进行着完备的心理折磨——正如这个病孩子、他的家人和村中合唱队的所作所为。他们不懂医乃仁术，不会知恩图报，而且还一味蒙骗、嘲弄和伤害这位医生。而今中国医院的医闹们，同样不能正视诊疗过程中的专业和技术风险，以为医生“无所不能”，稍有失误和差池，就胡搅蛮缠，翻脸大闹，不达目的决不罢休——这样紧张对立的医患关系，不就是剧烈的“撕扯”？此乃医患之殇，严重撕裂了社会良知。这位远在穷乡僻壤的乡村医生，更是深陷两难和悖论的境地，遭受了深深的伤害。即使医生的马死了，在这风雪交加之夜，“村子里没有一个人肯借马给我”，以便赶路回家。这家人、村里的长者、老师和学生合唱队唱道：“脱掉他的衣服，他就能治愈我们，如果他治不好，就处死他！”乡村医生的遭遇说明，你越是企图凭借自己的经验能力去把握外部世界，你对自己的要求就越高，你被严重撕扯的概率就越大，受骗上当的可能性也就越大。小说中有一个关键句："开张药方是件容易的事，但是人与人之间要互相了解却是件难事。"

冒着暴风雪出诊的医生，处于家中的房子和病人的房子两端。在疲于奔命的路途上，遭受着两种力量的持续"撕扯"。两处房子形象地代表了医生生存方式的两个相反的方向。在他自己的房子，自我的房子里，医生放弃了佣人罗莎这一可以满足情欲的象征，任由马车载他而去，仿佛身后还能听到她受马夫猥亵的哭喊声。在另一处房子，病人的房子里，他富于自我牺牲，献身于医术，相信这医术可以治愈人类先天性的创伤，但病人们对他并不买账，"其实这孩子是健康的，只是血液循环方面有些小毛病，这是因为他母亲宠爱过分给他多喝了咖啡的缘故"。乡村医生的心理矛盾冲突在于，他在哪一处房子哪一边也得不到满足，来来回回，忧心似焚。在家里，那个出发地，他把姑娘献祭给了自己的责任和使命。而在目的地，那个村庄，他十分后悔付出这样惨重的代价，他想立刻赶回家去挽救一切，以免既救不了罗莎又治不好孩子的病。

伤　　口

马匹、马夫、罗莎、病孩子的伤口，这几个鲜明的意象，突出于小说中，构成了一种可以循环下去的线索。按照弗洛伊德的释梦理论，伤口即隐喻女性的性器官。《乡村医生》中男孩的伤口，"玫瑰红色，但各处深浅不一，中间底下颜色较深，四周边上颜色较浅，呈微小的颗粒状，伤口里不时出现凝结的血块，好像是矿山上的露天矿”，这样的描述动机明显与情欲建立了转喻的联系。但医生被逼无奈，赤身裸体躺在病男孩的床上，难道是在暗示他的同性恋倾向？非也。这个伤口隐喻的情欲，如果稍加联想，应是指向了漂亮的佣人姑娘罗莎。“可怜的孩子，你是无药可救了。我已经找出了你致命的伤口；你身上的这朵鲜花正在使你毁灭。”伤口像鲜花，也是转喻。医生的自言自语，是向罗莎还是这病孩子说的？而且，在他离家之前，罗莎早已暗示过他，“人往往不知道自己家里还会有些什么东西”。既然医生已经出诊在外，无法返回家中解救罗莎，那么他与病孩子的并排躺下，应是心理学意义上的“代偿”机制发生了作用，他试图以此履行他先前离家时对罗莎的自我承诺，从而缓解焦灼和恐慌的内心。

为了佐证“伤口”这一意象，有研究者举出了卡夫卡早先的日记里描述梦中的妓院场景，有这样一个细节：“他看到很多妓女躺在地板上，他向一个妓女转过身来，看到她的背上的伤口，全是封蜡红色的圆圈，圈边呈苍白色，各圆圈间是溃散的红色污迹，他愉快地触摸污迹上一个打碎了的封蜡的小颗粒。”那么，象征情欲的妓女或病孩子的伤口是怎样获得了医生的特别关注的？是在把脑袋伸进窗里的一匹马的嘶鸣中获得的，“当一匹马向天花板高声嘶叫的时候，我把头贴向孩子的胸口，他在我潮湿的胡子下面战栗起来”。受马夫指挥的马匹，之前，医生无法得心应手地驾驭它，因为它们是“非尘世”的，却在此时忽然显灵，不再沉默了，它作为医生的辅助力量加入了对伤口的关注中。换言之，马匹是马夫的替代物，想要保护罗莎免遭强暴的冲动，唤醒了医生沉睡如梦的潜意识，此时他清醒地诊断说，这孩子血液循环方面有些小毛病，他母亲宠爱过分给他多喝了咖啡。因为，他必须尽早地诊断出结果，尽早地开出药方，尽早地赶回去，以免出现马夫像“畜生”一样，比“在姑娘的面颊上留下两排牙齿印”更坏的结果出现——即使误诊，也在所不惜。

只有在罗莎成为马夫恶行的牺牲品时，这位医生才格外在意她，她才有了特别的吸引力？“这一地区的人老是晚上来按我的门铃，使我深受折磨，但是这一次还得牺牲个罗莎，这个漂亮的姑娘多年来一直和我生活在一起，我几乎没怎么管她……”马车越是飞驰着载他前去行医，他对罗莎的多年暧昧态度似乎就像他被人脱掉的外套那样，越是明晰起来了。他这才强烈地意识到，孩子是家属的“伤口”，罗莎是他的“伤口”，医生这个职业是自己的“伤口”，病人家属是社会的“伤口”。那被束缚的、被节制的、被蒙蔽的情欲，只有在被迫远离情欲对象又无法拯救之时，才被如此充分地揭示出来了。情欲的险阻、深陷绝望的情绪和无力的挣扎，不就是乡村医生生存窘境的最好写照？正如卡夫卡通过病孩子之口，这样回答医生的：“我带着一个美丽的伤口来到世界上，这是我的全部陪嫁。”这样的伤口，医生显然无法自我疗救，因为在一个病了的世界上，连医生的出诊都深陷被嘲弄的境地，他自然无法开出有效的药方。由此，医生对这个病孩子劝慰道：“我去过远远近近的许多病房，可以告诉你：你的伤口还不算严重。只是被斧子砍了两下，有了这么一个很深的口子。许多人都自愿把半个身子呈献出来，而几乎听不到树林中斧子的声音，更不用说斧子靠近他们了。”那意思，比孩子的病更为严重的，大有人在，他们把身体献出来而听不到斧子靠近的声音，这样的描述，意味深长。

不幸而言中，就在《乡村医生》系列小说写作期间，1917 年 8 月的一天，卡夫卡因肺部疾病突然大量咯血，被诊断为“卡他性肺尖炎”。除了身体先天的遗传因素，他租住过的黄金巷 N22 号小屋没有取暖炉火，另外一个出租屋舍恩博恩房间有穿堂风，长期熬夜失眠，冬夜开窗睡觉风寒侵袭以及吃素导致的营养不良等诸多因素，应是他患上肺结核病的主要病因。

福柯的观点是，“疾病是社会的标记”。在那个没有盘尼西林的年代，传染病流行，使之不幸成了那个时代的隐喻。他既是训练有素的病人，又像试图自我拯救的医生，冥冥之中，为自己也为那个年代的病痛，开出了一份《乡村医生》式的急诊报告。当然，作为一个思想者，他非常清楚自己的命运走向：“只有一种疾病，没有第二种，这一种疾病受到医学的盲目追捕，就像一头动物在没有尽头的森林里受到追捕那样。”在生命晚期，卡夫卡备受病魔的折磨，他叮嘱他的医生朋友克洛普施托克博士，最后时刻要给他一针致命的鸦片针剂，而不要丝毫犹豫：“杀死我吧——否则您就是凶手！”

弱　　者

卡夫卡的小说，基本上是以弱者形象示人。

乡村医生是一个强者还是一个弱者？答案是，他看起来是强者，实质上是弱者——一个被羞辱被损害的人物形象，跃然纸上。乡村医生所遇到的一切障碍和阻力，所面临的撕扯和冲突，如同卡夫卡一样的艺术家们的自喻自况。他的写作人生与乡村医生的出诊经历，在此翻版戏仿，高度契合。由此，我们理解了为何他与那位乡村医生舅舅有着天然的亲近感，那该是灵魂意义上彼此的理解、呼应和共鸣吧？他的好朋友布罗德在为他所写的个人传记《灰鸦——卡夫卡传》中说，“正是这些从可怕的沉重的一生中无数恶劣的情绪和失败里面，挣脱出来的柔弱的征象，这些不顾一切的为善所作的斗争，构成了他的文学的强悍气质。”强弱转换之间，布罗德准确地理解了一位优秀作家的为人为文。

距离卡夫卡写下这一作品已经差不多一百年了，想想今天我们为生存从事的职业，所面临的普遍窘境，你会从《乡村医生》中轻而易举地找出很多丰富的隐喻。人们多么习惯地把自己比作正常“出诊”的医生，而“治疗”的过程和结果，却往往出人意料，南辕北辙。有时，这个医生出于良知，恨不能跟病孩子一样感同身受地躺在床上，或者索性把自己变成无能为力的病人，等待着救赎。卡夫卡曾深受存在主义哲学影响，他有一个观点，“存在，即是无能”，也就是，无论医生作出何种努力，其结果基本上是徒劳无益的，乃至连自己都无法自救。小说中那个病孩子以威胁的口吻跟他对话，家属们带有勒索性质地抱着他的头脚，脱他的衣服，村里的人无休止地嘲弄要处死他，家里的马夫正在胡作非为，女佣人也被人夺去了……如果我们回首一下中外医疗史上的著名案例，它们还真有几分神似呢！所谓一切历史都是当代史，历史从没走远，它就是当下现实——此之谓也。

常言道，久病成医，却也隐含着医患关系那古老天然的敌意。有关医生的评价，之前，卡夫卡在日记中写道：“这些令人气愤的医生！在生意经上果敢坚毅，在治疗上却十分无知，那种生意经上的果敢坚毅一旦离开了他们，他们站在病床前就像学童。”这些警句般的话表明，除了对医生职业崇高却收入微薄施以同情之外，作为一名保险公司的高级职员，卡夫卡还会站在患者的角度，观察和反省医疗制度和这一制度运转下人性中的追名逐利、见利忘义。在一个不被信任的世界里，无论医生或病人，他们天性中的善，不是不可能演变为恶和它的帮凶。出于职业的良知和诊疗的风险，医生也会时时承受着道义良知的拷问，无他，因之必须直面病痛、生死乃至恶行，必须直面生老病死如此这般的惨淡人生。乡村医生貌似“有着公家医生荣誉担保”的一个强者，却心力交瘁。同时，他又是医疗机构或生意经的牺牲品。误诊或错治，是医生这个职业不可避免的，因为他永远也无法达到病人和家属们期望的万无一失，更何况，此时的他，还被这次错误的出诊铃声造成的压抑、悔恨和悲愤的情绪所左右，因而，十分窘迫，狼狈不堪。

小说的结尾，卡夫卡意味深长地归纳道，“在这最不幸的时代的严寒里，我这个上了年纪的老人赤裸着身体，坐着尘世间的车子，驾着非人间的马，到处流浪。我的皮大衣挂在马车的后面，可是我够不着它，我的那些手脚灵活的病人都不肯助我一臂之力。受骗了！受骗了！只要有一次听信深夜急诊的骗人的铃声——就永无挽回。”绝望的医生，正被无处不在的、漫长的、没有尽头的荒谬遭遇所折磨着。它像一辆空着的马车在飞奔，又被荒谬绑架。这荒谬是医生和病人互为因果、共同作用的恶果。任何试图摆脱这匪夷所思的荒谬的行为，都有可能招致更新的更大的荒谬的暴风雪——这是真正的精神暴力。

对此恐惧的感受，并非来自跌宕起伏、突飞猛进的大事件或有意为之的离奇情节，甚或阅读悬疑谋杀、鬼怪文字所带来的生理紧张感。《乡村医生》编织的恐惧效果，来自每一句话，来自一个乡村医生例行出诊时天罗地网般的自我感受，和病菌一样的细节的不易察觉:“大鬼附上了身,小鬼纷纷来效劳。”它是卡夫卡用“最后一句话辞别世界”的文体风格,也是位乡村医生遭遇的完整自况。

2006 年 5 月 25 日

2013 年 6 月 29 日

2016 年 9 月 2 日

别有用心的长城

——读《万里长城建造时》

肉　　身

“万里长城止于中国的最北端。”

这是卡夫卡在其《万里长城建造时》一文的第一句话。卡夫卡从未来过中国,但并不妨碍他写下这篇富有挑战性的作品。同已往的作品或多或少有着个人经历与体验不同的是,他凭借他的知识和想象建构了这篇佳作。它既不像小说、又不像报告、更不像散文,但却糅合了这三种文体的某些特征。也许,卡夫卡的作家朋友布罗德不这样看,他宁愿把它当作短篇小说来对待,所以,1931 年他编选了一本卡夫卡的短篇小说集,索性名曰《万里长城建造时》。

肉身抵不过石头,甚至抵不过一块墙砖的坚固和耐久。肉身的暂时性和局限性在于,它仅仅存活几十年。所以,肉身就像引子,由此出发,来考察肉身的使用、挥霍和消耗的种种,我们就会发现它有它的边界、疆域和范围。它划定了看得见或看不见的权力,无论肉身的生存兴衰还是它的爱恨情仇。在使用肉身的权力范围内,由于其能力的强弱、大小的不同,使之疆域的面积一直处于动态平衡之中。这疆域既需要物理意义上的距离丈量，亦是心灵上的衡量标尺。个人如此，民族或国家的历史何尝不是？

比如建造长城的始皇帝，他也在划定自己的权力范围，或曰肉身的扩大版——无限江山，永固麾下。统一的文字、度量衡和钱币，即是他不断扩张和延伸权杖尺度的一种。他目力所及，足够辽阔，那是他灭六国一扫天下之后，肉身的万寿无疆和权力空前绝后的诗意幻象。为此，卡夫卡写道："我们的国家是如此之大，任何童话也想象不出它的广大，苍穹几乎遮盖不了它——而京城不过是一个点，皇宫则仅是点中之点。作为这样国度的皇帝却自然又是很大，大到凌驾于世界一切之上。"普天之下莫非王土，率土之滨莫非王臣。为了维护王朝的千秋万代，王位的凌驾一切之上，他既需要帝国兵团的万众肉身，还需要坚固的砖石城墙，把偌大的帝国团团围护起来，由此构筑号令四方、攻守平衡、进退自如的军事堡垒和政权结构。

又比如，中国传统文化中，一个在外漂泊的商人或发家致富的财主，也很有可能会用一生的光阴，耗尽千辛万苦积攒的银两，来建造一个壁立森然的高墙、封闭有致的院落和雕梁画栋的房屋。为何？战争与灾难，频频制造着兵荒马乱，危机四伏，人们需要牢固的堡垒和防御工事作为物质的外壳，守护脆弱如泥的肉身。一个土围子、一座碉楼、一堵矮墙，亦是肉身存活的屏障和心理防线。自古至今，商人、财主、官员乃至帝王将相们，坐拥财富或权力的忧患意识和不安全感，已潜移默化为传统文化心理和集体人格。财主的深宅大院、官员的归隐园林和王侯的宫阙重重，本质上并无不同，只是缩小或放大版了的心理图景。它分隔和构建了内外、主客、物我的两个世界。墙外，或许阴云密布，剧烈动荡。墙内，则封闭防御，平静安宁。

物理意义上的距离丈量，通过卡夫卡有关长城建造的想象式的描述，变作了陌生化的阅读体验。这与我们阅读中国学者和作家有关长城的著述，亦有不同。在卡夫卡这里，肉身的沉重，亦可换成心灵鸡汤般的可能。在他的笔下，古中国修造长城的民众集体，既让人同情怜悯，又显得可敬可爱："每个国民都是同胞手足，是为了他们，大家建筑一道防御的长城，而同胞们倾其所有，终身报答。团结！团结！肩并着肩，结成民众的连环，热血不再囿于单个的体内，少得可怜地循环，而要欢畅地奔腾，通过无限广大的中国澎湃回环。"它是古中国的面部表情，还是它的躯体、器官和肌理的考古学。他们的双手建造了这些高墙、院落和宫阙，然后就如建筑的一再坍塌和重建，他们生生不息，"澎湃回环"。除了中国建筑材料本身的缺陷，当这些砖木结构的精美建筑消失于周期性的历史震荡里，可供我们凭吊的，唯有一处处废墟和坟冢，大概还有一堵蜿蜒而去的城墙了。

按照政治学的解释，病夫治国应是专制政体的一般常态。统治者的重重忧患与添砖加瓦的筑墙工程一样，等量齐观，与日俱增，无始无终。统治者如若不是恐惧、虚弱和杀机四伏，怎么会因为某个"一场美好的晨梦的激发而心血来潮，匆匆召集一次会议，又草草作出决定"，从而突发奇想地号令天下人，在大地之上堆垒起这么一条壮观又罪恶的恐龙般的长城呢？战国时期，先于秦长城存在的诸侯各国的城墙、关隘、烽火台，由于防御对象和建筑体量的改变，它们看起来更像死而未僵的百足之虫。六国既灭，天地已合，疆域的统一使之逐渐改变了原有的价值。而防御北方游牧民族的秦长城的矗立，则彰显了新的军事和政治方向。它是一扫天下的庞然大物，所立之处，无不威慑、傲然北中国的边关。

对于卡夫卡来说，它是一个前所未有的审美对象，非常之美非常之罪——任何事物如若超出了常人判断，必然会走向常人难以企及的价值恒定——长城之内，它恒定了时间和空间，也就恒定了停滞不前的封闭状态。任凭长城之外风云际会，瞬息万变，长城之内，田园牧歌，千年停滞。庞大的帝国僵尸般俯于大地之上——它的兴衰周期千篇一律，并无新奇。对此，卡夫卡以民众的口吻写道："我们的百姓对于皇帝既深怀失望，又充满希望，他们不知道哪个皇帝在当朝，甚至对于朝代的名称都还存在着疑问。"或者说，时间已经无关紧要，它已被置换成了空间意义上的死寂。帝国的专制制度，对于百姓来说，众多轮流坐庄不同姓名的皇帝，其实是一个皇帝。众多更迭的王朝，其实是一个王朝。"皇帝轮流做，明年到我家。"对权力的觊觎，也无非是专制独裁之下，草根们深感无奈的自我解嘲和意淫。

肉身脆弱，需要坚固的盔甲施以保护。虚弱的内心每每披上堂皇的外衣，虚张声势地掩护不堪的底牌，以获得自我欺骗、自我麻醉和自我沉醉。个人的万寿无疆和国家的江山永固的背后，或许不过是一个垂危的巨人拖长了的噩梦，幻化着他的恐惧、他的挣扎、他的病痛的身躯。在那蜿蜒于遥不可及的辽阔疆域之上，那起伏跌宕、雄伟壮丽的长城，或许不过是这个虚弱的病体近似心电图般的曲线体征。个人威权的偶然决定，让万千生命借以整齐划一的口号和理由，前赴后继，视死如归。而帝国的专制制度，可以达到空前役使的号召力和驱动力，让民众们为之献身、献祭。唯其如此，暴君们喜好壮丽又罪恶的神话，民众们一代代为之创造浩大的工程。一百多年前，哲人马克思说，长城"是一座非常反动非常保守的堡垒”。可以说，伟大壮观的长城却开创了历代专制统治的恶劣先例，它成了后继者奋力描摹和纷纷效仿的范本，虽然再也无法超越秦长城，却在超越的一次次企图中，陷入了不断制造这种历史赝品的窠臼和陷阱之中。这也正是卡夫卡所要表达的主题之一，“永远不能到达目的地”。

有关建造长城的历史典籍、诗词歌赋和民间传说，不胜枚举。其中一则最为凄凉悲伤的故事则是孟姜女哭倒长城。以女性的弱小之躯，惊天一哭，竟然哭倒了庞大无边的长城。显然，通过身体大小比例的不同比较，艺术的匪夷所思的力量得以渲染和流传。而唐代诗人张籍借由前代流传的“筑城曲”所写的《筑城词》，则更为经典，它描述了万千肉身根本没有自主使用它的权力，最后化作异乡泥土的苦难宿命：筑城处，千人万人齐把杵。重重土坚试行锥，军吏执鞭催作迟。来时一年深碛里，尽着短衣渴无水。力尽不得抛杵声，杵声未尽人皆死。家家养男当门户，今日作君城下土。

缺　口

统治者对浩大、统一和永恒之物，情有独钟。

比如，他们醉心于统计学意义上的数量词的夸张，无一例外试图以自己的丰功伟绩的描述，来抵消很不光彩的滥施残暴，以期从空间和时间的双重意义上，抹杀、否定和篡改前朝历史。历史由此全新改写，则是他们的真实意图。对数量词的夸大，也是从技术的角度来完成前所未有的改写策略和愚民政策。短命的皇帝，却要书写千秋、无疆和万岁的功名。万里长城的浩繁工程量，因其庞大的面积、体量和里程，足以让始皇帝生前身后的统治者汗颜，乃至彻底绝望。除了长城的使用价值延续之外，后来者们，不得不借助于对秦长城的不断续建，来完成追求不朽的梦想，却每每陷入为始皇帝的丰功伟绩不断添砖加瓦的窠臼之中。不断续建，不断陷入，在风霜雨雪、晨钟暮鼓中，又好像在持续煅打着一条暴君的有形无形的锁链——长城岂不就是这样一条专制者总被它推翻、奴役者反被它奴役的恶性循环的锁链？企图千秋万岁的始作俑者——始皇帝本人，也在秦长城开建不过 7 年之后，一命呜呼。他的王朝，在他儿子手中也十分短命。始皇帝承继了诸侯各国的长城，又开建了属于秦帝国的长城，不断续建，不断摧毁，后来者们乐此不疲。长城就是中国历代统治者的一个必然的选择，它的诞生，它的坍塌，它的重建，二律悖反的历史荒谬，没完没了，永无抵达。

卡夫卡描述道，“二十来个民工为一小队，每队担负修建约五百米的一段，邻队则修建同样长度的一段与他们相接。但等到两段城墙连接以后，并不是接着这一千米的城墙的末端继续施工，而是把这两队民工派到别的地段去修筑城墙。使用这种方法当然就留下了许多缺口，它们是渐渐地才填补起来的，有些甚至在长城已宣告竣工之后才补全的。据说有一些缺口从来就没有堵上……”作者好像变身为中国建筑和地理的考察者，尤其对建造长城的方式方法的精确描述，使你读后确认，他并非出自无聊的猜想。这些分段而筑留下的“缺口”，或者是决策者有意为之，或者是崇山峻岭、江河湖泊的天堑阻隔，抑或是人力物力工期的困难导致。但某些缺口，从未堵上过。它如同千百年来大家严守的一个秘密真相，却又轻易地露出了破绽。一个分段而筑，缺口连连，随时可以进出、绕行的城墙，无法严防死守，密不透风。它与其说是用来威慑北方游牧民族来犯的，不如说是用来威慑城墙的建造者和城墙治下的百姓的。这些缺口也不同于关隘，有专门的军事机构扼守。它的存在，由于亟待堵上的艰难险阻，也使得历代统治者有了役使百姓的充分借口。它还在不断地坍塌，所以要不断地续建，就像一个个王朝的“其兴也勃焉，其亡也忽焉”。有关其建造和坍塌的实情，如同缺口本身，不容说破，说破就是真相，而专制体制下不存在真相。皇帝、领导阶层和民工们，三缄其口，神秘莫测。大家为这无用无效的长城而来，万众一心，团结协作，始终坚信着它的非凡意义。

一个个统治者粉墨登场，把长城当作了权力角逐、狂欢的舞台，老百姓也把它当作了通往天堂、实则走向地狱的必由路径——在长城圈定的疆域之内，尤其是东南方向远离长城的人们，不得不背井离乡，长途跋涉，“离开饮泣的妻子，待学的孩儿，开到遥远的城市去受训”，“像永远怀着希望的孩子，他们告别了家乡，重返工作岗位，为民众事业效劳的欲望又变得不可遏止了。他们一大早出发，半个村子的乡亲陪送他很长一段路程，都认为这是必需的。一路上人们三五成群，挥动着旗帜，他们第一次看到了他们的国家是多么辽阔，多么富庶，多么美丽，多么可爱。”目睹着开拔远征的人们，多么真切的场景，多么壮观的队伍，堪与一幕幕似曾相识的历史剧媲美，而身在其中的人们则自认，他们天赋重任，使命特殊。其实，封闭的帝国，不过是一座高高的城墙围堵起来的美丽牢狱，在严酷的吏治、律法和道德束缚所编织的天空下，它看似安全又稳固，祥和又幸福。囚徒们驯服于帝国的号令，牺牲个体，甘作人偶，无处可逃，又乐而忘忧。偶然发出的“帝王将相宁有种乎”的“越狱”反抗，也不过是在提醒一代代狱卒们，为这座皇帝掌控的牢狱之上那些大大小小的缺口，再次添砖加瓦，夯实加固。

长不大的孩子

鸦片战争之后，大量涌入中国的西方探险家、传教士和殖民者，他们有关长城的考察和描述，不曾中断过。他们眼中的长城和中国，正如萨义德东方学阐释的那样，是自后启蒙时代之后，西方人认知东方并借以确认西方的具体范例。

一方面，他们描述了这片土地的神秘或蒙昧，另一方面，他们以先入为主的西方视角，建立起自己的话语体系。以旁观者的考察和描述，来不断靠近长城建造的真相与本质。也正是东西文化交流、沟通中存在着数不胜数的误读，也才有了有关长城的独特的西方文本。1872 年，法国旅行家路德维克·赫伯尔在《环球旅行记》中写道："多么壮观的景象啊！且想想那翻山越岭连绵不断的长城，只有天上的银河才能与之媲美。那是一道竖在高山之脊上的墙，是一条躺在墙上的宽阔大道。这竟是人的工程，恍如出现在梦境中……如果有人在惊叹其壮观之余停下来想想，很容易得出这样的结论，这是一项由长不大的孩子在专制君主的驱使下完成的工程。"在他眼中，唯有埃及的金字塔大概可以和长城相匹敌了吧？而它们的建造者，礼貌客气的说法是"长不大的孩子"，直白的称呼，应该就是奴隶了。

西方汉学家海尔曼编辑的《公元前十二世纪以来的中国抒情诗》，曾是卡夫卡认真研读的中国文学读本，马可·波罗、伏尔泰、黑格尔、海涅和众多西方传教士，他们在其作品中都曾涉猎过长城的主题。1911 年中国的辛亥革命和清王朝的覆灭，以及欧洲的"一战"，不可能不对卡夫卡有过影响。或者说，在学习或误读的大量文本中，卡夫卡与其他西方人一样，要建造一个属于自己心中的“长城”，并由此考察这个民族的集体人格及其成因。

1917 年春天，卡夫卡在遥远的布拉格写下了这篇作品。其中还有一个重要的主题是，“父权”的威严——驯服的民众任由君主驱使和奴役，就像长不大的孩子听命于严厉粗暴的父亲那般——它是卡夫卡作品中经常萦绕不去的“父与子”的主题之一。“君君臣臣，父父子子”，尤其秦之后，儒家教化的无形长城，把这种训导和役使发挥到了极致。在严苛的律法制度刚性和纲常伦理柔性的双重桎梏中，建造长城所需肉身的不计代价，倒在其次，重要的是，一个以集体、公共和帝国的名义去建造的长城，早已超越了它防御北方游牧民族的军事价值了，它看上去像一个亘古未有的激动人心的神话传说，人人有份，个个参与，从而变成了无上荣光的政治事业。荣誉抵消了个体的疑虑，建造长城所需的组织单元，牺牲了个体的自主，自我矮化为“长不大的孩子”。在帝国这个大家庭里，那些经过层层选拔的能工巧匠们，乃至“每个国民都是同胞手足，就是为了他们，大家在建筑一道防御的长城……”

在宫阙之内，家长深居简出，威仪四方。宫阙之外，孩子们一派温驯善良，天真无邪。父权以心血来潮的方式，鼓励和驱使孩子。其行为动机，不容思考、怀疑和忤逆。或者说，对这一神话的编织，对自我欺骗导致自我幻灭的游戏的设计，其任何可能的迟疑、犹豫和绝望，都是对“家天下”的父权的大不敬，乃至对诸多神明的亵渎，最后，导致残酷无情的惩罚。而国家——国与家的概念，正如中国人的一句俗话所说，“皮之不存，毛将焉附?”家国之上，生命个体的尊严和价值，形同砌墙所用的一块块普通的砖石，砌进了高大的墙体。卡夫卡写道，“那是一些泥水匠……是他们让人在墙基上放下第一块砖，他们以此感到自己和长城互为一体了。”他们成千上万、前赴后继，消匿于建造长城的沸腾烟尘之中，而基本上可以忽略不计——皇帝的新衣始终未被戳穿，始终不能戳穿，始终戳穿不了，中国不存在胆大妄为的孩子们。在这个貌似慈爱和睦，实则说一不二的大家庭中，谁也无法摆脱父权的掌控，哪怕稍稍的身体逃逸，精神出走。无怪早在三百多年前，大量涌入中国考察社会状况的西方汉学家和传教士们，会把封建专制统治下的中国成年人，比作精神上的未成年人——“第二人类”。或许，它不仅仅是误读、矮化和丑化了这个民族的集体人格和精神状态。一个未曾受过工业文明洗礼，也未曾接受过思想启蒙的古老民族，仍处于自我奴役自我囚禁的桎梏之中。人人生而平等的人道主义观念，在古老的东方没有生根发芽的土壤。血缘、氏族、门阀、阶层、集团等诸如此类的天罗地网，才是编织这个社会秩序和结构的基础纲目。生命个体从未真正“站立”起来，做自己命运的主宰，它似乎一直处于黑暗蒙昧、人身依附的状态而不自知。

分段而筑

卡夫卡对建造长城作了个人想象式的、又尽量精确的描绘之后，提出了一个核心问题：“众所周知，长城之建造意在防御北方民族。但它造得并不连贯，又如何起防御作用呢……公正的旁观者并不认为，领导者要是真的愿意，他们对构成长城连贯而筑的那些困难会克服不了。所以，结论只能是：分段而筑乃领导者有意为之。”——依照卡夫卡的观点，长城的核心问题，是它的“分段而筑”。

如果说在国力尚欠强大的秦朝，无法组织调动尽可能多的人力、物力和财力，而只能作暂且如此的权宜之计，分段而筑，尚可理解的话，那么，为何近两千年之后的明朝，还在朱元璋"高筑墙"的号令之下，仍旧始终如一地分段而筑，以两百多米为一段，动用几千官兵和大量民夫分作一个单元，而始终无法完成东西两端真正的衔接呢？防御北方游牧民族的国防政策，已经越来越不具有说服力——相反，"长城两边是故乡"的民族融合与边贸交流，却越来越超越了地理限制和人为障碍了。

卡夫卡文中提醒的事实是，历经20多个诸侯王国和王朝，长城的缺口从来就没有堵上过，相反，"那些像蝗虫一般以难以置信的速度辗转迁徙的游牧民族"，他们对工程的进展情况，可能比建造者自己看得更为清楚，了解得更为细致客观。他们照旧会策马奔来，长驱直入，畅行无阻于长城内外。而帝国的历代统治者依旧乐此不疲地修修停停，以至于这样的"胡子工程"时间表，竟可以动辄延宕两千年。这是怎样一个大而无当的浩繁工程？卡夫卡推导的结论是，这是领导者存心要干没有多少价值的事情，别有用心，有意为之。

在卡夫卡看来，长城的丧失效用，没有多少价值，至少有几个层面：

一是，它早已丧失了最初设计的军事防御功能。从公元前206年秦朝灭亡的那天开始，长城从防御外来游牧民族的建造动机，已经演变为了方法和目的的自相矛盾。一座堡垒被攻破，总是从内部而非外部。这个史实昭示了建造者有关长城的价值观和方法论的破产——虽然"亡秦者胡"是统治者内部的共识，但外来民族不可能真正打败一个王朝。打败自己的对手，只会从内部产生——即内因和外因的辩证关系。即便北魏、金、辽，抑或元朝和清朝统治时期，这些外来民族可以从肉身上役使汉族，但终究被汉文化的博大精深所同化——一个外族统治王朝的崩溃，说来说去，仍旧是汉文化在其中扮演了始作俑者的角色。而且，物质的城墙，随着战争方式和武器的更新，注定其防御价值呈现着递减的趋势。比起外敌的易防，难以预料的对手总在堡垒内部、自己的文化阵营里，滋养、繁育和壮大。一次文化的震荡和嬗变，除了必要的外部条件，其内部的一次次猝不及防的危机，则促成了它不可逆转的大势。所谓文化传统，既来自基因的传承，亦得之始料未及的突变——好比"文化的长城"，一旦它丧失了防御功能，各民族的开放融合，则变得顺理成章，由此它开始了土崩瓦解的进程。历史演变中诸多所谓"礼崩乐坏"的坏事变好事，概因我们观察它的立场、角度和方式，也发生了逆转。

二是，长城的建造者们，尤其底层民众，对长城失去了价值判断的坐标。卡夫卡写道，"这种辛勤的、然而一辈子都看不到完工的工作会使他们绝望，首先使他们失去效率……五百米长城约在五年内可以完成。然后那些领班们通常已经精疲力竭、百无聊赖，对自己、对长城、对整个世界都失去了信心。"通常的情况是，那些成千上万的能工巧匠、能工巧匠的家人们、家人们千丝万缕维系着的广大村落的百姓们，根本无从知晓役使他们去建造这个庞然大物的皇帝究竟是哪位皇帝。正像小说中所描述的那一道建造长城的谕旨，还没有等派遣出去的信使把它传到统治者手中，这个王朝和皇帝已死。信使是一个象征，因为他要穿越的重重宫阙、庭院和台阶，就像庞大繁复的官僚体系一般障碍重重。一如卡夫卡在工伤保险公司任职时，要解决一个保险官司，则需要履行无数法律文书和行政事务。何况那道谕旨究竟是何内容，直到最后也无从知晓。在谕旨的传递和接收中，所有人都成了不知情者。“纵使有消息抵达我们这里，但已经太晚了，早已失去了时效。”百姓们“讲起一个死人就像讲一个活人一样”，是因为皇帝对他们来说，还不如“一个一生中只能遇到一次的钦差大臣”或乡村官老爷具体可感。哪位皇帝的役使也不重要了，唯一重要的是建造长城的荣誉。换言之，被役使的荣誉已经不是哪位皇帝授予的，而是制度的安排。因为，是制度而非皇帝个人授予了他们这种被役使的荣誉——你让一个不知哪位皇帝当朝，哪位皇帝姓甚名谁的愚昧百姓，如何去判断长城的实用价值和功效呢？而没有了坐标的判断，岂不失去了标准和方向，从而使一切现实价值无从谈起？对他们来说，长城的价值，也许不过是他们自己可以代表家乡父老，去完成这么一项不可能完成的光荣的苦役。

三是，长城的建造，还表达了这样一个观点：统治者们随心所欲，他们对权力的崇拜无以复加，登峰造极，还往往会造成权力的困境、黑洞和真空。这是一道自相矛盾的奇观。卡夫卡的描述似乎进入了清朝末年的纷乱场景中：牧师在宣读一份诏书，而颁布这份诏书的皇帝只活在歌谣里。皇妃们靡费无度，刁奸的廷臣们贪得无厌，穷奢极欲，感恩戴德与残酷暴行就像家常便饭，并行不悖。对统治集团来说，一旦找到了挥舞权杖的借口，他们会不惜一切代价地去践行一场看似波澜壮阔，实则劳民伤财的壮举——就连壮举本身也因之不惜一切的代价，而可以用另外一个词来置换——可以称之为一场“浩劫”。这场浩劫的各种要素，彼此矛盾、冲突和抵消——“不可能到达目的地”。被役使的人们，就像一块块默默无闻的砖石，搭起了宏大的叙事舞台，却终究沦落为工具、道具和背景，而非主角或配角。或许，就连主角和主演们，那些轮流坐庄的帝王将相，也不过是长城这座乌托邦的匆匆过客而已，他们也逃脱不掉由最初的权力滥用到被权力抛弃的困境。从远处看，长城好像编织权力神话的长鞭。从近处看，又好像埋葬这种权力神话的倒下的纪念碑。

四是，如果说建造长城无效，那么，它更接近于一种秘而不宣的行为艺术。卡夫卡的解释是，对比世界七大奇迹，比如巴比伦花园或金字塔，长城的谜底，正如中国的“某些民间的和国家的机构那样，既特别明确，而有些又特别含混”。它正是让西方探险家和学者们十分费解又乐于阐释的结构主义文本。卡夫卡进一步分析道：“人的本质说到底是轻率的，天性像尘埃，受不了束缚；如果他把自己束缚起来，不久便会疯狂地猛烈挣脱束缚，把长城、锁链以及自身都撕得粉碎。”再仔细想想，“那些天真的北方民族，他们还以为这长城是为他们而造的呢，那位值得尊敬的、无辜的皇帝也以为那是他下令造的”。殊不知，早在N多世纪之前，它已经仅具审美的外形，或曰精神象征，而根本抵御不了一场较大规模的像样的战争了——所谓美而无用是也。

卡夫卡习惯使用“不可能到达目的地”的叙事策略，说到底来自他的世界观。他笔下的长城，创造了人类无所不能又无所适从的又一个精神隐喻。长城从物质建筑的外形来说，是一种围困；从精神意义上来说，则是一种虚无。犹如巨大的迷宫，无人可以完正解构和穷尽其符号意义。它亦不断地续建，不断获得新的解读，从而塑造了它巨大的词语迷宫。长城还是一种灾难性的文化宿命的见证，但凡接受过汉文化浸淫、教化的人们，必定绕不过那封闭、停滞和专制制度下腥风血雨的洗礼。神话和幽灵、伟大和罪恶、壮举和浩劫、恢弘和奢靡、荣耀和苦役……所有这些一一对位的词语，分别标识了事物的两极，而居于其中的平衡者，那些“不到长城非好汉”的好汉们，千百年来，登上长城之后，做何感想呢？卡夫卡没有到过中国，也未曾登临长城，却比好汉中的大多数，看上去更透彻理解了中国和长城。

博尔赫斯的时间和空间

无独有偶，一向喜爱卡夫卡、远在阿根廷的作家博尔赫斯，也写过有关始皇帝的故事——三千字的一个短篇小说《长城和书》。与卡夫卡的《万里长城建造时》全视角叙述稍稍不同的是，这篇小说聚焦于始皇帝本人，以探究统治者有着怎样的内心世界。一位阿根廷人，不远万里给中国人讲了这么一个小故事，比很多中国人自己讲得还要精彩，可以说，博尔赫斯洞察到了中国历史上第一个皇帝所作所为的深意所在。它提供了另外一种语言模式，重要的是，它的寻幽探微的思维方式，与卡夫卡的《万里长城建造时》形成了有益的对照和补充。

这是博尔赫斯小说艺术中通常比较拿手的那部分：看我如何解释时间与空间。博尔赫斯开篇写道，“中国的第一个皇帝干了两件规模庞大的系统工程：焚书与修长城”。他进一步解释说，“焚书显然是要废止历史，就是废止时间，就是要统统烧掉文字，抹掉人们的记忆”。这是一项前所未有的举动。想想看，毁掉书籍已是繁难的行为，要抹掉人们对往昔的记忆，从此以后，时间以他始皇帝为纪元起点，谈何容易？这是一项几近绝望的壮举，知其不可为的悲剧精神贯穿于内心深处，单就其献身此项事业的意志力来说，同代人无人可比。毁掉书籍容易，坑杀儒生容易，从竹简册页、从肉体上消灭他们，好像都可以做得到。秦始皇杀掉了四百六十个“不怎么正形”的儒生，他的后继者杀掉了多少知识分子无法估算，但企图消灭记忆，消灭人们口口相传、代代传承的文化血脉，几无可能。只有疯子和狂人才有如此疯癫的念头——不幸言中，病夫治国，狂人执政，唯其如此，才是专制暴政必备的遴选机制和必然逻辑。

循着这样的思路，小说揣摩始皇帝修长城的动机是：让那些企图拥有过去，并对时间有一套自己的计时方法的人，比如百姓中有点见识和头脑的人们，按照他的心意惩罚他们，驱使他们去建设一项伟大的空间工程。他要把辽阔的帝国彻底封闭起来，用空间来罩住与修订帝国内部的时间运行。于是，这个帝国就处于与外界的隔绝，处于一天与一年没什么两样、一天几乎就是一生的静态里。一个清静无为的封闭社会，利于帝国的恒久运转、权力的顺利延续，更利于皇帝做那万寿无疆的千秋大梦。始皇帝这样做了，后来者也人皆如此，群起仿之，照搬照抄。他们沉迷于时间恒久的概念，就像妄想狂痴迷于长生不老的灵丹妙药。他们企图永远主宰和占有时间的话语权，自封年号乃至谥号，统一度量衡、文字和货币，独尊儒术，愚民和洗脑教育等等，诸如此类。到头来，每每不得善终，而与政治理想唱了反调，被时间一一清算，一一否定——在这里政治风险与代价愈大，愈有让时间得以恒久的强烈欲望，愈要冒天下之大不韪。

博尔赫斯是一位几近失明的盲作家，却对长城的历史明察秋毫，他已超越了一般汉学家对中国历史文化的常识性转述或生搬硬套的猎奇。秦始皇的焚书和坑儒两大工程，按照博尔赫斯的逻辑推演，有着先后顺序——所谓不破不立，推陈出新，先是焚书，烧掉记载，毁灭过去，破坏历史。他曾吮吸的乳汁已是毒酒，他必须斩断脐带。他先前维护的东西，此时要斩草除根。焚书之后坑儒，就是消灭肉体，消灭拥有知识体系的独立思考者。与他保持高度一致性，才有资格御用并苟活。清除一切可能存在的旧有的记载方式与工具，或者说，修长城就是为了着手保护和衔接他的政治理想——保护他先前破坏而重建的权力秩序和结构，就必须以时间的停滞不前为代价，以他为起点和终点，来维护他的乌托邦的铜墙铁壁。

在博尔赫斯看来，始皇帝还有另一侧面，他也是一个矛盾和无辜的人。卡夫卡的一段描述，可作对照："那活着的皇帝跟我们一样是一个人，他跟我们一样躺在一张卧榻上，诚然，卧榻是很宽大的，但也可能很窄很短……皇帝周围总是云集着一批能干而来历不明的廷臣，他们以侍仆和友人的身份掩盖着奸险的用心，他们抵制皇权，总是想方设法用毒箭把皇帝从轿舆上射下来。"皇帝们的每一天，似乎都在被迫害的妄想中度过——"风萧萧兮易水寒，壮士一去兮不复还"，荆轲刺秦王就是这种政治图景的生动描绘。这位统治者设置了一个"局"，又为这局中的游戏规则的朝令夕改，激动或颤栗不已。他的子民们，也在始皇帝空前绝后的游戏里，扮演着矛与盾、因与果、善与恶的种种化身和变体，心甘情愿为之付出血酬和牺牲，乃至献上祭坛。博尔赫斯进一步推理说："始皇帝罚那些崇拜过去的人，去干一件像过去那样浩繁、笨拙、无用的工程。始皇帝想，也许以后可能出现想法和我相同的人，他像我焚书一样毁掉我的长城，那人抹去我的名声，却成了我的影子和镜子而不自知。"至此，博尔赫斯亮出了小说的谜底，焚书和筑城可能是相互抵消的秘密行为——它令人绝望，却直白地指出了历史上很多所谓伟大工程或壮举背后的阴谋圈套。有违人性背离民众的东西，越是宏大就越是可笑，越是高潮就越是乌有。蜿蜒的、封闭的、壮阔的长城，利于帝国内部秩序的整饬，却无法抵御北方异族铁蹄的长驱直入——两千多年来，这个反复推倒重来的工程，像盘踞于血肉之躯上磨牙吮血的恶蟒大虫。

经过不断考察与烛照，探勘与挖掘，历史幽深的隧洞逐渐闪现微弱的光亮。同卡夫卡的《万里长城建造时》的全景式描绘有所不同，《长城和书》扑朔迷离，又异想天开，精妙细致，又推理缜密。通过《长城与书》这个短篇小说，博尔赫斯的“清算”是多重的，首先，他清算了小说形式。一个短篇，有无限的叙述方法，历史小说也不例外，而它更像一篇短小精悍的论说文；其次，小说清算了与其对应的史实。历史真相，也许只存在于发生的那一刻，其他任何方式，都是对那一刻的阐释和仿造，无论正史还是野史，修正还是还原，“一切历史都是当代史”，一如卡夫卡的那个观点——基本无法达到绝对真实的那个“目的地”。历史真相在小说中更应是虚构的真实，正如捷克同乡昆德拉评价的那样，“卡夫卡是在用不可能的现象讲述可能的故事，目的在于将这个不可能变得更真实可信”。再次，与卡夫卡颇为相似的一点是，他清算了小说语言，所谓无个性特点、不使用陈词滥调、回避情感而富有逻辑性等等，也许才是深邃迷人的个性语言，它对阅读者的引领，水到渠成，一触即发；再次，也是重要的一点，这个小故事，浓缩为“时间与空间”的论述，为我们清算了一次中国历史。他以体察始皇帝心理活动的笔法，塑造了一个独特的皇帝形象，以及长城与书的隐喻符号，它激活了我们的集体记忆。通过阅读，有多少读者，就有多少对《长城和书》的阐释。有多少中国人，就有多少有关皇帝们的想象记忆。它们循环往复，不断遭遇，永不抵达。

作为学识渊博的后来者，博尔赫斯必定受到卡夫卡的影响，此时，长城就如纽带一样，使之纸上相遇、相知。作为中国历史文化的学习者也好，批判者也罢，他们的一致性在于，他们都被它的源远流长和博大精深所吸引，因而才写下了上述精品佳作。涉及中国题材的作品，除了《万里长城建造时》，卡夫卡还写过一篇《中国人来访》，故事中的中国人是一位不懂德语的学者，被访者是一位爱好历史读物、体格巨大的年老体衰者。来访者被被访者身材与低矮房间的不成比例，吓得够呛。于是，被访者追到过道上才看清了这位来访者的形象："我小心翼翼地拉着他的丝绸腰带，把他拽进我的屋里来。他显然是个学者，又瘦又小，戴着一副角边眼镜，留着稀疏的、黑褐色的、硬邦邦的山羊胡子。这是一个和善的小人儿，垂着脑袋，眯缝着眼睛微笑。"显然，这是卡夫卡随笔中又一个漫画式的人物，它在多大程度上更接近于他自己的梦境想象，而非真实的中国人呢？不知道。

卡夫卡在写给女友菲丽斯的一封信中提到的中国人，倒是更符合他写作《万里长城建造时》的心境："我想如果我是一个中国人，同时又立刻就要回家（其实我就是中国人而且也在将要回家的路上），我也必须强迫自己再回到这里来。"

1997 年 1 月 29 日

2006 年 7 月 11 日

2008 年 9 月 2 日

2013 年 8 月 17 日

2016 年 9 月 7 日

梦幻之骑

——读《骑桶者》

骑　士

卡夫卡的“文学骑士”形象，大多来自他的生前好友韦尔奇和布罗德的回忆录留给读者的印象。不过，留心他的大量照片上十分讲究的穿着打扮，也许能得出大致类似的结论——他的确是一位儒雅的绅士。韦尔奇这样描述卡夫卡本人：“身材修长，性情温柔，仪态高雅，举止平和，深暗的眼睛坚定而温和，笑容可掬，面部表情丰富。对一切人都友好、认真；对一切朋友忠实、可靠……没有一个人他不倾注热情，他在所有同事中受到爱戴，他在所有他所认识的德语、捷克语文学家中受到尊敬。”

当然，相信这样的情况也是可以理解的：他的朋友因为喜欢他，而对他不无溢美之词。除了这些描述，卡夫卡在公众场合还以少言寡语、羞怯内向示人，只是在熟悉的朋友圈子，他才会让那些真知灼见变成语言上的机锋连连。但性格上的温厚谦和，并不意味着他的内心不够执拗倔强。犹如硬币的两面，我们从每个人千差万别的丰富性格中，总会找到它凸显极致的那部分。要知道，他是一个意识到了,“我的力气再也不够我写成一个句子,许多句子都把我撕得粉碎”的完美主义者,或者说,他是一个跟既有的文学传统作彻底斗争的圣徒兼赌徒、创造者兼毁灭者——他说,“我是终点,或者起点。”这样的勇气与决绝,才是他给我们塑造的真正的骑士形象。

从小时候跟妹妹们经常排练幼稚可爱的家庭剧,到作为一个写作者参与咖啡馆沙龙活动,卡夫卡从未放弃的一个重要爱好就是喜欢朗诵。朗诵自己的作品给父母、给妹妹们、给朋友、给女友听。适合朗诵的文字,我猜想,应该具有挣脱了束缚的“飞行”品质。这“飞行”,也必定依赖文字的语速、节奏和音韵,以及由此延伸的想象之翼来完成。他曾有过慕尼黑朗诵会当场吓晕三位女士的经历,他称之为“伟大的失败”。好友布罗德不这样看,他坚信他的每一个字都是深思熟虑的结果。卡夫卡的中短篇小说,大多适合于朗诵。他的文字干净有力、客观冷静、洒脱自如、直逼内心。文字在音韵铿锵的朗诵节奏里,仿佛拥有了疾速前行、不可阻挡的夺人气势。那些被他改变了的文字习惯、句法句式以及反差对位、悖谬荒诞的审美效果,乃至用来断句的标点符号的花样翻新,大多来自他对文字的严酷要求和他要通过这样的文字对世界重新审视、洞察一遍的个人意志。他有充分的自信,像骑手驾驭马匹时不断变幻着的身姿。

卡夫卡对文字有着清醒的自我评价。1922 年 2 月,在他临去世的前两年,他回望自己的作品时写道,“这是一次美妙和极为有效的演出,这趟我们称之为梦幻之骑的骑行。若干年以来我们就一直在演出它,发明它的人早已故世,死于肺结核,但是他的这些遗产留下来了,而我们还一直没有理由将它从节目单上取消,尤其是因为没有哪个竞争对手模仿得了它，它是——尽管这乍一看不可理解——不可模仿的。”这段话里有一个关键词，“不可模仿”。为何不可模仿？卡夫卡好像提出了一个伪命题，要知道，人类自有文学史以来，抄袭、复制和模仿之作岂不俯拾即是、车载斗量？也许，我们从证伪的逻辑去推演一下，就很容易得出这样一个结论：即使一位不那么优秀的作家，也是不可模仿的，因为由文字塑造的任何一个作品的生命体和它的基因传承的不可复制性，都带有了经过上帝确认了的宿命味道。再打一个比方，哪怕今日的克隆技术登场，最多也只能获得它的转基因山寨货而已。更何况视文字为生命的苦行主义的卡夫卡，他的文字基因只有他的主人才配拥有。杰出的作家，你可以借鉴他的技巧乃至他的某些风格，但他的写作基因和他绘制的血缘谱系，却是不可替代的，它几乎是以作家本人血肉模糊的个体生命为代价，来完成他作品的音容笑貌和精神气质的。抑或，因为他的不可模仿，才引得后来者群起而效仿之，而所有模仿的皮毛和标签，都是证伪的确凿证据而被文学史一再呈堂公示，毫不留情地予以淘汰。

不只喜欢朗诵，卡夫卡还喜欢电影和戏剧，尤其是那些舞台剧。舞台剧中带点夸张色彩的朗诵，尤其是演员们的对白和独白，不正是朗诵艺术的主要方式？早年，他曾热爱着那些犹太德语的舞台剧。虽然演出的舞台比较简陋，剧本粗糙简单，也许只是即兴式的，演员们更像是民间流浪艺人，但这并不妨碍他作为粉丝而狂热追随之。1911 年秋天，他甚至爱上了已婚的舞台剧女演员阿玛丽，一个已有两个孩子的母亲。犹如根本无法实现的白日梦那般，有一次，他终于战胜了自己的羞怯，在公开场合给她献花，却又在日记中不得不承认，这虽然满足了自己的爱慕之心，但终究属于无疾而终的一场徒劳之梦："这只有通过文学或同房才有可能"实现的白日梦，后来出现在了他的文字中。演员们夸张的表情、动作以及情节，很容易让人联想到后来他的短篇小说中出现的戏剧性场面。就连主人公们所使用的道具，也颇具舞台剧的味道，比如，《乡村医生》里诡异的马和马车、《老光棍布鲁姆费尔德》里魔术般的小球、《判决》中父亲把玩的那只怀表表链、《骑桶者》中那只漂浮起来可以沿街骑行的空桶等等。

对此，犹太作家本雅明曾分析说，"卡夫卡的世界是一座世界剧院。在他看来，人本来就站在舞台上。"

骑　桶

无马可骑的骑手，一点也不潇洒，还甚为失落、悲苦。

无马可骑的骑手，变成了骑着空桶漂浮于半空、前去买煤的一个穷人。

你能想象这匪夷所思的场景和它颇有讽刺意味的尴尬处境吗？这一次，卡夫卡让这位小说主人公骑上了煤桶这一可笑的道具，并把街道当成了可以升降的舞台。《骑桶者》使用了童话般的单线条勾勒方式，描述了穷人和煤店老板夫妇三个人的形象，以及他们彼此关联、演绎了一出有关穷人与富人这一千百年来从未穷尽的斗争主题。当然，它也是卡夫卡式的寓言表达。卡夫卡的小说人物从来就没有正常过，他们不是千奇百怪的边缘人，就是人变形、人变物——无望的人，冷漠的事，含泪的笑，醒了的梦，正是这篇小说的整体艺术追求。

这篇小说仍以陡峭、急促的语速开始。一个穷人无煤可烧，无法取暖的焦灼无望的状态，跃然纸上："煤全部烧光了；煤桶空了；煤铲也没用了；火炉里透出寒气，灌得满屋冰凉。窗外的树木呆立在严霜中；天空成了一面银灰色的盾牌，挡住向苍天求助的人。我得弄些煤来烧；我可不能冻死……"为了渲染凄惨的效果，"我"继续想象自己像个奄奄一息的乞丐，快要倒毙于煤店的门槛上了，"而煤店老板对我来说不啻是天空中的太阳"。迫于无奈，女主人还把残剩的咖啡倒给了我。注意末尾几句话，喜剧效果中的讽刺性十分尖锐强烈："同样，煤店老板虽说非常生气，但在十诫之一不可杀人的光辉照耀下，也将不得不把一铲煤投进我的煤桶。"

一番自我垂怜后，小说开始布置舞台气氛，由此进行了戏剧性的延展。因为，"空桶"这个中心意象出现了，主人公的行为动作滑稽可笑，且自我解嘲的意味十分明显："我怎么去法，必将决定此行的结果；我因此骑着煤桶前去。骑桶者的我，两手握着桶把——最简单的挽具，费劲地从楼梯上滚下去；但是到了楼下，我的煤桶就向上升起来了，妙哉，妙哉；平趴在地上的骆驼，在赶骆驼的人的棍下摇晃着身体站起来时，也不过尔尔。它以均匀的速度穿过冰凉的街道；我时常被升到二层楼那么高；但是我从未下降到齐房屋大门那么低。我极不寻常地高高漂浮在煤店老板的地窖穹顶前，而煤店老板正在这地窖里伏在小桌上写字；为了把多余的热气排出去，地窖的门是开着的。"

这里有三个符号化的、又是递进关系的意象，尤其值得注意：

一是"空桶"，没有了煤的空桶，失去了分量，也就没有了生火取暖、人之为人的体面。你让一个冬天无煤取暖的穷人如何保持起码的尊严？所以，"空桶"，好比尊严被掏空了的躯壳，行尸走肉罢了。一旦有合适的时机，比如凛冽刺骨的大风刮来，空桶或者穷人的躯壳，立刻可以无足轻重地漂浮、升腾起来。

二是，动作性的“骑着空桶”，这个反常行为，与其说非常符合穷人寒冬难挨的窘迫行为和急迫心情，不如说他在试图冲破买煤之路上种种物理的距离和人为的障碍。倘若现实中发生如此招摇过市的买煤行为，则只能说明这样一个事实：这位穷人这一次索性不把买煤路上的奇怪举动，可能招致围观者的非议和嘲笑看在眼里放在心上了。奇怪的行为，仍旧指向了尊严的缺席，而更为可叹的是，这位穷人压根就没有围观者，也就是说连非议和嘲笑的可能性都不存在——一切都在冬夜清冷的街道上悄悄上演着。

三是，骑桶者“竟能保持均匀的速度，还能不超过二层楼的高度”。这是卡夫卡观察世间事物的方式，也是他有意为之的写作方式。他是在强化“骑着空桶”这一行为的“变形”，从而达到变形的合理性？这一时期，卡夫卡还写过另一篇观察笔记《在剧院顶层楼座》，一个年轻观众眼中的马戏团女骑手绕场奔跑的种种，与这个骑桶者之间，让人很容易作出场景上的联想。只不过，这个年轻的观众看到女骑手的成功表演后，“不知不觉地哭了”。而在这篇小说中，“我时常被升到二层楼那么高；但是我从未下降到齐房屋大门那么低”。对速度和高度的努力保持，越是符合买煤者的骑行逻辑，越是指向了可笑可悲的人间况味——一位无法保持起码的体面和尊严的穷人，怎么可能指望他拥有行为逻辑上的正常和理性呢？更深的意味是，对这种骑桶行为越是严肃认真地坚持着，甚至看上去还有几分潇洒神奇，就越加可叹可悲——这种迹近玩笑的写法，既是轻盈的、俏丽的和直接的，又是黑色的、只可意会不可言传的、心酸的、荒诞的。骑桶者握着桶把，滚下楼梯，忽然升起，不高不低地漂浮到了煤店老板的地窖穹顶前……阒然即逝的火狐般的闪烁语言，唯有小心翼翼地加以捕捉才行。读到这里，你会无声地笑了，但这笑，却是苦涩的。无论是在忍饥挨冻的寒冬季节，还是面对冷酷无情的老板，骑桶者的行为大抵是无效的。

不知是受了寓言还是童话的影响，实际上，早在 1913 年 7 月 21 日的一则日记里，卡夫卡就描述过类似的幻想场景："今天我在梦中发明了一件新的交通工具，可用在一个坡度大的公园里。你拿一根树枝，不必很粗大，用它斜撑住地面，将其一端握在手中，尽可能轻地坐在这上面，像坐在女式鞍座上，然后整根树枝自然就顺坡飞驰下去，由于你骑坐在树枝上，你就搭乘着它，骑着这有弹性的木坐骑摇晃着惬意地奔驰起来。"后来，卡夫卡还曾乐此不疲地给女友菲丽斯和好友布罗德分别转述过自己的这项"技术发明"。骑桶人的行为像是童年的天真游戏，如果卡夫卡知晓中国有一个"青梅竹马"成语的话。

在时断时续的下意识的写作状态中，这样一种骑桶行为，不啻为意象聚焦点和叙事的原动力，仿佛它在谋篇布局、保持匀速前进的同时，由于其古怪行为的牵引力和吸引力，写作者一路灵感纷呈，而读者阅读时则会格外留心。

无　　效

让我们看看煤店老板夫妇的行为吧：

他们竟然奢侈地把地窖的门敞开着，为了把多余的热气排出去。任凭穷人在寒风中急切地呼号着，煤店老板仍半信半疑，犹豫不决，他隐约听到了买煤者的恳求，似乎还是一个他熟悉的老主顾。但在怕老婆的习惯和吝啬的本性驱使下，他只好顺从了老婆的意见，待在屋里不去开门。良心未泯的他，在犹豫、踌躇和矛盾中，终于以老婆的那句“你昨夜咳得厉害”，实为搪塞的借口，听信了她的一派视若无睹的谎言。煤店老板的面目虽然不那么可憎，却也有些可悲。“我来了……那么你就告诉他我们库房里所有煤的品种，我来给你报价格……他要买什么？”他似乎不那么相信自己已经老病到连外面有人呼喊都听不到的程度，所以，他的上述三句话，也给了这位寒风中的穷人微弱的希望。

那么，另一个人物，煤店老板的老婆是怎样一幅形象呢？面对顾客沉浊的呼喊，一开始她就“我什么也没有听见”，她一边织着毛衣，一边舒服地背靠着火炉取暖，自始至终装聋作哑，也一直否认屋外有人买煤。即便开了门，上了台阶，看着大街，也仍然告诉丈夫，“什么也没看见，什么也没听见，但她把围裙解了下来，并用围裙把我扇走了”。一个谎言连连，冷漠歹毒的老妇人形象，入木三分，昭然若揭。她的眼中怎么可能看到饥寒交迫的穷人？或者说，即使她看到了，她的那点良心早在吝啬成癖中丧失殆尽了。漠然处之，才是她的习惯和常态，她有一套不同于穷人的待人处世的哲学，一句话，为富不仁，不仁不义无节操。“你这个坏女人！”卡夫卡借穷人之口写道，“我只要一铲子煤；放进这儿的桶里就行了；我自己把它运回家；一铲最次的煤也行。钱我当然是要全数照付的，不过我不能马上付，不能马上……我求你给我一铲最次的煤你都不肯。”说一个题外话，除情书之外，卡夫卡的大多数小说里，少有女性形象的美好纯真。无疑，他受到过存在主义哲学家克尔凯郭尔、叔本华、尼采们的影响，但是否跟他的几位女友的交集经历、情爱遭遇和道德洁癖相关呢？

“寒冷所引起的没有感情的眼泪模糊了我的眼睛，请你们抬头看看，你们会发现我的；我请求你们给我一铲子煤；如果你们给我两铲，那我就喜出望外了。所有顾客你们确实都已供应过了。啊，但愿我能听到煤块在这只桶里滚动的响声！”在煤店老板夫妇面前，在恳求、乞求、几近哀求的一阵紧似一阵的喊声中，这位穷人被放置在了无效的场景中，为人的体面和尊严基本被剥夺了，丧失了。他比那个盛煤的空桶还轻，轻到了完全可以忽略不计，轻到了虚无，轻到了“她真的把我扇走了，我的煤桶虽然有着一匹良种坐骑所具有的一切优点，但它没有抵抗力，它太轻了，一条妇女的围裙，就能把它从地上驱赶起来”。他只有再次提高嗓门诅咒这个坏女人，聊胜于无地权作抗议。但除了无效宣泄，他还能做些什么呢？这样的喊叫，在空空如也的寒夜里，跟附近教堂尖塔上晚钟的声响混合在了一起，转瞬飘逝。就这样，这个骑着空桶的买煤者，“浮升到冰山区域，永远消失，不复再见”。这位身无一物、无足轻重的穷人，抱着迫切的希望前去煤店，到头来非但得不到一铲煤，甚至连自己的身体也没能保护好，如尘埃般消失于无声无形。这梦幻之骑，完成于一场徒劳挣扎的噩梦之旅。

《骑桶者》完成于 1917 年 1 月左右，正是卡夫卡外出租房写作期间。之前，卡夫卡曾在日记中抱怨女友菲丽斯对他的写作漠然不知：“几乎没有任何问题，看不出任何理解。”常常是，在他们难得的两地相会中，卡夫卡要在她面前朗诵自己新写的作品，为自己朗诵的文字作出解释时，她因旅途劳累无法集中精力倾听，他则大失所望。而菲丽斯所期望的两人言语和身体的亲密，却因为他太享受文字上的满足而被忽视了。菲丽斯说，“我们在这儿待着多正派多规矩呀！”卡夫卡写道，“我不吭声，仿佛在她叫喊时我突然失去了听觉。”在这里，骑桶人的处境，正是他的情爱困境的隐喻。骑桶人浮于半空寻找温暖，与写作者寻找灵感的来源，彼此对照，一一印证。而煤店老板妻子的视若无睹，则与自己女友的缺乏理解力，或曰，他与她无法有效的沟通交流，正好形成衬托。

骑桶人呼喊的无效，也是一种置换方式，正如卡夫卡自我推销式的朗诵效果，无法赢得女友的掌声——他们都找错了对象。菲丽斯善于倾听，但对文学并无兴趣，更谈不上什么修养和造诣。当这一时期他的包括《骑桶者》在内的新书《变形记》出版时，卡夫卡给菲丽斯写道："请对我这本可怜的书好一点，因为这就是那些纸张——我们在一起的那天晚上你看见我在整理的东西。"整整两年时间，卡夫卡给女友菲丽斯写了三百多封信，犹如那位穷人在寒风中的呼号，他亦感受不到她的心灵感应和共鸣。因为两者的经历、性格和价值观无法同频共振，他越是袒露自我的真实，她越是百思不得其解，他们之间爱之艰难可见一斑："没有她，我不能活；有她，我也不能活。"

卡夫卡的写作，同代人罕有理解，他在《饥饿艺术家》中曾经表达过，最高的艺术境界，必须要追求最严苛的标准才行。时至今日，他作品的阅读难度一如往昔，虽然这与作家的写作态度关系不大，但这种窘况当年着实让他沮丧不已。卡夫卡对自己的写作极度苛求，黄金巷 N22 号的租房经历，并非只为了摆脱父母之后得到安静独处的空间。在寒气逼人通风很差的简陋小屋里，有时，他会用自己的废稿生火取暖，以应付漫长难熬的冬季。焚烧废稿，既宣告了他近乎苛求的那些文字，属于无效劳动，也转喻了他对世人欣赏水平的难以理解。正如小说结尾的那几句，"我浮升到冰山区域，永远消逝，不复再见"。

严　寒

《骑桶者》的写作灵感，来自卡夫卡的租房体验。其中也包含了对“一战”结束前，1917 年，原波希米亚王国普通民众冬季食品匮乏、燃料短缺的生活现状的描述及对为富不仁者那可恶嘴脸的生动还原。作为社会的良心，作家为保持对公平正义的捍卫，对底层草根民众命运的同情，一定有着他们各自不同的发声方式。

尽管卡夫卡对公共政治事件了无兴趣，但作为少数族裔的犹太人，他对被贬抑、被欺凌、被损害的广大草根阶层，抱有感同身受的真切同情。对父亲经营的妇女用品商店里的雇员、对家庭石棉工厂里的工人、对工伤事故保险公司的伤残索赔者、对战争的蒙难者以及家属等，他会经常施以力所能及的援手。在工伤劳动保护法和行政法方面，他以法学博士的专业背景和十多年积累的职场经验，尽可能在公司利益与为穷人们提供辩护之间，找到最佳结合点，以谋求双方利益的平衡。凭借丰富的法律专业实践，他还身体力行，撰写了几乎堆积如山的工伤事故报告，建议官方提供尽可能完善的劳动保护法，并呼吁当局建立“战后士兵和民众精神病院”等，以期用他自己形容的“鬼怪般的工作”，来履行公民应尽的社会义务和公益事业。

烤火取暖，自然需要煤炭。前工业时代，它被视作“乌金”，即为重要的工业能源和生活资料。一百多年过去了，卡夫卡讲述的这个故事，在当下的中国仍有现实意义。煤炭行业的事故死亡率高居不下，无人能说得清，在暖意融融的冬日里，有多少无辜矿工的尸骨添加在熊熊燃烧的炉膛里，伴着高大烟囱缭绕的青烟，随风飘逝于城市上空。更为触目惊心的是，多年前的一部电影《盲井》，则讲述了诳骗劳务市场上的农民工下井挖煤，故意制造井下事故，来骗得高额赔偿金的离奇悲惨的故事。这些加害者实际上也是受害者，这些故事几乎不用虚构，因而远远超出了事故本身的残酷。资本原始积累的血腥掠夺与公平正义难以伸张的背后，总有一张永不餍足的扭曲嘴脸。比起煤店老板夫妇的见利忘义，它更如鬼魅现形、幽灵游荡。人性沦落、堕落至此，倘若卡夫卡在世，必将为之拍案惊奇，错愕不已。

依照"熵"原理——能量不守恒定律，世间的一切能源和资源皆不可再生。依赖能源乃至公共资源的人群和掌控重要能源乃至资源的人群，正是贫富阶层的分野之一。多数人的依赖和少数人的掌控，形成了权钱交易的偌大利益空间。一轮轮争夺和冲突，构成了市场的常态和利益变量。逐利最大化的本能，既造就了财富神话，却也把公平正义逼到了死角。于是，自然进化的丛林法则，演绎成了一幕幕社会达尔文主义的人间悲剧。可笑的是，倡导社会公义的人群，有时还会摇身一变，最坚决地蔑视它践踏它，从而成为游戏规则的破坏者和自身的掘墓人。站在穷人的角度观察这个世界发生的一切，大概最让他愤愤不平的仍是，为富不仁者漠视大多数人的生存现状，并由此制造了一个个时代的混乱不堪。

卡夫卡的《骑桶者》，编织了一则有关善恶、好坏的道德寓言。故事本身虽然略显老旧，但现实永远大于想象，它依旧花样翻新，从未缺席。况且，煤店老板夫妇尚且如此，那些日进斗金的攫取者，挥金如土的奢靡者，岂不是小巫见大巫？翻开历史，革命、战争或市场，暴力或非暴力的手段和方式，从未停歇过也从未一劳永逸过。而站在道德高地指斥"可怜之人必有可恶之处"与偏执狭隘的仇富情结，倒是在每个人心中称量着它实有的斤两，从而成为当下社会生活的一道道奇观，令人瞠目结舌。又似乎谁也脱不了干系，谁也无法冷眼旁观。它是暴力话语的最初历史源头，也是类似原始冲动的、以暴易暴的文化宿命。这样的故事一再翻版，这样的事故屡见不鲜。时间仿佛停滞了，历史“且将旧符换新桃”，所谓公理和正义，不过是巧取豪夺者的遮羞布。而“一战”末期的布拉格民众生活，以骑桶人为代表的不停呼号、却无人理睬的命运，就像被那个时代的严寒冻伤的无法愈合的伤口。

作为艺术形象，骑桶者出现在卡夫卡的小说世界中。作为现实人物，每当深秋初冬季节，我偶尔路遇舍不得煤气烧水喝，也交不起暖气费，只好捡些碎木头乃至山头公园的枯干柴火回家生炉取暖的人——无疑他们是少数人，城市贫民，他们也生活在这个国际化的都市中，他们需要煤，却不太可能骑着木桶买煤去。每年这个季节，各地有关冬季取暖的价格听证会，很是惹来芸芸众生的纷纷议论，并见诸媒体报章。这些听证会不外乎围绕几个问题展开，一是价格，煤炭成本上升，导致供暖价格比往年每平方米价格涨出多少。二是身份，参与听证会的民意代表，属于城市贫民身份的几乎没有，靠近普通市民身份的，有自由职业者、个体经营户和刚刚就业的大学生等。城市贫民在这个最需要伸张民意的公共场合，基本没有话语权。三是企业，比如，在这些供热企业中，某家企业普通员工的年薪是另一家企业普通员工的三倍多，相差悬殊的人工成本带动的涨价理由，让众人不禁质疑作为第三方的会计师事务所的业务水平，以及此类听证会的公正和透明，是否疑点多多，信任危机多多。四是信用，在一个缺失社会契约和信用精神的环境下，是否能够避免塔西坨的政治学“陷阱”的一再应验，从而导致好的政策和坏的政策一样无效？在我们周围，每天还有多少骑桶者在奔走呼号，而他们仅仅是想要“那一铲最次的煤”？

悲天悯人，伤世忧生。在时代的严寒中，有关个人遭遇，卡夫卡曾在日记中这样写道：“一幅我在这方面的生活图像，画着一个黑暗的冬夜，一大片平原边上一块深翻的田地上，有一根无用的、覆盖着一层雪和霜的、斜着轻轻钻入地面的木棍。”这木棍是怎样一种孤寂、冰冷的象征？它与我们前文所述的卡夫卡的骑士般的个人形象之间，要有多大的距离就有多大的距离。

而对于一个人道主义者来说，身处那样一个时代，也许跟任何一个时代并无多少不同之处，就像狄更斯在《双城记》表达的：“那是最美好的时代，那是最糟糕的时代；那是智慧的年头，那是愚昧的年头；那是信仰的时期，那是怀疑的时期；那是光明的季节，那是黑暗的季节；那是希望的春天，那是失望的冬天；我们全都在直奔天堂，我们全都在直奔相反的方向……”

2008 年 10 月 22 日

2013 年 7 月 28 日

2016 年 9 月 5 日

主要参考书目

1. 袁可嘉、董衡巽、郑可鲁编选：《西方现代派作品选》，上海文艺出版社 1980 年 10 月第 1 版。

2. 叶廷芳、黎奇译：《卡夫卡书信日记选》，百花文艺出版社 1991 年 3 月第 1 版。

3. 学思主编，玲子、陶然副主编：《卡夫卡文集》，武汉大学出版社 1995 年 1 月第 1 版。

4. 米兰·昆德兰著，孟湄译：《被背叛的遗嘱》，牛津大学出版社、上海人民出版社 1995 年 12 月第 1 版。

5. 叶廷芳主编，洪天富、叶廷芳译：《卡夫卡全集》，河北教育出版社 1996 年 12 月第 1 版。

6. 卡夫卡著，叶廷芳、黎奇译：《致密伦娜情书》，文化艺术出版社 2004 年 1 月第 1 版。

7. 周双宁著：《看不见的城堡》，华东师范大学出版社 2008 年 4 月第 1 版。

8. 叶廷芳著：《卡夫卡及其他》，同济大学出版社 2009 年 11 月第 1 版。

9. 曾艳兵著：《卡夫卡研究》，商务印书馆 2009 年 12 月第 1 版。

10. ［捷克］马克斯・布罗德著，张荣昌译：《灰色的寒鸦》，北京十月文艺出版社 2011 年 11 月第 1 版。
11. ［德国］彼得-安德烈・阿尔特著，张荣昌译：《卡夫卡传》，重庆大学出版社 2012 年 4 月第 1 版。
12. ［英国］里奇・罗伯逊著，胡宝平译：《卡夫卡是谁》，译林出版社 2013 年 5 月第 1 版。
13. ［捷克］伊凡・克里玛著，崔卫平译：《布拉格精神》，广西师范大学出版社 2016 年 1 月第 1 版。

后　记

如炬的目光

于荣健

最早读到的卡夫卡作品，应是袁可嘉、董衡巽、郑可鲁三位先生主编的一套《西方现代派作品选》。其中第一部，分上、下两册，内有李文俊先生、叶廷芳先生分别翻译的卡夫卡中篇小说《地洞》和《变形记》，上海文艺出版社 1980 年 10 月第 1 版。书的扉页上，我记下了买书的日子，"1981 年 12 月 5 日，购于校书店"。上海的冬天经常下小雨，学生宿舍和教室里没有取暖设备，也许那时年轻，十七八岁的年纪，套件毛衣就能应付得了阴冷的天气。从丽娃河畔的图书馆由西向东，穿过一座小桥，或从文史楼由东向西，经过八舍女生宿舍楼，它的裙楼的底层，就是这间正门朝西的学校书店。下了课，或从图书馆出来，我常会拐过去，看看有无自己喜欢的新书。

与我同行的，会是睡在我上铺的兄弟白李。那时，不只学校书店，我俩常逛的书店还有中山公园书店、静安寺书店、南京东路书店、福州路书店等。买了书，自然会在内页里三言两语记下点什么。三十多年过去了，不知这些书店于今犹在？对一个穷学生而言，花上三五分钱电车票，去买书和看电影，乃教室之外的另一番天地，自然会有点小小的奢侈的感觉。为了省下钱买书，我俩常在食堂搭伙吃饭，有荤有素，一份排骨一份青菜，倒也入可敷出，乐在其中。《西方现代派作品选》的第一部，定价为 2.85 元，而当时我每月的生活费为 7.5 元，为了买下它，想必我心里也曾几番纠结，反复下了多次决心。至于 10 卷本的河北教育出版社的《卡夫卡文集》，则是工作十多年后买下的。

20 世纪 80 年代初大学中文系的课堂上，所谓西方现代派尤其 20 世纪之后的作家作品，基本不在开列的教材和老师的讲授范围之内。即使欧美文学课或其他选修课上，老师或多或少会涉猎一些，但终究不能大张旗鼓地宣讲开来，而常常要“批判性地学习”。偶有重版、再版之前的欧美作品，大多以 50 年代或之前的老译本为主，且 19 世纪浪漫主义和批判现实主义经典作品居多。一番家庭陈设就可铺排七八十页的巴尔扎克式写作，或俄罗斯文学中一个懒惰的地主起床过程，就要啰唆几十页，的确让人生厌，不胜其烦。于是，海明威式的简洁句法和茨威格式的精细心理刻画，深受初学写作者的喜爱。作为新时期文学上的“拨乱反正”，现在想来，当时还有一个重要的观念更新是，古典作家把人当物来写，现代作家也能把物当人来写，围绕是否以人为核心，正如当年我们的现代文学课老师钱谷融先生所言，文学是人学，而非什么其他，也许才是作家代际的一个重要分野吧？而卡夫卡的作品，终其一生写作所指向的，无一不是“变异”了的人，乃至作为一个深刻的存在的他自己。作品是作家的幽灵，一如福楼拜宣称的，包法利夫人写的就是他自己。卡夫卡则把这种自我譬喻的特质，发挥到了极致。

为深入人的心理结构和情感内部而写，来了解和重建人道主义文学，正是那个时期文科生的阅读需要。要想课堂之外“解渴”，无非通过书店、讲座、图书馆、同学间借阅影印本等途径获得。《西方现代派作品选》这套书的出版发行，对文科生而言，其影响力前所未有。它打开了新的视野，从而瓦解了既有的阅读经验，而常常会发出这样的感叹，他们为什么要这样写？他们竟然可以这样写？初读卡夫卡的作品，除了震惊之外，我已不记得还有其他什么细致的感受了。但对一个没有什么深度阅读经验的学生而言，书中主人公的怪异荒诞的言行，与其亟待阐释的丰富内涵，对我来说，既有束手无策之感，又颇具探幽访胜的吸引力。何况它的写作背景、犹太教义、心理学说、文化传统、社会状况等等，这些林林总总，怎一个庞杂、艰深和历险，就能概括得了的？

有难度并非坏事，这种思维意义上的挑战，正是乐此不疲的阅读需要。由卡夫卡小说中有关人的“异化”线索，我去学校图书馆特意借阅了马克思年轻时写下的那本薄薄的小册子，《1844 年经济学哲学手稿》。而对卡夫卡有过重大影响的弗洛伊德的心理学著作《日常生活的精神分析》，则是同乡宗焕平同学送我的，内页里有“下午至大港送他回校”字样。放假回家，我俩曾乘船往返于上海至青岛的海轮上。这本书的封底标注为上海文学杂志社写作参考资料，内部发行，定价 1.42 元。另外还有一本罗素的书，《为什么我不是基督教徒》，对书名，我印象也十分深刻，因为它是从隔壁宿舍我们班马竞同学的床上翻看到的。1980 年 12 月商务印书馆出版，定价 0.95 元。随后的日子里，三联书店的现代西方学术文库和上海译文出版社的 20 世纪西方哲学译丛，以及萨特、叔本华、尼采、海德格尔们的作品，陆陆续续成了我的枕边书。有些我读得深点，有些至今仍属混沌状态，暂且不表。

大学毕业后，我曾任大学的《中国古代诗文选》和《写作》课老师，上述学术著作与我讲授的课程内容，并不十分相干。但由当初卡夫卡的小说引发的阅读上的连锁反应，求知索解，却是确凿无疑的。它是我大学时光的一小段兜兜转转的阅读经历，当然，其中还包含着弥久难忘的同窗之谊。阅读理解上的不甚了了是一定的，当初也没想过日后要写一本有关卡夫卡的读书笔记而做什么有意的资料准备。时光如飞矢，只是偶然击中了我——从 1997 年为报纸读书版写下了最早那篇《别有用心的长城》开始，我断断续续把初读卡夫卡作品的感受，与而今的进一步阅读和理解写了下来，积少成多，解码放大。期间，若不是母校华东师范大学夏雨诗社当年的诗友、东方出版中心编辑戎礼平的好心催促，难说我能在繁杂的工作之余，写下这八篇读书随笔，从而形成这样一本相对完整的书稿。我真正理解了这样一位作家中的作家了？也难说。以阅读去理解，以讲课去理解，以写作去理解，或许仅仅是一个开始。以自己的全部人生经历和经验去理解，去感同身受般地贴近和靠近他，似乎才算靠谱的方式。因为一颗博大深邃的心灵，如一口大钟，你必须用力去撞击，它才有回声。

卡夫卡生前曾叮嘱好友布罗德烧掉他的手稿，而今，遍布世界各个角落的卡夫卡研究者的著作，不胜枚举，庶几形成了卡夫卡阐释学这样一门专业学问。它是卡夫卡身后的一道奇特景观，也是一份精神遗产。对于喜爱卡夫卡作品的几代读者而言，他们会在倾听它的回声中，放慢脚步，片刻或长久地停留——思考人之为人的本源性问题。当然，就像卡夫卡深受犹太文化养育，却并不认同犹太教一样，犹太人那句著名的格言，“人类一思考，上帝就发笑”，却如一道魔咒或谶言。卡夫卡的一生，都在试图以文字来超越这种以自我为中心的思考的局限性，从而挣脱人自身面临的诸多枷锁和困境，以获得身心自由。它是卡夫卡的文学和人生共同创造的一个“悖谬”现象，也是人类集体的自我缠绕的普遍遭际。用通俗的话解释这个“悖谬”，意即不合常理的荒诞。并且，在揭示这一“悖谬”的真相中，人们往往陷入并不自知的逻辑陷阱，无法自救，乃至成为这种陷阱设置的同谋共犯。就如生物细胞学所说的“细胞自噬或反噬”现象，它足以对一个人的身心构成巨大的破坏力和杀伤力，以致时刻保持这种警惕、戒备和惶恐心态，便成了卡夫卡的主人公们条件反射般的姿态，乃至徒然自伤的壮举了。在这里，个人的隐性琐碎，极有可能就是卡夫卡的非凡叙事。渺茫的心事，一如剧烈冲突的一幕幕悲喜剧。就像卡夫卡写下的那句著名的话：“巴尔扎克的手杖能摧毁一切障碍，而一切障碍却能摧毁我。”

它是近乎呐喊的警告，本是象征力量的手杖，却像达摩克利斯的刀剑悬在了人们的头顶。这样惶然不可终日的锋利的挫败感，早已存在，早被先哲们反复言说过，而非卡夫卡独有。也许，卡夫卡的勇气在于，他以自己的文学人生同时放大和显微了这一困境。举个例子，“一战”爆发，在战争或革命的狂热裹挟里，卡夫卡把宏大叙事和个人生活完全并置在了一起，加以对照、考察。他在日记中随手写道：“德国向俄国宣战。——下午游泳。”两句话，足够冷酷陡峭，触目惊心。为此，后辈捷克作家伊凡·克里玛分析说，“因为他身处的外部世界完全不同于他生活在其中的世界，他的注意力如此集中于他自身，他的内在世界的规则和秩序。为此，卡夫卡描绘和捍卫了人类空间最个人和内部的东西，而当另外一些人认为建立地上的人间天堂是理所当然的时候，卡夫卡表达了这样的担忧：人可能会失去他最个人的最后凭借，失去和平与他自己一张安静的床。”

人的最后的凭借是什么呢？卡夫卡从这张“安静的床”出发，为我们开列了一系列他关注的清单：那个房间、那张书桌、那个订婚仪式、那个肺结核疾病、那位父亲、那位女友、那个犹太教、那家保险公司职业等等，以及它们无数的衍生物，并以极具个人化的经历和经验，编织着戏剧化的内心冲突，从而让我们由他处转向了此处，由外部转向了内部的一个基本命题：迄今为止，外部世界发生的一切，都与我们的个人行为息息相关，正如后来那个著名的“蝴蝶效应”理论一样，与其说它关系到我们与世界之间的审视与裁决，不如说是我们与自我之间的审视与裁决。它的神秘莫测、旷日持久，一点不亚于任何一场战争或革命的规模与深度。最基本、最普通、最琐碎、最隐秘的问题，即为我们大多数人的肉身处境。在一个所谓日新月异、变化无常的世界上，卡夫卡通过他的小说主人公们告诉我们，在退无可退，守无可守，无处藏身的个人领域，那张永恒之床，也极有可能被搬走。谁搬走了它？而让他的主人公们无不处于紧张、惶恐和敌意的病态人格和精神状态中，唯恐与世界发生激烈的对峙，却不由自主地被拖入了这样一种宿命的陷阱？那个不期而至，前来役使我们的蒙面人，到底是权力意志还是病态人格的异化使然？近百年来，卡夫卡身后世界发生的一切，他那极具个人化的犀利言说和逻辑推演，每每成为某种不祥的时代预言，而让他看上去的确像他的好朋友布罗德送给他的绰号：灰色的寒鸦。

《万里长城建造时》中天真的民工、《判决》中义无反顾的儿子、

《骑桶者》中哀号的穷人、《乡村医生》中被骗的医生、《地洞》中惶惶不可终日的小动物、《变形记》中可怜的甲虫、《饥饿艺术家》中偏执异端的艺术家、《审判》中被他人和自我双重审判的K、《城堡》中无法进入城堡的土地测量员、《致父亲的信》中那个爱恨交织的儿子、《致密伦娜情书》中又炽热又冷酷的情人……他们无一不是为了挣脱异己的力量，寻找自身安全的凭证与归宿，从而进行着一场场关乎自我迷失的斗争。斗争的方式方法千奇百怪，如同神话寓言，却殊途同归般指向了我们的日常生存状态。这种人物命运的恍惚之感，与急剧工业化、城市化的当代中国人之间，又形成了奇特的内在关联。当今大城市里的抑郁症或精神障碍类疾病的爆发，绝非偶然，它指向的是人类普遍的经历和遭际，却每每仍有卡夫卡笔下人物的招魂显灵。至少在我看来，所谓后工业化和互联网文明，非但不能解决人的精神出路，反而大大加重了这种精神困境的迷乱程度。有时，我还会想，我们只不过换了服装鞋帽的行头或浓妆淡抹的扮相道具，却仍有《城堡》中那个土地测量员的渺茫错觉："生命和使命是……这样交错在一起，有时让人想到他们交换了地方。"

这样的"交换"，也可以说是交叉、错位和跳脱——差异，即为存在本身。差异的两端，各自成立，却又不可调和。一如卡夫卡的为人为文，几乎就是这种"悖谬"的翻版和复制，复杂而丰盈：他是犹太人，却不信清规戒律的犹太教；他本该学习捷克语，却上了德语学校；他有着少年般的英俊面孔，却思想悲观深邃；他酷爱文学，却拿了法律博士学位；他文笔汪洋恣肆，却几乎不能当众演讲；他的文字风格坚定雄辩，而笔下人物却无一例外的软弱病态；他吃素养生喜爱游泳锻炼，却身患肺结核疾病；他十分敬业于他的保险经理职位，却一心一意熬夜创作；他渴望身心自由，却又循规蹈矩般生活；他渴望成家立业，却三次取消婚约；他著述颇丰追求永恒，临终却要烧掉手稿；他一直怨恨父亲就像他的天敌，却深爱着他；他向往巴勒斯坦，却终其一生很少出过远门；他逃离了家庭，最后却不得不回归家庭；他对苦难和黑暗拥有足够的警觉与忍受能力，却未曾料想他的妹妹和情人先后死于纳粹集中营；他爱恨交织于布拉格，声言只是它的赝品，而今布拉格这座百塔之城，却为他建造了象征崇高荣耀的雕像……

2012 年 5 月，我往返古老的查理大桥，漫步伏尔塔瓦河畔，去寻找以卡夫卡命名的旧居、书店、博物馆和咖啡馆，以图尽可能多地还原他笔下世界的场景和踪迹：火车站的那伙出租车司机看到外国人，不打计程表又信誓旦旦地说这里距酒店很远，我拖着行李箱出站寻找正规出租车，事后证明他们确是宰客老手；旅游旺季，伏尔塔瓦河上的大小游艇你拥我挤，争道抢行，为了多招徕几个游客上船；去往总统府的碎石小街上，街头艺术家们表演小提琴四重奏，画家们正在为游客肖像写生；波希米亚风格的工艺品店琳琅满目，来自乡村的红脸膛店员嘴里蹦着听不太懂的英语单词；啤酒馆里大娘级别的酒娘吆吆喝喝，热情奔放，挂在烧烤架上的粗粝的盐粒面包，当地人以它当菜佐酒；黄金巷里，卡夫卡用报纸引燃炉火取暖的写作小屋，如今却要买了门票才能排队进入；河边一个大大的 K 字博物馆，除了卡夫卡各种文字版本和影像制品，还有各类纪念品可以售卖，这在生前一向低调行事的卡夫卡看来，是否仍属匪夷所思的荒诞之事？商业街上，不知何故正在举行一场游行示威，光头文身莫希干发型的青年们，表情愤怒地呼喊着口号，主题似乎与移民相关，而默默跟随的警察、忙碌的摄像记者和天上盘旋的直升机，也在履行着各自的职责……生活一直向前，演绎着悖谬的洪流，呼啸而去。我旁观着长长的游行队伍，但找不到卡夫卡那样一张为了文学使命甘于受苦受难的殉道者般清癯的面孔。我只看到了他的青铜雕像，他如炬的目光，还在凝神于这座千年之城中的芸芸众生。

一如卡夫卡定义的那样，写信，就像"有意拖延的告别"。就我个人而言，写下这本读书随笔，只为了纪念这样一位普罗米修斯式的文学圣徒，也不枉读书时光里曾经的喜爱。不只语言的魔法师，卡夫卡是给我们带来了文学尺度和标准的作家。同为捷克同乡的米兰·昆德拉不无夸耀地说，"西方现代主义的思想基础就是两个人建立的，卡夫卡和陀思妥耶夫斯基。"纵是弱水三千，只取一瓢饮。我相信，卡夫卡创造的文学恒久话题，仍旧未完待续。

最后，特别感谢著名汉学家、诗人顾彬先生为本书作序。同为德语作家，他也是一位我深感钦佩的文学之路上的亦师亦友。

2016年10月13日

图书在版编目(CIP)数据

有意拖延的告别：卡夫卡的文学人生/于荣健著.
—上海：东方出版中心，2017.2
ISBN 978-7-5473-1075-5

Ⅰ.①有… Ⅱ.①于… Ⅲ.①卡夫卡(Kafka，Franz 1883—1924)—传记 Ⅳ.①K835.215.6

中国版本图书馆CIP数据核字(2016)第324662号

有意拖延的告别——卡夫卡的文学人生

出版发行：东方出版中心
地　　址：上海市仙霞路345号
电　　话：(021)62417400
邮政编码：200336
经　　销：全国新华书店
印　　刷：常熟市新骅印刷有限公司
开　　本：890×1240毫米 1/32
字　　数：173千字
印　　张：7.75 插页2
版　　次：2017年2月第1版第1次印刷
ISBN 978-7-5473-1075-5
定　　价：30.00元

东方出版中心邮购部 电话：(021)52069798

图书在版编目(CIP)数据

有意拖延的告别：卡夫卡的文学人生/于荣健著.
—上海：东方出版中心，2017.2
ISBN 978-7-5473-1075-5

Ⅰ.①有… Ⅱ.①于… Ⅲ.①卡夫卡(Kafka，Franz 1883—1924)-传记 Ⅳ.①K835.215.6

中国版本图书馆 CIP 数据核字(2016)第 324662 号

有意拖延的告别——卡夫卡的文学人生

出版发行：东方出版中心
地　　址：上海市仙霞路 345 号
电　　话：(021)62417400
邮政编码：200336
经　　销：全国新华书店
印　　刷：常熟市新骅印刷有限公司
开　　本：890×1240 毫米 1/32
字　　数：173 千字
印　　张：7.75 插页 2
版　　次：2017 年 2 月第 1 版第 1 次印刷
ISBN 978-7-5473-1075-5
定　　价：30.00 元
